続・映画のグルメ

——映画と食のステキな関係——PART 2

斉田育秀 著

五曜書房

はじめに

名作映画と登場する食べ物の関係を解説した蘊蓄本《うんちくぼん》、『映画のグルメ――映画と食のステキな関係――』を出版してから6年になります。お蔭さまで増刷もでき、各方面から「面白かった」「ためになった」との反響を多々いただき、執筆した当人としては大変恐縮しております。

『映画のグルメ』はもともと食のネットに載せていたシネマエッセイです。約11年にわたり毎月連載してきたエッセイに加筆をしたもので、前半の約5年分にあたる63本を取り上げ一冊の本にしました。「好みのタイトルをどこからでも読める」「一気に読める」との評価をいただきましたが、「食べ物関係」では専門的になり過ぎていないか冷や汗ものでした。

一般読者は勿論のこと、映画評論家をはじめ、脚本家・編集者・監督・プロデューサーなど映画やTV関係のスタッフ、男優・女優さん、さらに映画ファンの方々から「楽しめたよ」との高評価を得ました。加えて食品関係の方々からは、「飲食物の成り立ちがよくわかり勉強になった」との声をいただいております。また「続編はいつ？」とのお話をちょうだいすることもあり、このたびこのような声にお応えすべく、ＰＡＲＴ２として『続・映画のグルメ――映画と食のステキな関係――』を上梓することにいたしました。

続編は11年近くにわたり連載したシネマエッセイの後半部分にあたる63本を取り上げました。ＰＡＲＴ１に比べ、タイトル一本当たりの蘊蓄量が約１・５倍になっております。「文章はさらりと短く」が理想でしたが、読者の皆さまへ蘊蓄や映画の見方を伝えたいとの気持ちが強過ぎたようで、いつしか文章量が増えてしまいました。本の厚みが増したことをお詫び申し上げます。

本書は「映画の本」ですが、公私にわたり国内はもとより、ヨーロッパ、アメリカ、中国、東南アジア、オセアニア、南米、ロシア、トルコ、スリランカなど40余カ国（約130都市）を歩き、趣味とはいえ半世紀近く「食文化の研究」をライフワークとしてきた者の、〝拙《つたな》い薀蓄〟がてんこ盛りです。したがって「飲食物」に関しては、「食品事典」並みのお値打ちがあると自負しております。

PART1では、駄洒落《だじゃれ》と個人的な話をからませたトリビア（どうでもいい些細《ささい》なこと）が多く、読者の迷惑を省みない読み物になっておりました。しかし「駄洒落がいまいち」という以外は、今のところクレームはいただいておりません。そこでPART2もこのスタイルはそのままにいたしました。「ご容赦!ご容赦!」です。

団塊世代以上の方々からは「懐かしい!」とのお声があり、若い世代からは「こんな映画があるの!」との反響をいただき、大変ありがたくPART2作成への励みになりました。映画ファンの方々からは「この本を読むと映画がまた観たくなる。一本でも多く載せてくれ!」との声が多かったもので、PART1と同様に厳選作品63本を掲載いたしました。各タイトルに順番はございません。ご興味のあるタイトルからお読みくだされば幸いです。

平成三〇年三月十六日

続・映画のグルメ——映画と食のステキな関係——ＰＡＲＴ２／目次

はじめに …… iii

〔タイトル〕 〔食べ物〕

1 旅情 …… ポテトチップス、フライドポテト 2
2 荒野の決闘 …… アメリカのウイスキー 8
3 ALWAYS 三丁目の夕日 …… カレー 14
4 キートンの探偵学入門 …… バナナ 20
5 オリエント急行殺人事件 …… 牡蠣 26
6 二十四の瞳 …… うどん 32
7 ショーシャンクの空に …… ビール、アップルパイ、刑務所の食事 38
8 しとやかな獣 …… 蕎麦 44
9 ペーパー・ムーン …… 綿菓子（綿あめ）、ホットドッグ 50
10 サイドウェイ …… ワイン 56
11 東海道四谷怪談 …… 食品の毒（自然毒） 62
12 さらば愛しき女よ …… バーボン・ウイスキー 68
13 ブレードランナー …… 中華麺 74
14 スタンド・バイ・ミー …… ブルーベリー 80
15 ニッポン無責任時代 …… オレンジジュース 86
16 イントレランス …… 乳製品、ワイン 92

☆目次

17 キューポラのある街……今川焼き 98
18 グレートレース……パイ 104
19 男と女……ステーキ 110
20 大いなる幻影……ブランデー 116
21 座頭市物語……大根 122
22 ポセイドン・アドベンチャー……サプリメント、肝油 128
23 或る夜の出来事……ドーナツ 134
24 大人の見る繪本 生まれてはみたけれど……おむすび（おにぎり） 140
25 ファーゴ……TVディナー 146
26 アラバマ物語……牛乳 152
27 誰も知らない……インスタント麺 158
28 シザーハンズ……クッキー（ビスケット） 164
29 映画に愛をこめて アメリカの夜……バター 170
30 家族ゲーム……ドレッシング 176
31 サンセット大通り……パンチ・ボウル 182
32 ピアノ・レッスン……紅茶 188
33 少年時代……イカ、ジャガイモ 194
34 ベニスに死す……果物 200
35 素晴らしき哉、人生！……ローストチキン、家禽肉 206

36 転校生……蒲鉾、焼きおむすび（焼きおにぎり） 212
37 愛と青春の旅だち……アメリカの朝食 218
38 バグダッド・カフェ……コーヒー 224
39 約束……ラーメン 230
40 現金に手を出すな……パテとテリーヌ 236
41 愛の嵐……イチゴジャム 242
42 殺人の追憶……焼肉 248
43 Shall we ダンス？……サラダ 254
44 シンドラーのリスト……オイルサーディン 260
45 幸福……バーベキュー 266
46 遠雷……トマト 272
47 ブリキの太鼓……ジャガイモ 278
48 フォレスト・ガンプ／一期一会……エビ、ドクター・ペッパー 284
49 おくりびと……ツナマヨ、ネギトロ 290
50 L.A.コンフィデンシャル……レストランの調味料 296
51 グッドモーニング・バビロン！……赤ワイン 302
52 泥の河……ラムネ、サイダー 308
53 悪魔のような女……タラ 314
54 駅 STATION……酒の肴《さかな》 320

55 野いちご……イチゴ 326
56 少年……トンカツ 332
57 ひまわり……オムレツ 338
58 ミツバチのささやき……蜂蜜 344
59 Love Letter……サツマイモ 350
60 クレイマー、クレイマー……フレンチ・トースト 356
61 パルプ・フィクション……ハンバーガー 362
62 赤西蠣太……アンコウ 368
63 八月の鯨……鯨肉、ベーキング・パウダー 374

あとがき…… 381

本書のＰＡＲＴ１にあたる、『映画のグルメ』をまだお読みになっていない方のために、その発刊の趣旨（はじめに）を次頁以下に掲載いたしました。ご参考にご一読ください。

〈参考1〉

はじめに

「映画」と「食べ物」は、ともに感覚に訴えるという点でよく似ています。「映画」は「視覚・聴覚」に、「食べ物」は「視・聴・嗅・味・触覚」の五感すべてに関与するということになります。一方、ともに「蘊蓄《うんちく》」の対象になりやすいという共通点もあります。古くは、池波正太郎、向田邦子、荻昌弘といった、映画や芝居に関係した文筆家達が、好んでこの二つのテーマを語ってきましたし、映画評論家・渡辺祥子の著書にはズバリ「映画とたべもの」というタイトルの本もあります。

ところが今まで、この二つのテーマを取り上げる方は、「映画」に関係する仕事が本職で、「食べ物」は趣味である方ばかりでした。そこで従来とは逆に「食べ物」のプロで「映画」を趣味としている側から、この二つのテーマにアプローチしてみたらという意図で書いてみたのが、本書『映画のグルメ――映画と食のステキな関係――』です。

名作映画とその中に出てくる食べ物の関係を解説しながら、「食」の蘊蓄を語るという「映画と食べ物」に特化したユニークな本です。一読すれば「作品・監督・俳優論」「製作のエピソード」「もとネタ探し」「新しい見方」等の映画鑑賞の基本的な見方が分かり、あわせて自然に「映画の歴史」が学べ、さらにテーマごとに「食べ物」に関する歴史や科学的知識が簡単に理解できるようになっています。

幼少より「東映のチャンバラ映画」で育った私は、高校時代にフジテレビの「テレビ名画座」で東和映画が輸入した戦前・戦後の名作に魅せられてしまいました。さらに当時最も優れた映画史の本といわれた、ジョルジュ・サドゥールの名著『世界映画史』に遭遇し、映画を歴史的・体系的に研究することをライフワークにしようと決意しました。そこで、大学に入ると当時の若者が見向きもしなかった、「サイレント映画」の研究を始めたわけです。松田春

☆はじめに

翠先生主催の「無声映画鑑賞会」に入り、「フィルムセンター」「アメリカ文化センター」等で貪るように「サイレント映画」を見続けました。

ある日のこと、「映画の歴史を見る会」という鑑賞会で、私の前に映画評論家の〝淀川長治先生〟がお座りになりました。声をかけると「若いのにサイレント映画が好きなの？じゃあ私の映画教室に来なさい！」と誘われ、爾来《じらい》40余年、先生亡き後もこの「淀川長治・映画友の会」のメンバーとの付き合いが続いております。

専攻した「食品化学」を生かし、食品メーカーに入社。商品開発部門が長かった関係で、日本国内はもとより、ヨーロッパ、アメリカ、中国、東南アジア、オセアニア等30数カ国、主要１００都市を訪れ、各国の食材・料理・食品・食文化の調査・研究に携わりました。

「食べることが仕事」という「美味しい仕事」は、マルシェ（市場）でのつまみ食いから怪しげな屋台めぐり、一日で三つ星レストランのランチとディナーをこなすなど、胃腸薬片手の体力勝負であり、度胸だけでひとり異国の小さな村や町を巡る旅でもありました。

というわけで、本書は「食べ物」については従来の「美味い・不味い・ステキ！」といった感覚的な話に加え、食の「マーケティング、ライフスタイル、文化論」、さらに食品科学等の専門的な面からアプローチを試みております。加えて「映画論」としては、「こういう見方もありますよ！」という、映画の雑なる知識にもとづいた新たな視点からの解説をしております。さらに読者の皆様にはご迷惑を承知で、駄洒落や個人的な話をからませたトリビア（どうでもいい些細《ささい》なこと）も書き加えておりますのでご容赦ください。

各タイトルに順番はございません。ご興味のあるページからお読みくだされば幸いです。

平成二十四年一月

続・映画のグルメ

——映画と食のステキな関係——PART 2

「旅情」パンフレット

旅情（1955年：イギリス・アメリカ）

監督・脚本：デヴィッド・リーン　原作：アーサー・ローレンツ　脚本：H・E・ベイツ　撮影：ジャック・ヒルドヤード　音楽：アレッサンドロ・チコニーニ　出演：キャサリン・ヘプバーン、ロッサノ・ブラッツィ、イザ・ミランダ

世界の各地にロケを敢行し、映画史に残る壮大なスケールの作品を残し続けた巨匠デヴィッド・リーン監督のメロドラマ映画である。〝水の都ヴェニス〟を舞台に、アメリカ女性とイタリア男性の恋愛模様を情感豊かに映像化した秀作である。

キャサリン・ヘプバーン扮するオールドミスのアメリカ女性が、欧州旅行でヴェニスにやって来る。見聞きするもの全てが新鮮で、その素晴らしさに加え旅が醸し出す独特の雰囲気に気分は高揚するが、ふと独り身の孤独感に襲われる。そのような折、ロッサノ・ブラッツィ扮するハンサムなイタリア男性と知り合い、互いにひかれ始める。さて主題曲「ヴェニスの夏の日」とともに、恋の行方はどうなるのでありましょうや？　というお話である。

日本では〝ヘプバーン〟といえば〝オードリー・ヘプバーン〟がまず頭に浮かぶが、映画史的には〝キャサリン・ヘプバーン〟ということになる。アカデミー賞主演女優賞4回受賞に輝く名女優で、大富豪ハワード・ヒューズとの恋愛や、名優スペンサー・トレーシーとの長年にわたるパートナー関係など、自立した女性の象徴として多くのファンを魅了し続けた大女優である。

オードリーは「ローマの休日」で〝ローマ〟を、キャサリンは「旅情」で〝ヴェニス〟を案内して

いる。監督は「ローマの休日」がウィリアム・ワイラー（「コレクター」「ベン・ハー」）、本作がデヴィッド・リーン（「逢びき」「アラビアのロレンス」）で、ともに心理劇からダイナミックな正統派映画まで作品の幅が広く共通点が多い。製作年度は本作の方が2年遅いが、イタリアを舞台にしたこの2作品を比較して観るのも興味深い。

恋にうぶなヘプバーンがブラッツィに恋心を抱き、中年の魅力たっぷりな恋の達人が巧みに彼女を恋愛ゲームに引き込んでいくわけで、恋愛が成就するための〝アルコール・音楽・花〟といった小道具や、〝夜（暗闇）〟といったシチュエーションなど設定が巧い。出会い・ひかれあい・感情がもつれ・修復・飲酒・暗闇への誘い・抱擁・くちづけと〝恋愛成就〟のプロセスがきちんと垣間見られて、まさに〝恋愛の教科書〟のような映画である。

孤独感・焦燥感・恥じらい等、ヘプバーンの演技にやや過激さを感じるところもあるが、このような微妙なニュアンスを演じられる女優はそうめったにはいない。〝恋愛〟に対するアメリカ人とイタリア人という民族の違いがテーマだという見方もあるが、現在の視点ではそれは類型的過ぎる指摘で、それもあるが世界中に普遍である〝恋愛〟のひとつの形を描いたものと考えるのが妥当であろう。

「ローマの休日」もそうだが、この時代のアメリカにはヨーロッパへの〝憧れ〟が強くあり、撮影場所としてのそれが映画に色濃く反映されているように見える。ちなみに監督達の出身はリーンがイギリス、ワイラーはフランスである。

狂言回しの子供の絡み具合がよく、適度で上品な笑いが随所に組み込まれているが、観客を圧倒するのは、ヴェニスの〝建造物のたたずまい〟と〝水の都〟独特の雰囲気を見事に活写した、カメラ

☆旅情

左より　キャサリン・ヘプバーン，ガイタノ・アウディエロ

ワークの素晴らしさにある。特にカラーで映し出される各ショットが、編集者出身のリーン監督のもと見事な編集効果を生み、ヴェニスの風景が実に瑞々しく捉えられ、映画史上もっとも優れたヴェニス観光のPR映画になっている。

劇中、鏡のような美しい水面に落ちた〝クチナシの花〟を、ブラッツィが取り損なう場面があり、これが皮肉にも愛の行方を暗示しているのが心憎い。本作の原作は「ウエスト・サイド物語」の原作者アーサー・ローレンツの「カッコーの時」で、映画の題名は「Summertime」である。これを「旅情」としたのは、映画の内容を魅力的に膨らませた歴史に残る名訳といえる。

さてこの映画の飲食物だが、バーボン（アメリカ）とチンザノ（イタリア）のカクテルなども面白いが、ブラッツィを既婚者と知ったヘプバーンが、ホテルの同宿女性と〝バール〟で互いに飲むヤケ酒の場面に登場する、「冷めたポテトチップス」が印象深い。二人の心情に呼応し、〝みじめさ・無念さ・悔しさ〟を一層強調している。

ちなみに〝バール〟とはイタリアの街角ごとにある、コーヒーやドリンク・アルコール・ジェラート（アイスクリーム）・パニーニ（イタリア風サンドイッチ）などの軽食を出す喫茶店のようなところで、カウンターや若干テーブルもあるが立ったまま飲み食いをするお店。これに対しスペインでは同様な感じの店を〝バル〟と呼び、品揃えはタパス（つまみの小皿）が加わりアルコールの種類が増える。夕方は本格的な夕食を前に小腹を満たす若者達で賑う場所でもある。

ところで「ポテトチップス」はアメリカで発明されたものだが、その原型はベルギーを発祥の地とする「フレンチフライ」である。棒状（拍子木）にカットしたポテトのフライ（フライドポテト）を、アメリカや日本では「フレンチフライ」というが、これはアメリカ第三代大統領トマス・ジェファーソンがフランスより料理法を持ち帰り広まった。

１８５３年にニューヨーク州のサラトガ・スプリングスのレストラン「ムーンレーク・ロッジ」のコック長〝ジョージ・クラム〟が、店のフレンチフライが厚切り過ぎるという客のクレームに腹を立て、フォークが刺さらないほど薄くしパリパリに揚げて出したところ逆に喜ばれ、それが「サラトガ・チップス」という看板メニューになった。

その後包装されたポテトチップスがニューイングランド地方全域に広まり、１９２０年代にはハーマン・レイがこれを南部に広め最初の全国ブランドになった。レイの会社は１９６１年スナック菓子メーカー・フリト社と合併、フリトレー社として強力なブランドを作り上げた。

１９７１年にはＰ＆Ｇから成型タイプのポテトチップス〝プリングルス〟が発売され、筒型容器入り真空包装を採用したことで、破砕と日持ちの問題を解決した。ポテトチップスは20世紀初頭にアメリカからフランスに逆輸入の形で伝わり、アメリカでは「チップス」、イギリスでは「クリスプス」と呼ばれている。イギリスで「チップス」というと「フィッシュ＆チップス」でお馴染みの、棒状のいわゆるフライドポテトのことである。

45年ほど前に初めて訪れたベルギーのブリュッセルでは、街角で包装紙を丸めた三角錐形の容器に棒状にカットしたフライドポテトを入れ、マヨネーズやケチャップ、さらにタルタルソース・オーロラソース・レモンソースなどマヨネーズベースの各種ソースを、お好みでかけるスナック〝フリッツ〟を売っていた。初めて食べるアツアツの美味しさに感動したが、いまや日本ではフライドポテトはファストフードの定番品である。ただ個人的にはポテトはベルギーやフランス産が美味しいと思うし、北欧の肉厚タイプのポテトチップスも魅力的だ。原料や加工方法でまだまだポテト・スナックの奥は深い！

さて、最後にトリビアだが、これも45年ほど前のヴェニスのお話。サン・マルコ広場のカフェでこの映画のように椅子に座りエスプレッソを飲んでいると、広場の楽団のメンバーと目が合った。すると突然「スキヤキ（上を向いて歩こう）」が広場に流れたのである。その場の日本人一同大感激であったが、当時のヨーロッパは〝上を向いて〟ばかりは歩けなかった。何しろ鳩や犬の落し物が多かったので、この手の〝運（ウン）〟はご遠慮願いたかったからである。

「荒野の決闘」ポスター

写真協力　公益財団法人川喜多記念映画文化財団

荒野の決闘（１９４６年：アメリカ）

監督：ジョン・フォード　原作：サム・ヘルマン（ステュアート・N・レイクの小説より）　脚本：サミュエル・G・エンゲル、ウィンストン・ミラー　撮影：ジョー・マクドナルド　音楽：シリル・モックリッジ、アルフレッド・ニューマン　出演：ヘンリー・フォンダ、リンダ・ダーネル、ヴィクター・マチュア、キャシー・ダウンズ、ウォルター・ブレナン

「駅馬車」（１９３９年）から7年、ジョン・フォードが第二次大戦終結の翌年に作った西部劇である。実在した保安官ワイアット・アープ、ドク・ホリデイ、クラントン一家が絡む〝ＯＫ牧場の決闘〟の話をテーマにした、詩情豊かな西部劇の名作として知られる。

ステュアート・N・レイクがワイアット・アープから直接聞き書きした小説、「ワイアット・アープ　フロンティア・マーシャル」の３度目の映画化。ちなみに前2作は「国境守備隊」（１９３４年：ジョージ・オブライエン主演）、「フロンティア・マーシャル」（１９３９年：ランドルフ・スコット主演、日本未公開）である。

「駅馬車」が追いつ追われつの〝動〟の映画とすると、本作は小競り合いや馬による追跡場面、さらにラストのスリリングな決闘場面はあるものの、全体としては〝静〟と称してよいほど風景や人間描写に力点が置かれた、〝正統派西部劇〟といえる。

大きく広がる青空（モノクロだが光で色が想像できる）には白い雲が沸き立ち、はるか彼方にモニュメント・ヴァレーが眺望できる西部の町、〝トゥームストーン〟で繰り広げられる、友情と恋の紛

「荒野の決闘」パンフレット

争と決闘の映画である。原題は内容に相応しい「MY DARLING CLEMENTINE（愛しのクレメンタイン）」で、主題歌は日本で「雪山讃歌」として知られるアメリカの民謡だ。

ワイアット・アープ兄弟がメキシコからカリフォルニアに牛の大群を移動中、休息を取るためトゥームストーンの町に立ち寄る。ところが近郊で一人留守番をしていた末弟が牛飼いのクラントン一家に殺害され、牛を全て奪われてしまう。ダッジ・シティの名保安官として名高かったワイアット（ヘンリー・フォンダ）は、仇を探すため二人の弟とともに保安官として町に留まる。酒場にはもと外科医で賭博の元締めドク・ホリデイ（ヴィクター・マチュア）と彼の情婦チワワ（リンダ・ダーネル）がおり、ワイアットとドクは意気投合する。

ある日東部からの馬車が着くと、〝荒野に一輪の花〟のごとき清楚な美しい娘が降り立つ。ドクを追ってきた恋人のクレメンタイン（キャシー・ダウンズ）だが、ワイアットは彼女を見て一目惚れをしてしまう。ドク・ホリデイ、クレメンタイン、チワワの三角関係とワイアット・アープの活躍を主軸に、治安穏やかならぬ町で起こるエピソードを絡めながら、仇を探しあてラストの決闘になるわけだが、さてその結末はいかに？　というお話である。

第二次大戦に従軍したジョン・フォード監督の戦後初の作品であり、主人公のワイアット・アープには日独伊に勝利した、〝世界の警察（保安官）・アメリカ〟が色濃く反映されている。殺された末弟の墓標の年代が「1864〜1882年（明治15年）」とあるが、史実ではOK牧場の決闘は一年前の1881年、牧場近くの写真館の前の事件で映画と史実は若干異なる。

ワイアット・アープが主人公だが、ドク・ホリデイという個性的な魅力を持つ人物の側から俯瞰が可能な、重層的構造を持つ作品である。ドクがワイアットと初対面時「シャンパン」をオーダーしたり、台詞を忘れたシェイクスピア役者に代わり暗唱をする場面などは、ドクという人間のレベルの高さを演出し心憎い。またワイアットがホテル前のポーチで暇つぶしに足を柱にかけ椅子を揺らしている場面や、照れながら香水を付けた言い訳をしたりダンスに興じる場面は、彼の人間性が出て印象深い。

またワイアットが一瞬で敵の頭を銃のグリップで殴り、即座に別の敵に銃を発射する場面や、決闘のラストで彼の弟が瞬時にファニング（連射）で、クラントン一家の父親を倒す場面がある。これは黒澤明の「用心棒」「赤ひげ」の、〝瞬時のダイナミズム〟ともいえる敵の倒し方に受け継がれたと推測できる。

ところで、この映画は光と影の使い方が極めて巧みである。モニュメント・ヴァレーを背景にした空と雲の捉え方、夕暮れ時や夜間の光線の加減、ライティングによる人の顔や部屋の明暗作り、モノクロなのに深い陰影が一瞬〝色彩〟を想像させるのは、レイジュアリー・レンズ（欧州の監督が多用）のためのようだ。加えて赤外線フィルムも使用されたとのことだ。

さて本作の飲食物は、野宿やホテルでの食事場面に加え、芝居小屋で売り子が「トルティーヤ・セルベッサ（ビール）」を販売したり、「パンケーキに蜂蜜」「ステーキ」「ベーコン」「コーヒー」「ハムエッグ」などが会話に出てくる。しかし最も頻繁に登場し場面の中でそれなりの役割を果たすのは「ウイスキー」である。ドクの〝愛飲酒〟という役割とは別に、ワイアットとドクが初対面時「シャンパン」の後に、弟達も交え〝意気投合の証〟として飲まれ、撃たれたチワワの手術では〝消毒液〟として使われ、手術が成功し「ご苦労様！」で飲まれるという具合に、物語の節目によく登場する。

「シャンパン」はおそらくフランスからの輸入物だが、「ウイスキー」は国産の「バーボン・ウイスキー」と考えられる。１７８９年に牧師のエライジャ・クレイグが偶然製法を見つけたこの酒は、ケンタッキー州のバーボン郡（ブルボン王朝が語源）で作られたのでこの名になった。トウモロコシを主原料とするウイスキーで、内側を焦がした樽で貯蔵されたものである。現在はトウモロコシ51％以上80％未満（80％以上はコーン・ウイスキー）、ホワイトオークの内側を焦がした新樽で2年以上熟成させたものとの規定がある。

開拓当初、アメリカでは大麦や小麦はこの土地になじまず、ライ麦と在来種のトウモロコシは潤沢に収穫できた。そこで、イギリスからの移民はスコッチ・ウイスキーの製法を応用し、ライ麦でウイスキーを作り始め、トウモロコシをブレンドするようになった。18世紀まではライ麦のウイスキーが主流で、ペンシルバニア、メリーランド、バージニアが主な生産地であった。１７９１年に酒税法ができ、それを逃れる人々が中西部のケンタッキーに移り、そこでトウモロコシやオーク材、ライムストーンと呼ばれる石灰岩でろ過された水が潤沢なこの地で、「バーボン・ウイスキー」を大量に作り始めたわけである。ちなみに隣のテネシー州で同様な製法で作られた後、サトウカエデの炭を通す〝チャコールメロウイング〟を経たものを、「テネシー・ウイスキー」と呼ぶ。「ジャック・ダニエル」が有名だ。

この作品はフォードの撮った版を、プロデューサーであるダリル・F・ザナックが、興行面から一部撮り直し30分ほどカットしたとのことで、床屋の髭剃り場面のつなぎや突然現われるチワワの情夫など、不自然な場面が散見される。無謀だが映画製作にはよくあることで、特に気になるものではないし映画は大ヒットした。個人的には最近の映画やTVは無駄に長いものが多いし、〝心理的限界〟である90分程度の方が映画は「ピシャ!」と決まるはずなので、97分という上映時間は「これはこれで良し!」とすべきと思っている。

それにしてもラストでワイアット・アープがクレメンタインに言う「私は貴女の名前が大好きです。クレメンタイン」(会話の直訳)というフレーズは、直接「貴方が好きです」と言わない〝照れ屋〟のワイアット・アープらしくて、思わず笑みが出る傑作なラストである。昔から「私はクレメンタインという名前が好きです」という字幕もあり、これが大勢を占めているが、これでは観客にニュアンスが正確に伝わらないと思うのは私だけだろうか?

「ALWAYS 三丁目の夕日」チラシ

ALWAYS 三丁目の夕日（2005年：製作・ROBOT、配給・東宝）

監督・脚本：山崎貴　原作：西岸良平　脚本：古沢良太　撮影：柴崎幸三　音楽：佐藤直紀　出演：吉岡秀隆、堤真一、薬師丸ひろ子、小雪、三浦友和、堀北真希、もたいまさこ

西岸良平の人気漫画「三丁目の夕日」の映画化である。時は昭和33年、「もはや戦後ではない」といわれて数年後、貧しかったが「努力すればきっといい事がある」と明日を信じ、隣人同士がお互いをいたわりあってその日を精一杯生きていた時代。東京タワーが垣間見られる街の一角、「三丁目」を舞台に繰り広げられる物語である。

東北から集団就職で東京にやって来た〝ろくちゃん〟こと〝六子《むつこ》〟は、就職先が「自動車会社」でなく、「鈴木オート」という「自動車の修理屋」だったことで落胆している。一方修理屋の主人は、彼女が履歴書の特技欄に記入した〝自転車修理〟を〝自動車修理〟と勘違いし、これが原因で話はややこしくなり映画は混戦状態のオープニングとなる。

この修理屋の真向かいに、駄菓子屋を営みながら〝純文学〟を目指す茶川竜之介という青年作家がいる。近くには元踊り子だった、若くてチョット色っぽいお姉さんが切り盛りする飲み屋があり、日頃反目している修理屋と青年はともにここの常連だ。そこにお姉さんの知り合いの子供が転がり込む。名前を古行淳之介という。

ところがお姉さんは体《てい》よく青年作家にこの子供を押し付けてしまう。修理屋には一人息子がおり、淳之介とは同じクラスで二人は仲良しになる。物語はこのふたつの家族の話を軸に、青年とお姉さん

の恋や、人の良い三丁目の住人のエピソードなどを絡めながら進行する。

修理屋の短気な親父を、堤真一が異様さとコミカルさを満喫しつつ演じている。優しいお母さんは薬師丸ひろ子だが、これがピッタリのはまり役。大混乱のさ中に出す絶叫が「セーラー服と機関銃」のすごみを想起させる。

嫌々ながら子供を引き取った文学青年を、「男はつらいよ」の寅さんの甥・満男こと吉岡秀隆が、実に〝惨めったらしく〟演じ、飲み屋のお姉さんの小雪が爽やかで華やかで、〝ちょっといい女〟である。三浦友和も〝チョビ髭に眼鏡でスクーター〟という、あの当時の典型的な町医者を楽しんでいる。瞬時に語られる彼の家族のエピソードが、戦争の傷痕を鮮やかに活写し秀抜である。ろくちゃんを好演したのはその後大ブレークする堀北真希、淳之介は天才子役・須賀健太という陣容である。

ひと言でいえばこれは映画というよりTVドラマの匂いが強い。画面に突然映し出される、「路面電車・ミゼット・東京タワー」のリアルさには正直驚き、子供の頃に引き戻されるこの不思議な空間にくらっとくるが、修理屋や駄菓子屋とそれを取り巻く懐かしい看板のセットは、なぜか映画というより当時のTVドラマ、「お笑い三人組」や「バス通り裏」の安物セットがイメージングされる。ミゼットにTVの「やりくりアパート」でこんちゃん（大村崑）とささやん（佐々十郎）が、「僕の車ミゼット！　私の車ミゼット！」と宣伝していた姿がダブるのも理由のひとつだろうか？

ややお仕着せで、ご都合主義のセンチメンタリズムで出来上がった作品ともいえるが、結果それが実に巧くできているので、つい笑いと涙で顔がクシャクシャになってしまうのだ。

この映画では、お姉さんが作る「カレーライス」が印象深い。舞台である昭和33年は、インスタントラーメン・ドレッシングなどが発売され、日本の食の歴史に〝洋風化・インスタント化現象〟が始まる年である。温かいふっくらご飯とカレーから立ち上る〝湯気と美味しい香り〟は、カレーとご飯が醸し出す絶品の味覚とあいまって、卓袱台《ちゃぶだい》を取り囲む登場人物達に、〝家族〟という小さな幸せを感じさせる絶妙の効果を演出していた。

したがって「カレーライス」は、青年と淳之介とお姉さんの〝擬似家族〟に見事にはまった食べ物だったわけだ。ただここでは「ハウスの即席カレー」が使われているが、当時の関東では圧倒的に「S&B」が強かったので、生まれも育ちも横浜の私は少々違和感を感じた。

カレーはインドが起源で、タミール語の「カリ（汁）」やヒンドゥー語の「ターカリー（香り高い）」が語源といわれている。これがインドの宗主国イギリスにインド米とともに伝わり広まった。カレーは香辛料の配合が難しいが、イギリス人のエドモンド・クロースとトーマス・ブラックウェルが、あらかじめ香辛料をブレンドした「C&B（クロス&ブラックウェル）カレー粉」を発売し、これがカレー粉の標準となって世界中に広まった。

カレーは日本に明治の初めに伝わったようで、明治5年に出された料理の本『西洋料理指南』（敬学堂主人著）、『西洋料理通（仮名垣魯文著）』に作り方が載っているが、前者では使用材料は鶏肉、海老、鯛、牡蠣《かき》、赤蛙とある。当初は玉葱《たまねぎ》代わりに長葱を用い馬鈴薯は使われていない。小麦粉は少量なので日本独自の「どろり」タイプになるのは後のことである。「牡蠣カレー」でビックリすることなかれ！　明治時代からの定番メニューなのだ。

日本における最初のカレー粉は、１９０５年（明治38年）大阪の薬種問屋・大和屋（現ハチ食品）の今村弥兵衛により売り出された。１９２３年（大正12年）には日賀志屋（現ヱスビー食品）の山崎峯次郎がC&Bカレー粉に負けない、日本で初めての本格的なカレー粉を発売し、１９３０年には家庭用の「ヒドリ印」を発売している。一方、1926年には浦上靖介の浦上商店（現ハウス食品）が、「ホームカレー」の稲田商店を吸収して製造を引き継ぎ、1928年にブランドを「ハウスカレー」に改めている。

「即席カレー」は、1906年には神田の一貫堂から熱湯で溶くタイプが、また1914年に日本橋の岡本商店から「ロンドン土産即席カレー」なるものが売り出されている。1923年には高田馬場のノーブル商会の横澤清造が、カレー粉に調味料を加え固めた即席カレールウの実用新案を出し、後に粉末タイプの「スキートカレー」の製法特許を出している。

独創的な横澤は「カレーモナカ」の発明者でもある。1932年には山田商会の山田欣司も「即席カレー」の特許を出している（OBカレー）。1927年には中村屋の喫茶部に娘婿のラス・ビハリ・ボースの指導を受けた「純印度式カリー」が登場し、「高級カレー」の普及に貢献する。さらに1929年には大阪梅田の阪急百貨店の食堂で「ライスカレー」が大人気になる。

1931年には「C&Bカレー粉」の偽造事件（S&Bやナイトブランドの国産品を詰めた）が起こるが、正規品と遜色のなかったことで国産品の優秀さを世に認めさせる結果になった。戦後は1945年にオリエンタルが純カレー粉に小麦を加えた「即席カレー」を発売、1954年にはヱスビーが固形のルウタイプ、1960年にグリコが溶け易いプレートタイプの「ワンタッチカレー」、1963年にハウスが「バーモントカレー」を出している。

1968年には大塚食品からレトルトパウチの「ボンカレー」が発売され、カレーは〝温かい家族食〟から〝侘しい個食〟に変化して行く。「華麗か？　加齢か？」この先カレーの意味合いがどう変わるか楽しみだ。ちなみに「ライスカレー」か「カレーライス」かの呼称論争は、戦前は「ライスカレー」が多く、戦後は「カレーライス」が多いようだ。いずれにしても、多くの先人の努力によって日本独自のスタイルを確立した〝洋食のカレー〟は、いまや代表的な〝日本の料理メニュー〟となったのである。

さてこの作品はよく知られているように続編（２００７年）が製作され、青年は芥川賞の最終候補となりお姉さんと結婚するわけだ。そしてその後、続々編「ALWAYS 三丁目の夕日'64」（２０１２年）も作られともに大ヒットした。続々編は３Ｄ上映用も作られたが、眼鏡をかけることで画面がわずかに暗くなるデメリットもあり、３Ｄの必然性は感じ取れなかった。

では最後にトリビアだが、小学校４年生の私が今は亡き長兄に連れられて、初めて有楽町のスカラ座でドイツ映画の「野ばら」を観たのが昭和33年である。その日、電車から観た夕焼けの空に、映画と同じ作りかけの東京タワーが確かにあった。映画のラスト！　突然そのことを思い出した私は、流れ出る涙を禁じ得なかった。

「キートンの探偵学入門」チラシ

キートンの探偵学入門（1924年：アメリカ）（旧題：忍術キートン）

監督・出演：バスター・キートン　技術監督：フレッド・ガブリー　脚本：ジーン・ハヴェッツ、ジョセフ・ミッチェル、クライド・ブラックマン　撮影：エルジン・レスリー、バイロン・ホウック　出演：キャサリン・マクガイア、ウォード・クレイン

チャールズ・チャップリン、ハロルド・ロイド、バスター・キートンの3人は、「三大喜劇王」として著名である。一般にはチャップリンの知名度が最も高いが、「喜劇」という観点から見た場合にはキートンの方を評価する人も多い。チャップリンは長編を中心に〝芸術的過ぎて〟少々鼻につく。一方キートンは〝体を張った〟動きが引き起こすギャグが、「ストーン・フェイス」とも称される「笑わない顔」と相まって、シュールでシニカルな独特の笑いを生み出している。ちなみに私はキートン派である。そこで彼の無声映画時代を代表する作品を映画の歴史を絡め紹介したい。

リュミエール兄弟の〝シネマトグラフ〟によって、映画が初めてスクリーンに上映されたのは1895年12月28日のことで、場所はフランス・パリのキャプシーヌ通り〝グラン・カフェ〟である。映画史的にはこれが映画の誕生日ということになる。ただしアメリカではエディソンが1893年にキネトスコープを発表した時が映画の誕生と主張する。これは覗き式で一人しか観ることができなかったので、スクリーンに投影する方を「第一号」とするのが主流の説である。

諸説はともかく、映画はこの後1927年まで音を持たなかった。この時代を「サイレント（無声）映画時代」といい、以後を「トーキー（発声）映画時代」と称する。サイレント時代はコメデ

ィー映画が主流と思う方々がいるが、それはごく一部のことで当時はあらゆるジャンルの映画が作られていた。サイレント映画は音がなかったことで、映像のみで音をはじめ全てを表現せねばならず、多くの斬新な表現技術・技法が編み出され、トーキー登場以前にひとつの芸術的な完成をみていた。

長い前置きになったが本論に入ろう。キートン扮する主人公が夢の中で事件を解決する話で、可愛い恋人を巡って恋敵である町の色男（実は悪人）と恋の鞘当てもある。物語はギャグまたギャグの連続だが、常人では考えつかないトリック的な映像や、天性の身体能力を持つキートンならではの〝瞬間芸〟が堪能できる。勿論それを作り出すためには革新的な技法や小道具・装置が必要で、これにはフレッド・ガブリー率いる特殊技術チームの存在があった。

このような字幕から話がスタートする。「昔の人は言っていた、二兎追うものは一兎をも得ず」「この男はこれに挑戦した」。主人公シャーロックJr.（バスター・キートン）は映写技師だが同時に探偵修行中の身であった。「探偵になる方法」という本を夢中で読んでいると館主に言われる。「探偵さんよ！　事件を始末する前にゴミを始末してくれ」。

恋人（キャサリン・マクガイア）へのプレゼント用菓子は1ドルと3ドルだが、彼は2ドルしか持っていない。ゴミを掃除していると1ドル見つけ、「しめた！」と思ったら、婦人が来て「1ドル落とした」と1ドル札の特長を言う。当然どれも同じデザインなので彼は彼女に1ドルを返す。すると老婆が来て同じことを繰り返し、彼の持ち金は1ドルになってしまう。続いて強そうな男が来たので1ドル差し出すと、男はゴミの中から大金の入った財布を拾い出す。

結局1ドルの菓子を買い、プライスの「1」を「4」に書き変え恋人に渡す。彼女の家では〝色男〟が彼女の父親の時計を盗み質屋に入れ、主人公のポケットに質札を入れる。それが発見され彼は出入り禁止！　恋人にも振られてしまう。しかしその後彼女は質屋に時計を質入れした者を確認に行き、丁度前を通った色男だとの回答を得る。

一方、色男を尾行しひと騒動があった主人公は映写室に戻る。そこで彼が居眠りを始めると夢の中で彼の分身が起き出す。折しも上映されている映画には恋人と色男が映っている。彼女が言い寄られたので分身は何と！　スクリーンの中に飛び込んで行く。映画の中では「真珠の首飾り」の盗難が発生。犯人は色男と執事である。そこで事件の解決を頼まれたシャーロックJr.が大活躍の末事件を解決するというお話である。

さてこの映画の食べ物だが、主人公が恋人の家で恋敵の色男に仕掛ける小道具の「バナナ」が面白い。バナナの皮で彼を滑らそうと目論むが、色男は引っかからずに主人公が皮を踏んで転んでしまう。これはコメディーではよく使われるギャグで、ちなみに「キートンのザ・ハイサイン」（１９２０年）では、バナナの皮を仕掛けるが相手に無視されるというオチがある。

ではここで「バナナ」についての蘊蓄を。バナナは果物としての輸入量が一番で、かつ日本では一番食べられている果物である。手で簡単に剥け美味しく栄養もありコスパがよいのが理由だろう。生産地は「バナナベルト」と呼ばれる北緯30度から南緯30度の範囲に分布している。インドが世界の３割を生産し、中国、フィリピン、ブラジル、エクアドル、インドネシアなどが続く。日本にはフィリピン、エクアドル、台湾から主として輸入されているが、９割近くがフィリピン産である。インド、中国、ブラジルは大半が自国で消費されてしまう。

日本では「芭蕉」と呼ばれ、文久２年（１８６２年）に小笠原諸島を訪れた本草学者で医者の阿部喜任の「南岐行記」に、「芭蕉の実」（バナナ）を食べたとの記述がある。バナナは明治初頭にハワイから輸入され、明治36年（1903年）に台湾からも入ってくるようになった。昭和38年の自由化以前は高価な果物で、1本100円はしたものである（レモンも1個100円）。台湾バナナが甘くこってりしているのに比べ、エクアドルやフィリピン産は甘味が少ない。

品種的にはかつてはグロス・ミッチェルが主流だったがパナマ病にかかりやすく、代わったキャベンディッシュが現在は生産量の半分を占めており、その他小型のモンキーバナナ、赤紫のモラードなどがある。バナナは害虫予防のため植物防疫法で完熟の輸入はできないので、エチレンガスを加えて追熟する。冷蔵庫保管は黒くなるが、50℃の湯に5分漬け一時間放置し冷蔵庫保管すると黒くなりにくく甘くなるとのことだ。特有の香りはイソアミルアセテートである。

さて映画の方は、スクリーンに入った彼は突き飛ばされて一度外へ、もう一度入ると庭園に出るが、続いて街、崖、森、砂漠、海、雪山などを巡って庭園に戻る。夢とはいえ凄まじいイマジネーションの展開だ。後はギャグの連続で、爆弾であるビリヤードの球を必ず外して打ち続ける技とか、金庫のダイヤルを回し扉を開けると外に出られるというのも傑作だ。映画史に残るギャグがふたつ。ひとつは窓枠に白い大きな円形物をはめ込み、逃げる際これに飛び込むと一瞬で女性の衣装になるギャグ。もうひとつはおばさんが首から吊るして両手で持つトランクに飛び込むと、消えてしまうというギャグ。背後の塀がカラクリ扉になっている。

その後、主人公はオートバイのハンドルに腰かけ助手が運転するのだが、助手が振り落とされても彼は前を見たまま延々と走り続けるのが面白い。そして眠りから覚めた主人公の所に恋人が来て疑いも晴れる。スクリーンでは恋人同士が仲直りをし、指輪をはめ、手・唇と順にキスをしている。映写室の二人も同じ動作を順に繰り返す。続いて観るとスクリーンでは夫婦が双子を抱いている。さすがにこれにはついて行けないので、主人公が頭を掻き幕となる。

ところで本作は〝女優殺人事件〟に絡み表舞台を去った喜劇俳優、〝デブ君〟こと〝ロスコー・アーバックル〟がノンタイトルだが監督として参加しているとのことだ。またスクリーンに入って行くアイデアはウディ・アレンが「カイロの紫のバラ」（１９８５年）で使用。フランソワ・トリュフォーも遺作「日曜日が待ち遠しい！」（１９８２年）で、本作の主人公の顔のイラスト入り名刺を登場させ、共にキートンへのオマージュを匂わせた。

ルドルフ・ヴァレンチノ

「The Local Sheik」を〝町の色男〟と訳しているのは、映画史上最大の美男俳優〝ルドルフ・ヴァレンチノ〟の「シーク」（１９２１年）以降、〝いい男〟を〝シーク〟と呼んだことによる。興味深いのはスクリーンの前にピアノやバイオリンの楽師達がおり、当時の映画の上映方法が垣間見られることである。

というわけで、一人でも多くの方々に「キートンの作品」を観ていただき、是非〝マ（バ）スター・キートン〟になってもらいたいものだ。

「オリエント急行殺人事件」パンフレット

オリエント急行殺人事件（1974年：イギリス）

監督：シドニー・ルメット　原作：アガサ・クリスティ　脚本：ポール・デーン　撮影：ジェフリー・アンスワース　音楽：リチャード・ロドニー・ベネット　出演：アルバート・フィニー、ローレン・バコール、イングリッド・バーグマン、ショーン・コネリー

ミステリーの女王〝アガサ・クリスティ〟の原作を、「十二人の怒れる男」など社会派映画の巨匠として知られる〝シドニー・ルメット〟が監督した傑作である。

1932年に起きたチャールズ・リンドバーグ（最初の大西洋単独無着陸飛行者）の愛息誘拐・殺人事件は世界中を震撼させたが、不可解なことの多い事件であった。犯人は後に逮捕されたが、後年誘拐された本人と名乗る男が現われたり、犯人捏造説やリンドバーグ関与説などが続出した。原作はこの事件をヒントに1934年に発表されたクリスティの代表作である。

1930年アームストロング家の娘デイジーが誘拐され、身代金が支払われたが彼女は遺体で発見される。ショックで夫人は未熟児を死産、本人も亡くなり夫の大佐は自殺、共謀を疑われたメイドも飛び降り自殺と相成る。要はこの事件で5人の命が失われ、そして5年が経った。舞台はイスタンブール。ここからロンドンまで行くオリエント急行に続々と乗客が乗って来る。車掌のピエール（ジャン・ピエール・カッセル）が手際よく乗客を列車に案内している。一等寝台車は既に満席だったが、鉄道会社の重役ビアンキ（マーティン・バルサム）の口利きで、名探偵エルキュール・ポワロ（アルバート・フィニー）も同乗してくる。

オリエント急行とくれば食堂車がメイン舞台になる。一等寝台の乗客が各々食事をしている中で、ポワロはアメリカの大金持ちラチェット（リチャード・ウィドマーク）から、「脅迫されているので（護衛を）頼む」と言われるが、人物を見て「気乗りがしない」と断る。ところが翌日そのラチェットが殺害された状態で発見される。

同乗していた医者の検死では、12ヵ所もの刺し傷があった。そこでポワロがビアンキの依頼で捜査を始める。一等寝台車には鍵が掛っており他の列車からは入れないので、犯人は一等寝台車の中の誰かということになる。「さて犯人はだ〜れだ！」というお話。

あまりにも有名な話なので多くの方々が結末を知っていると思うが、あえて今はバラさない。まずこの映画の最大のポイントはオールスターキャストの映画だということである。ポワロ・ビアンキ・医者の３人以外はすべて怪しいということで、主たる登場人物を紹介しておく。

まず殺害されたラチェットの秘書マクィーン（アンソニー・パーキンス）、同じく執事ベドーズ（ジョン・ギールグッド）、口うるさいおばさんハバード夫人（ローレン・バコール）、宣教師オルソン（イングリッド・バーグマン）、アーバスノット大佐（ショーン・コネリー）、英語の速記教師デベンハム（ヴァネッサ・レッドグレイヴ）、外交官アンドレニイ伯爵（マイケル・ヨーク）、その婦人（ジャクリーン・ビセット）、老貴婦人ドラゴミノフ公爵夫人（ウェンディ・ヒラー）、そのメイド（レイチェル・ロバーツ）という具合で、この他に私立探偵と自動車販売業者と、車掌のピエールの計13人である。

被害者に被疑者13人（含む車掌）と捜査側の３人の計17名が、それなりに重要な演技をするわけで、これだけの名優と個性派俳優を見事に捌《さば》いているルメット監督の辣腕《らつわん》ぶりが見ものである。オープニングはニュース映画のタッチで、列車の蒸気や煙が旅立ちや旅情ムードを醸し出す。アンソニー・パーキンスの秘書がマザコン風なのは、彼の主演した「サイコ」が意識されており苦笑いだ。一度焼かれた紙切れから文字を浮かす場面はチョット見ものである。アルバート・フィニーの化けぶりは見事だが少々重苦しいのが難点だ。しかしミステリー映画ファンは豪華な出演陣にワクワクし、謎解きを十分堪能できたはずである。

この映画では、オリエント急行の列車に積み込まれる食材が、入念にチェックされているのが興味深い。カリフラワー、ジャガイモ、タマネギ？　オレンジ、レモン、リンゴ？　骨付き生ハムなどだが、牡蠣は試食してOKを取るほど厳格だ。食堂車ではスープ、ワイン、舌ビラメ、グリーンサラダなどが出てくるが、スパゲッティをフォークとスプーンで食べているのがいかにもアメリカ人らしい（イタリア人は一般にフォークだけ）。

余談だが1950年代に入るとアメリカ人にとっての憧れの地、〝ヨーロッパ〟をロケした映画が多数作られた。「ローマの休日」や「旅情」が代表的だが、その少し前に主題歌〝セプテンバー・ソング〟が大ヒットした「旅愁」（1950年）が作られている。この中で主役のジョーン・フォンテインがスパゲッティをフォークとスプーンで食べている。この事実から推察するとおそらくスプーンも使うのはアメリカ流で、パスタ文化が戦後アメリカ経由で入って来た日本には、このスタイルが〝上品な食べ方〟として伝わった可能性がある。

さて話を映画の飲食物に戻そう。印象深いのは事件解決後に出されるシャンパンで、これはオリエント急行の雰囲気にピッタリであった。またトルコのレストランでは、名曲「夕陽に赤い帆」が演奏されている最中、ポワロが「（この店は）器だけ立派で格好ばかりの料理ですよ！　コーヒーも！」

と、メニューを破きトルココーヒーを捨ててしまう場面がある。

ここで観客は「何と傲慢な！」と思うのだが、一転！　その彼がオリエント急行の食堂で美味しそうに「生牡蠣」を食べているのには、思わず喉がゴクリである。ではここで「牡蠣」の薀蓄をひとつ。イカ（以下）ではなくカキ（下記）のごとく。

「牡蠣」はイタボガキ科に属する二枚貝の総称である。世界中に80種類、日本近海では22種類ほどが知られている。「岩からかき取る」ので「かき」というのが有力な説だ。縄文時代の遺跡から牡蠣殻が出土しており、1670年頃安芸の国（広島）で小林五郎左衛門により養殖が始まり、PRのため大阪向けに「牡蠣船」が出て繁盛した。

最もポピュラーな「真牡蠣（広島牡蠣）」、真牡蠣の北方型で大形の「長牡蠣」、有明海の「住之江牡蠣」、大形の「板捕《いたぼ》牡蠣」などが知られているが、旬は秋から冬で春から夏は産卵期で身が痩せ細る上に毒化するともいわれる。「Rのつかない月は牡蠣を食べない」の所以である。毒は中腸腺に濃縮されたサキシトキシン（プランクトン由来）やベネルピンで発生の季節は問わない。

一方「岩牡蠣（夏牡蠣）」は夏が旬である。ヨーロッパでは円形の「ヨーロッパヒラ牡蠣」や大型の「ポルトガル牡蠣」が知られている。1970年代に病気でフランスの牡蠣がほぼ全滅した時、日本から種牡蠣を送り急場を救った。したがって現在のフランスの牡蠣はほぼ真牡蠣である。

牡蠣は「海のミルク」とも呼ばれグリコーゲンが豊富なうえに、栄養学的にはビタミンB_1、B_2、鉄、銅、カルシウム、タウリンなどが期待できる。最近は不足すると味覚異常が起きる亜鉛の供給源として注目されている。煮汁のグリコーゲンからキャラメルを作り大成功したのが「グリコ」の創業者、江崎利一である。

１９１２～14年農商務省水産講習所（現東京海洋大学）の教授・妹尾秀美が、欧米に調査に出かけフランスのアルカッションで牡蠣の養殖法を研究。帰国後１９２３年より横浜の金沢実習所（八景島シーパラダイスの近く）で、同所の堀重蔵とともに海の立体的利用の研究に着手し、現在にまで続く〝垂下式牡蠣養殖法〟を発明した。これを宮城県で実用化したのが、アメリカへの牡蠣輸出のため水産講習所に指導を仰いだ宮城新昌で、「おいしゅうございます」でお馴染みの岸朝子の実父である。

ポン酢、レモン、カクテルソースなどでの生食、土手鍋、ご飯、カレー、フライ、グラタン、スープ、チャウダーなど、「牡蠣」はその美味しさ故にメニューが多彩で、醤油、ソース、燻製、油漬けなどの加工原料にも適する。個人的には広島などで多い「天麩羅」を流行らせたい。

さて刺し傷の数と容疑者の数から推測がつくように、ネタをバラすとラチェットは誘拐犯で、犯人は容疑者全員であるというのがオチである。12名は陪審員の数で、12の刺し傷に対し一人多いのは伯爵夫妻が二人で刺したからである。再見して漸くそれに気づいた。この作品は監督ルメットのデビュー作で、有罪を無罪にする「十二人の怒れる男」の延長にある映画と位置付けられる。本作でも別の形で有罪を無罪にし「12」にこだわっているのがオチといえる。

ではひとつトリビアを。10年ほど前にあるパーティーで岸朝子さんと話す機会があった。宮城新昌の話をしたところ「よく父のことを知っていらしたわね」ということになった。すると突然「チョットいらっしゃい、証人よ！」と、日本を代表する料理学校の校長に引き会わされた。丁度その方がフランスから牡蠣に関することで表彰されたばかりだったのだ。「牡蠣の表彰なら本当は私よね！」に、校長は「ごもっとも！　お返ししなくては」と一同大笑い。「おいしゅう」ではなく、「おしゅう（しい）」話でありました。

木下惠介監督作品
二十四の瞳
デジタルリマスター
高峰 秀子　月丘 夢路　小林トシ子　井川 邦子　田村 高廣　笠 智衆
あの感動が、あの涙が、より鮮やかによみがえる!

「二十四の瞳」チラシ

二十四の瞳（1954年：松竹）

監督・脚本：木下恵介　原作：壺井栄　撮影：楠田浩之　音楽：木下忠司　出演：高峰秀子、月丘夢路、小林トシ子、井川邦子、田村高廣、笠智衆、浦辺粂子、夏川静江

名匠・木下恵介監督の代表作である。おそらく日本人が最も涙を流した映画の一本で、映画やＴＶでもリメイクされているが、本作がダントツに優れている。壺井栄の小説を映像化したもので、原作の素晴らしさに加え、大石先生を演じた高峰秀子の優しい自然な演技と、12人の子供達の素直な演技が見事な相乗効果を生み、製作後60年余りを経た今でも観る者を魅了し続けている。昭和29年度のキネマ旬報ベストテンでは、世界の映画界の至宝である「七人の侍」（黒澤明監督：３位）を押さえ、堂々の１位に輝いた国民的映画である（２位は木下監督の「女の園」）。

小豆島（あずきではない、しょうど島）を舞台にした女教師・大石先生と12人の生徒との交流を描いた物語で、話は昭和３年４月４日の入学式から始まり終戦の翌年で終わる。この20年弱の間に小学１年生の子供達は成人となり、それぞれの身に降りかかる運命に弄ばれながら、満州事変、支那事変、不況、太平洋戦争と大きな歴史の流れに押し流されて行く。大石先生も同様で、結婚し二男一女の母親となるが幸せばかりとはいかず、母と死別後に夫は戦死し末の娘は不慮の事故で亡くなる。

あらすじに解説を加えるとこんな話である。岬の分教場に新しい女先生が赴任して来る。洋装で自転車に乗って来るので父兄のひんしゅくを買うが、子供達はすぐなついてしまう。初めて出席をとる場面で12人の子供達が一人ひとり紹介されるが、少々緊張気味の子供達の愛くるしさに思わず頬が緩

んでしまう。ある日子供達は悪戯にあって足を骨折した先生の見舞いに出かける。自転車でも50分かかる先生の家は遠く、泣きながら歩いていると偶然バスに乗っていた先生と出会う。ここが前半の見せ場で、その後先生宅でご馳走になり一同で記念写真を撮るのだが、この写真がラストで観客が嗚咽《おえつ》する布石となる。

5年生になった子供達は本校に通うことになり、骨折で本校勤務になっていた大石先生と再会する。子供達の顔が1年生の顔とそっくりなので、成長を待っての撮影かと思ったら、顔のよく似た兄弟姉妹が演じたとのこと。抜群のアイデアだ！　その後進学する者、奉公に出る者さらに時を経て戦地に向かう者と、各々運命に導かれやがて終戦を迎える。

この間「可愛い24の瞳を濁してはいけない」という大石先生の思いとは裏腹に、戦死や病死をする子供達も出てくる。戦後未亡人となった先生は岬の分教場に復職し、昔のあの日と同じように1年生の出席をとる。その中には教え子の子供や妹がおり、先生は涙ぐむ。ある日かつての教え子達が「復職の歓迎会」を開いてくれる。

席上戦争で盲目となった磯吉（田村高廣）が、先生を見舞った時の写真を手に取り「この写真は見えるんじゃ」と、一人ひとりを指で追っていく。〝心の瞳〟は見えているわけで、ジワリとくる感動は湧きでる涙とともに、戦争の悲惨さを観客に訴える。

ラストは記念に贈られた自転車に乗った大石先生が、雨合羽姿で雨の中を登校する様子が映し出される。「降りかかる運命などには負けないわ！」と言わんばかりだが、途中で雨があがるのが〝明日への希望〟に見えてくる。

音楽を担当したのは監督の実弟・木下忠司で、童謡、唱歌、軍歌を巧みに取り入れ印象的な場面を

大石先生（高峰秀子）と子供たち

作り出している。撮影は多くの木下作品を撮った楠田浩之で、桜・菜の花などで巡る季節を映し出し、眼前に広がる海と島々や広大な空と雲を見事に捉え、時が流れても変わらぬ自然を絵葉書のように活写している。葬式・戦地に向かう壮行会の列など、時折カメラを固定し風景の中に人間を動かす技巧は、極めてハイレベルで印象深い。

この映画では、島のおばさん達が飲むラムネや、修学旅行先の食堂のメニューにある「ビール」「ラムネ」「サイダー」、また終戦の日の大石先生宅の夕食「うどん入り雑煮?」などの飲食物が登場するが、もっとも重要な役割を果たしている食べ物は、子供達が先生の家でご馳走になる「きつねうどん」である。丼をかっ込む姿からはメニュー名がわからないが、後に父兄からのお礼の品物が届いた時に判明する。そのお礼は当時小豆島で作られていたと思われる米、豆、煮干、胡麻、ソラマメなどの食糧品である。現在、小豆島といえばオリーブ、素麺、醤油（マルキン）、ごま油（かど屋）、佃煮などが有名である。ただ映画の中では醤油屋の煙突が登場したが、オリーブや素麺があったかはよくわからなかった。

「きつねうどん」の味は、後に病床のコトエがその美味しさが忘れられないと回顧するように、まだ世間の荒波も知らず無邪気で楽しかった幼少の頃の、〝至福の風景〟にリンクする。「きつねうどん」は、うどんに甘辛く煮た薄（甘）揚げ（油揚げ）を乗せたもので、大阪南船場の「松葉屋本舗」が明治26年に開発したといわれている。甘揚げの普及には日清戦争（明治27年）後台湾から砂糖が潤沢に入り始めたことも幸いしている。原材料の醤油、小麦、大豆、かつお節（高知）、昆布（大阪、尾道）などが近隣から調達可能であり、「讃岐うどん」の本場にも近いので、「きつねうどん」登場の必然性はよくわかる。

「うどん」は小麦粉に食塩と水を加えこねて伸ばし細く切ったものである。一般には中力粉が使用される。太さや形状によって一般的な太さの「うどん」、それより細い「冷麦」（乾麺が多い）、扁平にカットした最も太い「ひもかわ」、次に太い名古屋名物「きしめん」などがあり、植物油を塗った「素麺」も同類である。「蕎麦」が「蕎麦がき」程度にしか変身できないのに対し、「うどん」は太さや形状で味や名称を色々変えるところが見事である。

「饂飩《うどん》」の語源は、奈良時代に唐から伝来した小麦粉の中に餡を入れて煮たお菓子「餛飩《こんとん》」で、熱いから「温飩《うんどん》」、食べ物なので食偏をつけ「饂飩」となり、「饂飩《うどん》」と呼ぶようになったというのが有力な説である。麺は一般に小麦粉を水でこね、手で伸ばすもの（中華麺、手延べ素麺・冷麦）、平たくして切るもの（うどん）、型で押し出すもの（パスタ）に分かれる。

小麦粉にはグルテニンやグリアジンというたんぱく質が含まれており、加水しこねると〝グルテン〟を形成し粘着力と弾力が出る。グルテンは小麦粉特有のもので他の穀粉にはない。そば粉にはグルテンがないので小麦粉や山芋などを加えて粘りを出す。食塩は湿潤グルテンに作用し、収斂性と弾力性を与え防腐効果もある。

木下恵介は〝叙情派の巨匠〟といわれるが、本来は「お嬢さん乾杯」「破れ太鼓」（「おやじ太鼓」でTVドラマ化）などに見られるように喜劇も得意な監督である。本作はゴールデングローブ賞の外国語映画部門で受賞しているが、本人は海外の映画界ではライバル黒澤明ほど知られていない。黒澤のダイナミズムという〝動〟の方が、木下の叙情性という〝静〟より海外受けしやすいためだろうが、世界的にもっと評価されてよい監督である。さて「いじめ」「パワハラ」など、生徒と教師や部下と上司の間がギクシャクしている昨今である。このような時こそ双方が同時に本作品を観て、〝信頼関係〟を取り戻して欲しいものだ。

「ショーシャンクの空に」チラシ

ショーシャンクの空に（1994年：アメリカ）

監督・脚本：フランク・ダラボン　原作：スティーヴン・キング　撮影：ロジャー・ディーキンス　音楽：トーマス・ニューマン　出演：ティム・ロビンス、モーガン・フリーマン、ボブ・ガントン、ウィリアム・サドラー、クランシー・ブラウン、ギル・ベローズ

ホラー小説の大家〝スティーヴン・キング〟の小説「刑務所のリタ・ヘイワース」の映画化である。「キャリー」「シャイニング」「ミザリー」などモダンホラー（吸血鬼のような怪奇小説ではなく日常の中に起きる不条理な恐怖がテーマ）の作家として知られるキングは、同時に青春小説の傑作「スタンド・バイ・ミー」や感動作「グリーン・マイル」など、幅広いテーマを手がける作家として世界中に熱烈なファンを持っている。

また彼の作品には映画化されたものが多く、映像化することにより膨らみが出る点で松本清張の作品によく似ている。誰が撮ってもあるレベルの見応えある作品になるのも清張作品と共通だ。

主人公アンディー・デュフレーン（ティム・ロビンス）は若いながら大銀行の副頭取だったが、妻と不倫相手のプロゴルファーを射殺したという無実の罪で終身刑となる。強い信念をもちマイペースな彼は、受刑者の悪《わる》グループに目をつけられ暴行を受け続けるが、あるとき税の知識で刑務官の遺産相続を助けたことをきっかけに、受刑者仲間や刑務所の所長の信頼を得、いつしか所長や刑務官達の納税書類の作成代行をするまでになる。

さらに所長の裏金（賄賂）のマネーロンダリングを考え帳簿作りに手を貸すことで、益々信頼を得

て刑務所内での自由度を勝ち取って行く。刑務所の外で犯罪を行わなかった彼が、刑務所内で罪を犯すというパラドックス的ギャップが面白い。ある日トミーという若者が収監されて来るが、彼を教育する中でアンディーは驚くべき話を聞くことになる。

〝ショーシャンク〟は刑務所の名前で、物語全体は〝調達屋〟という愛称のレッド（モーガン・フリーマン）という終身刑の男の独白によって回想の形で進行する。鉱石採集が趣味のアンディーがレッドに「ロック・ハンマー」の調達を頼んだことが縁で、二人に接点ができる。その後刑務所内で映画「ギルダ」を観賞中に、レッドはアンディーから主演女優〝リタ・ヘイワース〟のポスター調達を依頼され、二人の親密度は増していく。

アンディーがショーシャンクに来てから20年近くの歳月が流れ、彼の独房のポスターは〝リタ・ヘイワース〟から「七年目の浮気」の〝マリリン・モンロー〟になり、「恐竜１００万年」の〝ラクエル・ウェルチ〟に変わった。この間アンディーは自分のスタイルを変えることなく黙々と日々を過ごしていた。そしてある日〝青天の霹靂《へきれき》〟ともいえる大事件が起き、主人公に感情移入をしていた観客は長い長い窒息しそうな状況に終止符を打ち、深い感動とともに溜飲を下げるのである。

頭脳明晰で沈着冷静なもとバンカーを演じるティム・ロビンスと、殺人者のわりに常識人であるレッドを演じたモーガン・フリーマンの競演が、映画全体にある種の〝品格〟をもたらしている。ティム・ロビンスは大男だが小説の主人公は小男で、最後のポスター〝ラクエル・ウェルチ〟は、小説ではさらに美人歌手の〝リンダ・ロンシュタット〟に代わっているなど、映画と原作には少々違いが見られる。

さらに最大の違いは映画のラストで、原作にはない広い海辺でのアンディーとレッドの再会場面が付け加えられている。個人的にはこれは不要な場面で、このため映画の深みは何分の一か減じられたと思っている。ラストは想像させることで膨らみを持つのに、わざわざ説明の画像は不要である。

それにしても20年（原作では30年）近く〝希望〟を失わず、〝無実〟という理不尽な状況のもと、辛く悲惨な刑務所生活の中に活路を見出していった、主人公の生き様には敬意を払いたい。特に脱走に成功した後、上半身裸になり降りしきる雨粒を全身に浴びるところは、過去の〝悪夢〟を全て洗い去る象徴的場面として、観客に圧倒的な共感と震えるような感動を与えた。

この作品では「ビール」「アップルパイ」「刑務所の食事」という3つの飲食物が印象深い。コールタール塗りをしていた受刑者達が、作業を中断してビールを飲む場面は現実にはあり得ないだろうが、映画では心温まる空気がその場を包み込んでいてグッとくるものを感じた。この330ml（？）というビールの小瓶をラッパ飲みするのはいかにもアメリカらしい。

一般にアメリカのビールはライトタイプで、日本のビールとは違いコクがなく清涼飲料水代わり（？）なので、ラッパ飲みが実にカッコ良く映る。日本のビールは、瓶は大・中が主流でラッパ飲みには大き過ぎるし、小瓶が普及せずこのサイズは缶が主流なので、映画のようなわけにはいかない。

とはいえ最近は輸入の瓶ビールも多いことから、小瓶のラッパ飲みは若者の間に定着してきたようだ。ただビールは泡が重要なので、そのまま飲む缶もコップに注いだほうが理論的には美味しいはずだ。

また「アップルパイ」は、刑務作業の入札で仕事を奪われた土木業者が、所長に手渡す賄賂《わいろ》の場面に出てくる。「特製のパイです」と言いながら手渡すパイの下にドルの札束がある。時代劇で「越後屋！　お主も悪よのう」「いえいえ！　お代官様ほどでは」という台詞とともに、小判が入った菓子折りが手渡されるのと同様だ。

〝山吹色のお菓子〟に対する〝札束入りアップルパイ〟ということで、賄賂には「お菓子＋現金」が世界標準のようだ。ちなみに「リンゴ」には〝アップル・ポリッシャー（リンゴ磨き）〟といって、生徒が贔屓《ひいき》されたい先生に磨いたリンゴを差し出すという、「ごますり」の意味がある。「リンゴ」は賄賂に適した食材ということか？

そして刑務所の食事だが何度か出てくるメニューは、いずれもトレーに入った食べ物とカップに入った飲料（スープやミルク？）で構成されている。パンは必須でそれにライスかオートミールのような穀類の白ソース煮込み（？）、またはハムステーキのようなものがメインディッシュである。サイドディッシュとしてパスタのソース和え（？）、ポテト、スイートコーン、ベイクドビーンズらしきものが確認できる。

いわゆる「くさい飯」という感じではなく、それなりに栄養バランスや最低の味とカロリーは保証されているようで、基本的人権の保障された健康的な食事内容のようである。日本でも刑務所内の食事を詳しく実地調査してもよいが、今更老骨に鞭打つような体力・精神力・気力もないし、事件を起こしてムショに入るのは簡単でも命のあるうちに出所できる保証はないので遠慮したい。

映画のタイトルが刑務所の名前になったのは〝リタ・ヘイワース〟の映画と間違えられるのを避けたとのこと。所長や特定刑務官が20年間異動しないというのも少々不思議である。また二人殺しても死刑にならないのは舞台の州に死刑制度がないためらしい。

最後の「アレン・グリーンに捧ぐ」のグリーン氏は、映画の製作中に亡くなった監督の友人だそうだ。リンダ・ロンシュタットのポスターが映画で登場しないのは、彼女の歌は有名でも映画スターほど顔が海外では知られていないためだと想像する。さてポスターの美女は現在だったら誰が〝No.1ピンナップ・ガール〟だろうか？　日本なら断トツで〝ダントツ〟いや〝ダンミツ（壇蜜）〟あたりかな？

リタ・ヘイワース

しとやかな獣

「しとやかな獣」

左より　若尾文子　伊藤雄之助　山岡久乃

しとやかな獣（1962年：大映）

監督：川島雄三　脚本：新藤兼人　撮影：碧川道夫　音楽：池野成　出演：若尾文子、伊藤雄之助、山岡久乃、浜田ゆう子、高松英郎、川畑愛光、船越英二、山茶花究

戦後日本喜劇映画史上の最高傑作といえる「幕末太陽傳」の監督・川島雄三は、45歳の若さで夭折した鬼才である。個人的には最も好きな監督であり、多くの方々にその作品を知って欲しいので、〝川島重喜劇〟と称される本作「しとやかな獣《けだもの》」を紹介したい。

川島雄三は風俗映画を得意とし、駄作、珍作、迷作、傑作と粗製乱造の末「サヨナラだけが人生だ！」の愛誦フレーズとともに、1963年6月11日に世を去った。彼の作品には時代を超越した魅力的なものが多く、現在でもカルト的ファンを生み続けている。昨今では「時代が漸く川島雄三に追いついた」といわれるほどだ。新藤兼人のオリジナル脚本に興味を持った川島が、東宝（東京映画）に断わられ、3年待って大映で完成させた作品である。他人から騙し取った金で優雅な生活を送っている一家と、色・欲に取り憑《つ》かれた人々との騙し合いが織りなす、ブラック・コメディーである。

公団住宅に住む元海軍中佐・前田夫婦（伊藤雄之助・山岡久乃）は、娘・友子（浜田ゆう子）を流行作家・吉沢（山茶花究）の二号にし、吉沢の紹介で息子・実（川畑愛光）を芸能プロダクションに入れ贅沢な生活を送っている。吉沢から度々借金の名目で金を貰い、息子が着服した作家の原稿料やタレントの出演料の一部を受け取っているのだ。

映画は夫婦が部屋の模様替えをしているところからスタートする。TV・ステレオなど（当時とし

ては贅沢な調度品）を隠し、テーブルクロスや灰皿を安ものに置き換え、二人の服装も粗末なものに着替えている。ほどなく芸能プロの社長・香取（高松英郎）が歌手のピノサク（小沢昭一）と会計係の三谷幸枝（若尾文子）を伴い、実の着服金約一〇〇万円を弁償させようとやって来る。貧乏臭くすることで弁済を逃れようとする策だ。さすが元海軍中佐！　作戦立案は御手の物だ。香取の厳しい追及に夫婦はノラリクラリと対応。3人を追い返す。

入れ違いに実が帰宅し、続いて吉沢と揉めた友子が舞い戻り、ほどなく吉沢が友子を追って来る。娘にまだ未練があると察した両親は吉沢に平身低頭、二人のよりを戻させる。暫くすると今度は会計係の幸枝が一人でやって来て、実に「別れたい」と言う。両親の「いい所のお嬢さん、気の優しそうな人」という評価とは裏腹に、実は彼女はしたたかな女狐だった。

会計係ゆえに社長の横領を把握し首根っこを押さえている。加えて実、香取、会計士、税務署の徴収係・神谷（船越英二）の4人と関係があり、彼等から貢がせた金で旅館を建て、5歳の子供との安定生活を目論んでいた。登場人物全員が貪欲な〝獣〟だが、幸枝はまさに〝しとやかな獣〟そのものであった。「ああ言えばこう言う」新藤兼人が作り出す絶妙な台詞が行き交い、物語が進んで行く。

舞台は5階建ての公団住宅の一室である。部屋は2LDKのようで、カメラは住宅の広場・階段・屋上など数ショットを除き、基本的に部屋の中だけを映し続ける。ベランダの外からガラス戸越しに部屋を映し、玄関ドアの覗き窓や換気扇の窓、玄関ドアの足元脇にある蓋付きの換気口？　などが効果的に利用されている。膨大な量の台詞が狭いこの空間で飛び交うわけで、上下・左右と考えつくあらゆる角度から観客を画面に凝視させ続けるカメラワークは特筆に値する。凄腕の手による脚本はこのような形で演出されて傑作となる見本だ。

この映画は飲食物の場面が多い。夏場の設定なので冷たいジュース、ビール、コーラ。サイフォンで入れるコーヒー、お茶、ウイスキー、ブランデー、はんぺん、海苔煎餅、贅沢品ではメロン、ブルーチーズ、キャビア。ピノサクが舐めているのは浅田飴で、家族4人で食べるのが「蕎麦」である。これが「うどん、ラーメン」だと安っぽくなる。さすがお洒落でスタイリストだった川島監督の趣味が反映されていて、小道具としてはハイレベルだ！

　ではここで「蕎麦」に関する薀蓄を。「蕎麦」とくれば江戸っ子の〝粋《いき》〟の代表であり、東の蕎麦・西のうどんということになる。「蕎麦」は日本だけでなく海外でも多く食べられてきた。ただ細長い麺として食べているのは日本と中国の一部だけのようだ。「麦」という字が入っているが麦ではなく、タデ科の1年生草本である。原産地は諸説あったが、中国南部に落ち着きつつある。荒れ地でも生育し75日で収穫出来、夏蕎麦・秋蕎麦と年2回収穫が可能だ。蕎麦に関する日本で最初の記述は、「続日本記」に養老6年（７２２年）、夏の雨が少ないため備荒作物として栽培が奨励されたとある。

　インドへは8世紀頃、ヨーロッパには14世紀末に伝播、フランスでは19世紀末まで小麦に代わる主穀物であった。蕎麦粉でパンは作れないのでクレープ・粥・団子などに、日本では焼餅・雑炊・すいとん・蕎麦がき（蕎麦粉を熱湯でねる）などにして食べてきた。ちなみに現在の「蕎麦」はもともと「蕎麦切り」といったが、今や「そば」は麺の代名詞で、蕎麦粉を使わない「中華そば」や「ソーキそば（沖縄の麺）」もある。単に「そば（蕎麦）」といえばいわゆる「日本蕎麦」をさす。

　慶長19年（１６１４年）の「慈性日記」に「蕎麦切り」という字が出てくるので、この頃うどんの製法などを参考に細長カット麺が発明されたようだ。発祥については「甲州・天目山説」と「信州・本山宿説」がある。小麦粉のようにグルテン（粘りと弾性の素）がないので、蕎麦粉だけで打った麺は切れやすい。そこで〝つなぎ〟として、小麦粉、卵、長いも、山芋、布海苔などが使われる。

「二八蕎麦」は二×八＝一六文という価格が起源のようだが、現在では小麦粉二割、蕎麦粉八割の蕎麦をさす。元禄3年（1690年）頃には江戸ではうどんと蕎麦の需要が逆転したようで、「下司《げす》」の食べ物から「粋」な食べ物に昇格したようだ。「生《き》蕎麦」は蕎麦粉のみで、「更科蕎麦」は蕎麦の中心部を挽いた一番粉で作る。「藪蕎麦」は種子の皮の粉末が混ざり、黒っぽいが香りやコクがある。

映画の中で父親の「（蕎麦は）ルチンが含まれているから血圧にはいいんだよ」という台詞があるが、高血圧症の薬剤にもなるルチンが豊富で、必須アミノ酸のリジンやビタミンBも多い。消化は良いが酵素が多いので保存しづらい。また蕎麦アレルギーには要注意だ。

さて映画の方だが、ある日旅館の開店披露を実に妨害された幸枝が、前田家にクレームをつけに来る。ここで一瞬！　誰もいない部屋に台詞だけが響き、風が吹いて洗濯物とカーテンが舞う荒涼とした印象深い場面が展開される。そこに実が帰宅し香取が来る。税務署の徴収係・神谷がクビになったとのことで大混乱となるが、幸枝は冷静そのもの。「警察が介入するのは神谷が自殺でもした時だ」と言い放つ。そして何と！　その神谷が自殺して結末と相成る。

特筆すべき場面が多々あるが、実と友子が踊り狂う場面が秀抜である。TVはツイストを踊る若者達を映し、外は夕焼けでバックに能の謡《うたい》が入りまるで能の舞台だ。ここでは同時に戦後世代の無軌道ぶりが投影されている。白く長い階段を幸枝が一人で登って行く場面は、彼女が人生街道を順調に登って行く状況を象徴。ここを香取が下り幸枝が登り二人がすれ違う場面は、本人達の置かれた状況を皮肉に暗示し秀抜である。空を米軍機が飛び自衛隊が話題になる。これらを踏まえると戦争を引きずっているかつてのエリート夫婦を通じ、戦後の現状に対するメッセージが汲み取れる。

加えてラストでベランダから下を覗き、神谷の自殺を知る母親の能面のような顔が印象深い。考えてみるとこの家は彼女が動かしていたのではないかと思える節もある。名優の競演に圧倒される作品だが、小沢昭一、ミヤコ蝶々、山茶花究の「余人をもって代え難い」達者な芸にはしびれるのみだ！

さて川島監督といえばトイレ場面が有名である。極めつけは「雁の寺」だが本作でも用足しの場面が出る。ではここでトリビアを。私がトイレで出会った有名人の話。まずアベル・ガンスの「ナポレオン」（オケ付、3面スクリーン上映）を観に行った時、NHKホールのトイレで隣同士になったのが鈴木清順監督で、それ以来〝臭い仲〟のせいか「けんかえれじい」をはじめ、彼の「せいしゅん（青春）映画」は濁って、「清純《せいじゅん》」いや「せいじゅん（清順）映画」になってしまった。

また赤坂のホテルでは「ハンカチを落としましたよ！」との声で振り向くと、作詞家・作家のなかにし礼さんであった。その後ある催しで彼の奥様、お嬢さんと隣同士になった。お嬢さんが私の開発担当商品の愛用者だとわかり、この〝落とし噺〟でさらに親しく会話をさせて戴いた。一番緊張したのは母校の大学で行われた同窓会総会での話。トイレに入ると何と！　鈴木善幸元首相（同窓会会長）がおられた。思わず「失礼します！」すると「おう！　ご苦労さん！」で、出るものも出難くなった。以上、私の〝首相〟いや〝殊勝？〟な話でした。

〝出会い噺〟ついでにもうひとつトリビアを。青山のスーパーマーケットで、早朝にデモンストレーションの準備をしていた時のこと。エレベーターの前に美しい女性が立たれた。「おはようございます」と声をかけると、上品な声で親しげに「おはようございます」との返事。よく見ると何と！〝若尾文子さん〟であった。「しとやかな獣《けだもの》」というよりは、「しとやかな果実《くだもの》」という感じで、一瞬周りが華やぎパッと明るくなった。皆ホントの話です！

「ペーパー・ムーン」パンフレット

ペーパー・ムーン（1973年：アメリカ）

監督：ピーター・ボグダノヴィッチ　原作：ジョー・デヴィッド・ブラウン　脚本：アルヴィン・サージェント　撮影：ラズロ・コヴァックス　出演：ライアン・オニール、テイタム・オニール、マデリーン・カーン、ジョン・ヒラーマン、ランディ・クエイド

少年時代からの映画狂で、映画批評家としても知られるピーター・ボグダノヴィッチが監督した、〝疑似親子〟のロード・ムービーである。実の親子であるライアンとテイタムのオニール父娘が、絶妙なコンビネーションで親子を演じ、テイタムが史上最年少でアカデミー賞の助演女優賞を獲得した映画である。

聖書売りの詐欺師モーゼ（ライアン・オニール）と彼を父親ではないかと主張する9歳の少女アディ（テイタム・オニール）が、喧嘩をしつつ旅を続けるうちに、いつしか心を通わせるようになるお話。映画の歴史に通じた監督が、秀作「ラスト・ショー」（1971年）に続き、映画の古きよき時代に敬意と憧憬を込め、モノクロ・スタンダード画面で作った作品である。観客は笑い転げた後にちょっとホロリとさせられ、なぜか「妙に懐かしくて心に残ってしまう」不思議な名作である。

時は不況の嵐が吹く1930年代、新聞記事で死亡広告を見つけては遺族の家を訪問し、「生前プレゼント用に頼まれました」と聖書を売りつける詐欺師モーゼが、以前付き合ったことのある女性の遺児アディをミズーリの叔母の家まで送り届ける羽目になる。

彼はアディを厄介払いしようと決め込むが、彼女は頭の回転がおそろしく速く彼の策略はそく潰さ

れる。ところが聖書を売る段になるとアディの機転が功を奏し、着々と販売実績は上がっていく。アディは金持ちには法外に高くし貧乏人には無料にするなど、その絶妙な駆け引きにモーゼも映画の観客も唖然とすることになる。

ラジオ好きでタバコを吸う9歳のませガキと、女性に目がないチンピラ詐欺師の珍道中は、モーゼが惚れ込んだダンサー（マデリーン・カーン）が途中で加わったり、禁酒法下の闇取引に乗じたひと儲け話でこっぴどい目にあったりと、エピソードを重ねながらアディの叔母さん宅にたどり着くのである。さてそのラストはいかにというお話。

「アゴが似ているから父親ではないか？」というアディに、モーゼが言う「アゴが何の証拠になる、カエルに似た女はカエルの親か！」という台詞には笑ってしまう。いまや伝説となったアディ役のテイタム・オニールの仏頂面、ふくれっ面、笑顔、泣きそうな顔が順繰りに登場し、呆れるほどの上手さを見せつけてくれる。

ある晩アディがお気に入りの箱から取り出した写真には、彼女と母親が写っており観客も思わず〝グッ！〟とくるが、一瞬アディが写真の母親と同じく「手を頭に添えて腰をひねる」ポーズを取るのには〝ガクッ！〟ときて吹き出してしまう。彼女が常に持ち歩く宝の箱は葉巻の空箱で、ブランドの「Cremo」は20世紀初頭アメリカで圧倒的人気を誇り、「ホワイト・クリスマス」で知られる歌手兼俳優〝ビング・クロスビー〟のラジオ番組のスポンサーとして有名であった。

物語の節目節目で、モーゼの車がポンコツ車、少しいい車、高級車、農作業用車と代わる展開が面白く、警察官の登場やパトカーの追跡、マリリン・モンローを意識したダンサーの登場、ホテルの騒動などには、パロディー満載の傑作「お熱いのがお好き」（1959年）を感じてしまう。

左より　ライアン・オニール　テイタム・オニール

走行途中の道端で一瞬挿入される、「幸せそうな農家の家族」「家財道具一式を積んで移動する難民一家」などのショットは、笑いの中に〝家族〟に憧れるアディの心情や、アメリカを襲っている不況の現実を活写し秀抜な場面となっている。

この映画の食べ物では「レリッシュ」たっぷりの「コニーアイランド」（ホットドッグ）などが目立つが、もっとも印象深いのはカーニバルの会場でアディが食べている「綿菓子」である。普段はつなぎのズボンで男の子と間違えられる彼女が、髪にリボンをつけ可愛い服を着て本来の女の子を演じている。

しょせん9歳の子供である、甘い香りに誘われて思わず買ってしまったのであろう。この場面では綿菓子は5セントだが、5ドル札で支払ったつり銭の紙幣をもとに、それを5ドルにしてしまうモーゼ直伝の鮮やかな両替詐欺の手口が観られる。

「綿菓子」（綿あめ）は、濃厚な砂糖溶液を温めながら遠心分離器を利用して、回転させながら細かい穴から噴出させ、糸状に結晶化したものを割り箸などに巻き取ったものである。「綿菓子製造機」は1897年にアメリカ・テネシー州ナッシュビルの菓子メーカーで、ウィリアム・モリソンとジョン・C・ウォートンによって発明された。1904年のセントルイス万博（薄焼きワッフルのアイスクリームカップ代用品登場）でFairy Floss（妖精のような真綿）として販売された。英語では一般にCandy Floss（真綿のキャンディー）という。

縁日でもお馴染みの綿菓子は、定番品である焼きそば、お好み焼き、焼きトウモロコシ、アメリカンドッグなどと同様、空腹感を刺激するシズル感に満ちた「匂い」とそれを作るデモンストレーションの効果が、子供のみでなく大人の購買心をもくすぐる。

「綿菓子」と称するのは西日本が多く、東日本では「綿あめ」ということが多い。本来綿のように白いものだが、最近ではピンクのような色つきやビニール袋入りの作り置き品も目につく。使用する砂糖はザラメを使うのがもっともよいとされる。舌を絡ませながら口中で溶けていく甘い香りの綿菓子は、ほのかな甘い味と独特の香りもあるが、口の周りに綿のように〝ふんわり〟とまとわりつく微妙な感触が、喫食者を瞬時に幼き日に引き戻す。

ラスト近く、カーニバルで紙の三日月（ペーパー・ムーン）に乗ったアディの写真を、しみじみとモーゼが見入る場面がある。アディはモーゼと一緒に写真を撮りたかったのだが、ベリーダンスに夢中だったモーゼはアディの本心に気づかなかったのだ。そして、大きく曲がったあと地平線まで一直線に伸びた道を、ガタゴトと車が走り去る場面で映画は終映となる。ノスタルジックでセンチメンタルだが、〝ほのぼのとした情感〟で心が満たされるステキなラストである。

この作品ではオープニングタイトルに、1935年のヒット曲「It's Only a Paper Moon」（ミュージカル「The Great Mango」の主題歌）が使われ、また1930年代のアメリカのジャズやビッグバンドの演奏がバックミュージックとして使われており、この手の音楽ファンにはたまらない。

さて最後にトリビアだが、本作では「ホットドッグ」が「コニーアイランド」と発音されている。この語源はドイツ移民のチャールズ・フェルトマンがコニーアイランドで、温かいフランクフルトソーセージに辛子とザワークラウトを乗せたサンドイッチを販売し大ヒットしたことに由来する。1913年フェルトマンはネイサン・ハンドワーカーという若者を雇った、若者はその後独立して五セントフランクで大当たりをし、ホットドッグ・スタンド「ネイサンズ」を作った。

そのネイサンは客を捌《さば》くため活発な十代の赤毛の少女〝クララ・ボウティネリ〟を雇ったが、彼女はほどなく映画界にスカウトされてしまった。その少女とは後に〝イット・ガール〟と称され、〝セックス・シンボル〟として世界中の男性ファンを虜にしたハリウッド女優、〝クララ・ボウ〟（「あれ」「つばさ：第1回アカデミー賞作品賞」）のことである。

本年度アカデミー賞®最有力作品
主要5部門ノミネート
〔作品賞 監督賞 助演男優賞 助演女優賞 脚色賞〕
サイドウェイ
SIDEWAYS
カリフォルニア、ワインロード
人生が熟成していく贅沢な寄り道…
「アバウト・シュミット」のアレクサンダー・ペイン監督最新作
ポール・ジアマッティ トーマス・ヘイデン・チャーチ ヴァージニア・マドセン サンドラ・オー
フォックス・サーチライト提供 マイケル・ロンドン・プロダクション製作
監督:アレクサンダー・ペイン/製作:マイケル・ロンドン/脚本:アレクサンダー・ペイン&ジム・テイラー/原作:ソニー・マガジンズ
FOX SEARCHLIGHT PICTURES PRESENTS A MICHAEL LONDON PRODUCTION "SIDEWAYS" PAUL GIAMATTI THOMAS HADEN CHURCH VIRGINIA MADSEN SANDRA OH
ROLFE KENT DONDI BASTONE GEORGE PARRA WENDY CHUCK KEVIN TENT, A.C.E. JANE ANN STEWART PHEDON PAPAMICHAEL, ASC
MICHAEL LONDON REX PICKETT ALEXANDER PAYNE & JIM TAYLOR ALEXANDER PAYNE
R-15
SOUNDTRACK ON SILVA SCREEN RECORDS
www.foxjapan.com
FOX SEARCHLIGHT

「サイドウェイ」チラシ

サイドウェイ（2004年：アメリカ映画）

監督・脚本：アレクサンダー・ペイン　原作：レックス・ピケット　脚本：ジム・テイラー　撮影：フェドン・パパマイケル　音楽：ロルフ・ケント　出演：ポール・ジアマッティ、トーマス・ヘイデン・チャーチ、ヴァージニア・マドセン、サンドラ・オー

気障《きざ》にひとことで言えば、〝ワインと人生をこよなく愛する人〟に贈られた映画である。と同時に働き詰めでそろそろ人生が見え始めた方に、「たまに寄り道はいかがですか？」というメッセージを送ってくれる〝癒しの映画〟でもある。

ワインの登場する映画は星の数ほどあるが、ここまでマニアックにワインがしゃしゃり出る作品も珍しい。〝ワイン〟を人に見立て〝人生〟を重ねあわせたコンセプトが心憎く、洒落っ気のわかる大人の映画に仕上がった佳作である。時にドタバタあわただしく、時にじっくりと心に沁みる筋書きは、アカデミー賞・脚本賞を受賞した。

アメリカではこの映画が引き金になって〝ピノ・ノワール〟を飲みに行く、ワイナリーツアーがブレイクしたという作品である。世界的なヒットで日本人俳優によるリメイク版（「サイドウェイズ：2009年」）も作られた。

小説家志望の教師・マイルスと、かつては売れっ子だったが最近は落ち目のタレント・ジャックは大学時代からの悪友である。ともに今はしがない中年男で、まじめなマイルスは離婚歴のあるダメ男だがめっぽうワインに詳しい。一方ジャックは女性のことしか頭にない軟派野郎だが、年貢を納め結

婚することになった。

そこで二人は独身最後の一週間を、カリフォルニアのワインロードで、〝ワイナリー巡りとゴルフ三昧〟という旅に出る。この二人にワインレストランのマヤとワイナリーのステファニーという、ワインオタクの女性達が絡むお話である。

キャラの違う男二人の旅騒動というと、古くはボブ・ホープ&ビング・クロスビーの「珍道中シリーズ（Road to ～）」が思い出されるが、この作品は旅をしながら人生経験を積んで行くというロード・ムービーで、映画では「スケアクロウ」TVドラマでは「ルート66」といったところだろうか？

真面目ですぐ落ち込むマイルス、年貢の納め時とばかりに女性と見ると即行動のジャック、大学教授と離婚した知的で癒し系美人のマヤ、子持ちで活発なステファニーという4人の個性がぶつかり合いながら、〝ワイン〟を軸に秀抜なドラマを作り出している。

別れた女房に未練のあるマイルスが彼女の再婚を知って、ワインをボトルごとガブ飲みしながら葡萄畑を走り回るギャグが何とも可笑しい。また、ゴルフ場で球を打ち込まれた仕返しの打ち返し、結婚話がバレてステファニーに袋叩きに遭うジャック、さらに彼が手を出したウェイトレスとその亭主の絡みなど、ちょっとハードな一味違うギャグが次々と展開される。

特に印象深いのはピクニックの食事場面で、ジャン・ルノワール監督の名作「草の上の昼食」（1959年）を想起する、逆光を生かした素晴らしいショットが観られる。

〝ピノ・ノワール〟と〝カベルネ〟という葡萄品種の個性を人間の個性とダブらせ、熟成による経時変化を人生の円熟にたとえる、実に上手い脚本である。4人とも芸達者なのだが、特に主人公マイルスのポール・ジアマッティの喜怒哀楽たっぷりの名演には脱帽である。別れた女房の妊娠を知った時の彼の表情は、「これぞ名演技！」というお手本である。

シャンパンの「バイロン（1992年）」から始まり、ヨーロッパやカリフォルニアのワインが続々登場する。マヤのワイン人生で最初に魅了されたのが、スーパー・トスカーナの「サッシカイア（1988年）」、マイルスが別れた女房との思い出に大事に取っておいたのが「シュヴァル・ブラン（1961年）」である。

ステファニーの雑然とした部屋で異彩を放つワインクーラーのお宝は、ブルゴーニュ・ワインの傑作「リシュブール」で、DRC（ドメーヌ・ド・ラ・ロマネ・コンティ）すなわち世界最高のワイン「ロマネ・コンティ」の生産者の商品である。ピノ・ノワール100%の「エシェゾー」「グラン・エシェゾー」「ラ・ターシュ」「ロマネ・サンヴィヴァン」といった、ワイン好きが一度は飲んでみたいDRCのワインと同じラベルなのだ。

その他、「アンドリュー・マレー」「フィドルヘッド」「ウィット・クラフト（2001年）」「シー・スモーク」「キストラー」「ポマール・プルミエ・クリュ」などが確認でき、話だけだがカリフォルニアを代表する高級ワイン「オーパス・ワン」（1995年）も出てくる。

余談だが、15年ほど前にヴィンテージ違いの「オーパス・ワン」を、スタート時から順に6年分飲む機会があった。1979年（初めて出荷されたヴィンテージ）は普通だったが、1980年は特に素晴らしかったと記憶する。

最近でこそ国産ワインもポピュラーになったが、品位の面でワインは輸入物の独壇場であった。「葡萄酒」と呼ばれたワインは、日本人には甘味を加えた「赤玉ポートワイン」や「ハチブドー酒」

のイメージが強く、普及もいまいちだったが、東京オリンピック（1964年）や大阪万博（1970年）で本場のワイン情報が入り始め、ワイン愛好家の裾野が広がり始めた。

その後消費量が伸び始めると、不思議にアクシデントが起き（甘さを強調するためのジエチレングリコール混入事件〔1985年〕など）、何回となく山谷を繰り返しながら日本のワイン市場は拡大を続けてきたのである。

昔はすっきり甘いドイツのリースリングワイン（白）から入門し、フランスの白、そしてフランスの赤にたどり着くのがワイン愛好家の常道であった。個人的には45年ほど前にヨーロッパを3週間旅行した折、毎日ランチとディナーにワインが出たのでその魅力を知ったのだが、当時ワインは手軽に買えるものではなく高嶺の花であった。それが為替の関係やワインに携わる方々の努力で、安価に手に入るようになり今日の隆盛を見たのである。

輸入ワインもフランス・ドイツの独壇場からこの30年間で、イタリア、スペイン、アメリカ、オーストラリア、ニュージーランド、チリ、南アフリカなど世界中に広まり、活況を呈している。ワインは薀蓄の対象になりやすいので、薀蓄好きの日本人にはピッタリかもしれないが、資格制度（ワインアドバイザー・ワインエキスパートなど）と田崎真也というタレントソムリエの功績抜きに、現在のワインブームは語れない。ワインは、今や単品での風味評価の時代から食べ物との〝マリアージュ〟での評価の時代に入り、着実に日本の食文化に取り込まれたのである。

さて、観客の多くは笑い転げた後、人生も下り坂に入った主人公二人の、〝実らなかった熱い思い〟（恋、本の出版、俳優としての成功など）に自分の心情をダブらせ、切なさを一層募らせるはずである。人生常に王道ばかりでない！「サイドウェイ（脇道・寄り道）」もなくてはネと、チョッピリ悲しいが心から共感できる作品なのだ。〝人生の扉〟を比喩した、ドアのノックに始まりノックで終わる映画だが、ラストのそれは〝明日の希望〟につながるステキなノック。〝食は文化だ！〟と宣《のたま》う人は「皆観るべし！」の傑作である。

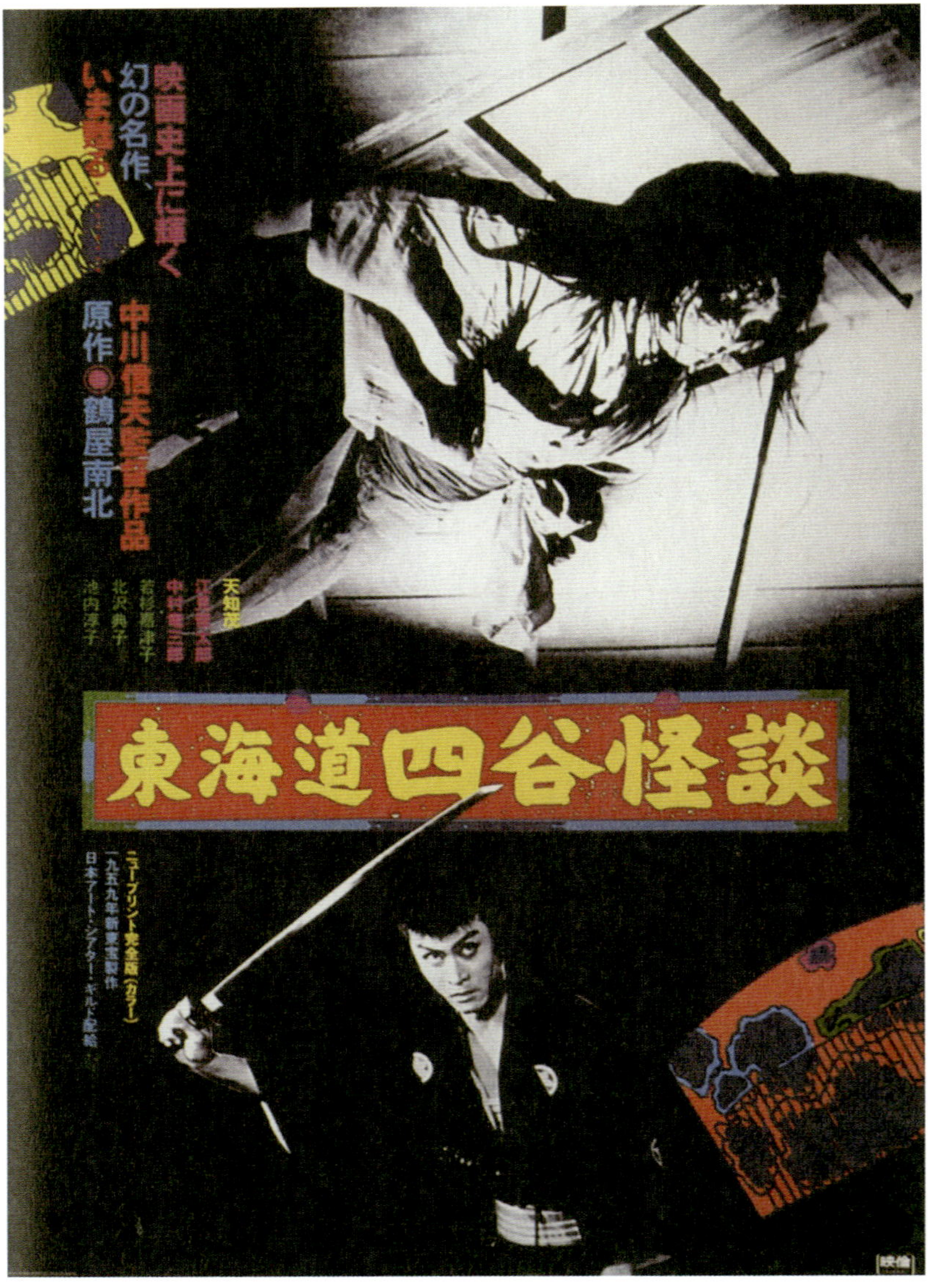

「東海道四谷怪談」ポスター

東海道四谷怪談（1959年：新東宝）

監督：中川信夫　原作：鶴屋南北　脚本：大貫正義、石川義寛　撮影：西本正　音楽：渡辺宙明
出演：天知茂、北沢典子、若杉嘉津子、江見俊太郎、池内淳子、中村竜三郎

昔の日本映画には夏の風物詩として「怪談映画」というものがあった。今流にいえば「和製ホラー」ということになる。いずれも〝怨念〟がテーマで成仏できない人や動物が〝お化けや幽霊〟に身を変え、そのおどろおどろした身の毛がよだつ恐ろしさが、「肝を冷やしてくれる」ので、大いに〝クーリング効果〟があったわけだ。

その怪談映画の定番といえばお岩さんでお馴染み、鶴屋南北の「四谷怪談」となる。何度も映画化されているが、最高傑作は中川信夫が新東宝で監督した本作、「東海道四谷怪談」が衆目の一致するところであろう。

所は備前・岡山、主人公の浪人・民谷伊右衛門は、身持ちの悪さから四谷左門に娘お岩との縁談を断られ、逆上して左門と同行の佐藤彦兵衛を切る。その場に居合わせたのが小悪党の仲間《ちゅうげん》・直助で、遺族に「仇は（左門に恨みをもつ）小澤」と説明する。

その後、伊右衛門・お岩・お岩の妹お袖、お袖の許婚者で彦兵衛の息子与茂七の4人に直助を加えた一行は、仇討ちの旅に出る。お袖に気のある直助は旅の途中で伊右衛門を共犯に、与茂七を〝白糸の滝〟に落とす。近くに仇討で有名な〝曽我兄弟の墓〟があり、「四谷怪談」の原作の背景は「忠臣蔵」（仇討ちもの）なので、ここは〝仇討ち〟に絡んだ重層的な意味を持つ場面といえる。

2年後、所は江戸、浪人生活に疲れた伊右衛門はお岩に辛く当たる日々を過ごし、直助とお袖も仮の夫婦となっている。ある日伊右衛門が侍の伊藤父娘を助けたところ、娘に惚れられ〝縁談と仕官〟の話が浮上、結果お岩が邪魔になる。すると直助が按摩の宅悦をそそのかしお岩と不義密通をさせ、病弱な彼女に薬と称して毒を盛ることを提案する。あとはご存知の「うらめしや〜！　伊右衛門殿。この恨み晴らさずにおくものか！」となるわけである。

原作に極力近づけたという本作は、無駄なストーリーを削ぎ落とし、冒頭の「左門と彦兵衛の惨殺」から「お岩の昇天」までを、76分という短い制約時間の中に押し込め、簡潔だが実に印象深い場面を作り出している。しかし話（画面）の繋ぎの不自然さや、直助の母親が伊藤家の使用人であるとか、でっち上げた仇を直助が刺殺するなど、偶然とはいえ都合よくできすぎたストーリー展開に少々難があるのは否めない。

冒頭の土塀沿いに行われた、伊右衛門による四谷左門と佐藤彦兵衛の惨殺場面は、カメラが動き静止し直角に曲がるなど、シネスコ画面をフルに生かした見事な移動撮影で、ワンカットの長回しが堪能できる。また凍りついた田、薬売りの声、蝉しぐれ、花火、ヨシキリの声、夕焼け空、月見草など、一瞬挿入される自然の風景描写が、それぞれの場面を強く印象深いものにしている。

セットと色彩について映画全体がひとつの様式美で貫かれ、街道茶屋の毛氈《もうせん》の赤をはじめ、宙を舞う蚊帳の赤と亡霊の青の処理など、後に鈴木清順に引き継がれたと思しき見事なカラー映像には思わず唸ってしまう。色調が独特なのでオリジナルカラーを観てみたいものだ。お岩の服毒、戸板の表裏に打ち付けられたお岩と宅悦、散乱する戸板と蛇の群れ、畳が沼に変わる直助の惨殺場面、そして最後のお岩の神々しい昇天など、この作品は監督の演出力もさることながら、豊かな想像力と高い技量を持った美術・照明・撮影のスタッフとの総合力が結集された〝世界に誇れる怪談映画〟といえる。

お岩に許しを請う主人公など、登場人物の人間性がよく描かれ、天知茂（伊右衛門）と若杉嘉津子（お岩）の鬼気迫る熱演、江見俊太郎（直助）の狡猾な調子よさ、大友純（宅悦）のグロテスクなギラギラ感、清楚な北沢典子（お袖）など、新東宝の最後の輝きを垣間見ることができる。

この映画の飲食物は一瞬出るお茶と酒程度しかないので、「薬殺」に絡め「食品の毒」（自然毒）についての話をしよう。江戸時代の有名な毒といえば〝石見《いわみ》銀山〟（殺鼠剤：猫いらず）だが、このアヒ酸を主体にした〝ヒ素〟系の毒では急性毒性として顔に症状が出ることはない。そこで映画では〝南蛮渡来の毒〟になっている。自然毒には動物性自然毒と植物性自然毒がある。

動物性の毒は魚介類に多く、致命率が最も高いのは「フグ毒」である（約60％）。この毒素をほぼ純粋に抽出したのは日本最初の薬学博士・田原良純で、これに〝テトロドトキシン〟と命名した（明治43年）。フグ中毒は発病後5分で死ぬこともあるが、8時間もてば回復の見込みがあるという。細菌が生産する毒素が食物連鎖で蓄積されたもので、最近では餌を管理した〝無毒フグ〟が養殖されている。なおこの毒素はフグのみでなく、ヒョウモンダコ、ツムギハゼなど他の魚介類にも蓄積される場合があるので要注意だ。

また熱帯および亜熱帯の海域に生息する毒魚による〝シガテラ中毒〟も要注意である。プランクトン（渦鞭毛藻）が生産する毒素が食物連鎖で蓄積されたもので、バラフエダイ、ウツボ、カマス、ブリ、イシガキダイなど関与する魚は三〇〇種類を超えるといわれている。必ず毒化するわけではないので念のため。

カジキとして販売されたバラムツや、アブラボウズ、アブラソコムツなど油やワックス分の多い魚も下痢を起こすので要注意である。巻貝ではバイで中毒が起きた事例があり、ツブ貝の中毒は酩酊感を伴いその毒素はテトラミンである。二枚貝もプランクトン（渦鞭毛藻）の毒素を蓄積することがある。ホタテ、ムラサキイガイ、カキ、アサリ、ホッキ、タイラギなどで事例が見られる。オウギガニ科のカニには猛毒をもつものがある。

植物ではキノコ中毒の事例が多い。ムスカリンという毒素をもつテングダケ、ベニテングダケ、またタマゴテングダケの毒素はアマニタトキシンである。この他にツキヨタケ、イッポンシメジや中枢神経だけに異常が出るワライタケなどがある。その他麦の麦角《ばっかく》中毒、ジャガイモの発芽部位と緑色部にはソラニンという毒素がある。青梅や銀杏にはアミグダリンというシアン配糖体の毒素がある。またTVのサスペンスドラマによく使われる〝トリカブト〟にはアコニチンという猛毒アルカロイドがある。その他ドクゼリ、ドクウツギの実、ヒガンバナの地下茎（リコリン）、チョウセンアサガオの種などにも食中毒を起こす毒素がある。

ではここでトリビアを。この映画のプロデューサーは弁士から新東宝の社長になった〝大蔵貢〟で、エロ・グロ路線を基本とし、「女優を妾にしたのではない、妾を女優にしたのだ」という放言でも有名だ。実弟は「山小屋の灯」「湯の町エレジー」などで知られる歌手で、映画監督でもあった〝近江俊郎〟である。大蔵貢は「映画は理屈でなく企画だ！」が持論で、確かに彼がいなければ新東宝の一連の「猟奇的怪談映画」はこの世に存在しなかったことになる。

私は「映画の歴史を見る会」（昭和44年）で大蔵貢の講演を、「ディナーショー」で近江俊郎の歌を直接聴いているが、顔を見る限り二人はとても実の兄弟とは思えない。話し上手な大蔵貢は、巷間いわれているような〝妖怪〟ではなく、弟思いの好人物という印象が強かった。話好きな兄弟が会って話を始めたら軽く一週間は話しっぱなしだろう。時間不足でとても〝四夜会談（よつやかいだん？）程度では終わらないだろうからネ！

「さらば愛しき女よ」チラシ

さらば愛しき女よ（1975年：アメリカ）

監督：ディック・リチャーズ　原作：レイモンド・チャンドラー　脚本：デヴィッド・ゼラグ・グッドマン　撮影：ジョン・A・アロンゾ　音楽：デヴィッド・シャイア　出演：ロバート・ミッチャム、シャーロット・ランプリング、ジョン・アイアランド

「ハードボイルド（固ゆで卵）」という言葉に代表される、アメリカン・ミステリーの2大名探偵といえば、ダシル・ハメットが生み出した〝サム・スペード〟と、レイモンド・チャンドラーの〝フィリップ・マーロウ〟というのが衆目の一致するところだ。そこでこの2大作家が生み出した作品や名探偵と、その映画化作品について少々解説をしてみたい。

まずハメットだが彼の方がチャンドラーの先輩格にあたり、「血の（赤い）収穫」（1929年）は黒澤明監督の「用心棒」のもとネタとなり、「影なき男」（1934年）はウィリアム・パウエルとマーナ・ロイで映画化されヒットシリーズ（6本）になった。

特に人気なのはサム・スペードが活躍する「マルタの鷹」（1930年）で3度映画化され、監督ジョン・ヒューストン、主演ハンフリー・ボガートの1941年版「マルタの鷹」がもっとも評価が高く、「フィルム・ノワール」（アメリカの暗黒映画）最初の作品と位置付けられている。

一方、フィリップ・マーロウが主人公の小説は「大いなる眠り」（1939年）、「さらば愛しき女《ひと》よ」（1940年）、「長いお別れ」（1953年）などが有名である。「大いなる眠り」は「三つ数えろ」（1946年：ハワード・ホークス監督、ハンフリー・ボガート、ローレン・バコール主演）、

「大いなる眠り」（1978年：マイケル・ウィナー監督、ロバート・ミッチャム主演）として映画化された。また「長いお別れ」は「ロング・グッドバイ」（1973年：ロバート・アルトマン監督、エリオット・グールド主演）で映画になり、NHKでも2014年にTVドラマ化された。

本作はこのフィリップ・マーロウが主人公の、「さらば愛しき女よ」の3度目の映画化作品である。初回は「The Falcon Takes Over」（1942年）、2度目は「ブロンドの殺人者」（1944年）で、監督はエドワード・ドミトリク、主演は30年代ミュージカル映画の大スター&監督（「眼下の敵」）の〝ディック・パウエル〟であった。

話は横道にそれるが私はディック・パウエルの大ファンなので、ここでトリビアとして日本ではあまり知られていない彼の功績に触れておきたい。パウエルが中心になりシャルル・ボワイエ、デヴィッド・ニーヴン、アイダ・ルピノと共同で創立したのが「フォー・スター・プロダクション」で、「ディック・パウエル・ショー」をはじめ、他3スターの「冠付きドラマ・ショー」を製作した。

その他、「名探偵ダイヤモンド（デヴィッド・ジャンセン）」「拳銃無宿（スティーブ・マックイーン）」「ライフルマン（チャック・コナーズ）」「バークにまかせろ（ジーン・バリー）」「ハニーにおまかせ（アン・フランシス）」「ザ・ローグス：泥棒貴族（シャルル・ボワイエ、デヴィッド・ニーヴン、ギグ・ヤング）」「バークレー牧場（バーバラ・スタンウィック）」など、団塊世代には懐かしい名作TV番組の製作会社である。彼の夫人がジューン・アリスンであることはいうまでもない。

さて本論である。この映画は女房も恋人もなしというしがない中年探偵を、スリーピング・アイの名優〝ロバート・ミッチャム〟が好演し、作品全体を流れる見事なムード作りにミステリー映画ファンが驚嘆した秀作である。ダラダラと無駄な時間を費やす愚作の多い昨今だが、込み入ったストーリーを簡潔明瞭に1時間36分という枠内に収めた、監督ディック・リチャーズ（「男の出発《たびだち》」「トッツィー」）の力量が冴えわたる作品である。

探偵映画の定石どおり、依頼人から人探しを頼まれたマーロウが次から次に起こる殺人事件に遭遇しながら、自らも殺人犯として警察に追われつつ、事件の解決に活躍をする話である。原作小説と同じく主人公の〝独白（一人称の語り）〟をナレーションに話が進む、追跡型のサスペンス活劇である。

オープニングはネオン輝く夜の街にムードたっぷりの音楽が響き、観客はゆったりと物語に引き込まれて行く。翌年製作の「タクシードライバー」の出だしはこれを参考にした可能性がある。マーロウは、刑務所を出所したばかりの大男マロイから、入所中に音信不通だった彼女ベルマを探す依頼を受ける。二人でベルマのいた酒場を訪ねるが行方はわからず、一方マロイが手違いで酒場のボスを殺してしまう。マーロウは店のバンドマンだったトミーに貰った写真を手がかりに、ベルマを見つけるが人違いであった。

事務所に帰ると盗まれた翡翠《ひすい》を買い戻す用心棒を頼まれるが、取引現場でマーロウは頭を殴られ気絶し、気がつくと依頼人が殺されていた。翡翠の線から辿ると大金持ちのグレイ判事に行き着き、彼の豪邸を訪ねると老判事には不釣合いの若い妻（シャーロット・ランプリング）がいた。彼女は翡翠を盗まれた本人で妖艶な雰囲気をもった美女だ。若妻の誘惑を退けマーロウが事務所に戻ると、暗がりでまた頭を殴られ気絶と相成る。

気がつくと娼婦の館で、〝巨漢の女主人〟と対決するはめになる。彼女に逆らった罰は麻薬漬けで、目が覚めるとバンドマン・トミーの惨殺死体があり、気力を振り絞って女主人を追い詰めると、内輪もめで彼女はあっけなく射殺されてしまう。

ある日判事夫人からパーティーの誘いがくる。会場で顔役から「マロイに会いたい」と依頼を受けたマーロウだが、その夜は婦人の誘惑を受け入れる。そのような折、ようやくマロイとベルマ本人が直接電話で話すことができたが、さて物語の行く末は？　というお話。

人が次々と殺され謎が謎を呼び、観客がハラハラどきどきするうちに、バラバラだったエピソードがひとつに収斂していく典型的なフィルム・ノワールである。一般にこの手の物語は人間関係が複雑で、チョット眼を離すと誰が誰を殺したか頭が混乱することがある。

前述の「三つ数えろ」（1946年）はその典型で、脚本にはノーベル賞作家〝ウィリアム・フォークナー〟や、女流のSF作家&脚本家〝リイ・ブラケット（「リオ・ブラボー」）〟などが加わっているが、筋が複雑過ぎ正直破綻している。ただそれを凌駕する魅力に満ちた作品なので、「ミステリー映画」の名作として大きな評価を得ている。

さて本作ではこの手の映画に不可欠な〝酒〟が重要な役割を果たしている。アメリカン・ミステリー映画とくれば「ウイスキー」であり、それも「バーボン」ということになる。大麦で作る〝スコッチ・ウイスキー〟に対し、トウモロコシを主原料にアメリカで開発された〝バーボン・ウイスキー〟は、映画の舞台がロサンゼルスの街となれば、一番フィットするウイスキーである。

オープニングのクレジットタイトルが終わると、大都会の汚れに疲れきった中年探偵〝フィリップ・マーロウ〟が、窓越しに煙草をくわえ片手にウイスキーのグラスを持つ立ち姿がカメラに捉えられる。そして「今年の春、初めて疲れを感じ歳を取ったと思った」というナレーションが流れる。ロバート・ミッチャム扮するマーロウのこのワンショットで、ミステリー映画ファンは震えるほどの〝かっこよさ〟を感じ、画面に釘付けになる。

マーロウの行くところ終始〝酒〟が登場し続ける作品である。まずダンスホールでダンサーが客を待つ間に飲んでいるのはおそらくウイスキーで、時間をもてあましている場に相応しい。マロイが店のボスを殺してしまった後、警察を待つマーロウが飲むウイスキーは「これは参った！ 酒でも飲むか」という心情にピッタリだ。

この店の昔の経営者の奥さんで今はアル中のジェシーに、マーロウが土産として持参するウイスキーは、打ち解けて話を引き出す効果をもつ。探偵事務所でマーロウが依頼人の前でコーヒーカップに注ぐウイスキーは、事務所常備の一番飲み慣れたバーボンと思われ、仕事の思考回路をフル回転させるのに役立つ。

判事宅で初めに出されたのは食前酒で、あとから出されたのは高級スコッチと思われる。娼婦の館で麻薬から目覚めて女主人に要求するウイスキーは頭の覚醒のためだ。判事夫人に誘われたパーティーでは彼がスコッチとバーボンをオーダー。マーロウにウイスキーほど似合うものはない。

この作品では、大男マロイに愛嬌を感じたり、刑事ナルティとマーロウの立場を超えた友情、雑誌売りの若者のマーロウに対する献身ぶりなど、「チョットいいよね！」という感じが実に巧く出ていた。ジョー・ディマジオの連続ヒット記録をマーロウが気にしていたり、ラスト近くで新聞に〝TOKYO〟という文字が見え、（日米開戦？）時代背景がわかって興味深い。

シャーロット・ランプリングのミステリアスな美女ぶりもはまっているし、トミーの息子にステキな贈り物を持参すべく、マーロウが安ホテル（この入り口の色彩感覚がステキだ）に入って行くラストが何とも良く、温かい余韻が残る。それにしてもマーロウにとってウイスキーは、スコッチ（少し）よりバーボン（ば〜ん、ぼ〜ん）と、〝大量〟の方が良いのは当然と言えようか？

「ブレードランナー」ポスター

ブレードランナー（1982年：アメリカ）

監督：リドリー・スコット　原作：フィリップ・K・ディック　脚本：ハンプトン・ファンチャー、デヴィッド・ウェッブ・ピープルズ　撮影：ジョーダン・クローネンウェス　音楽：ヴァンゲリス　出演：ハリソン・フォード、ルトガー・ハウアー、ショーン・ヤング、エドワード・ジェームズ・オルモス、ダリル・ハンナ

「エイリアン」のリドリー・スコットが監督したSF映画である。封切当日は大入りだったがあっという間に客足が落ち、一週間の間に天国と地獄を見たほど公開当時酷評を受けた作品である。だがビデオを通じ真の価値に気づいたファンにより〝カルト〟的人気が出て、現在ではSF映画の傑作と評価されている。

監督の溢れる才能と感性が作品の細部にまで行き渡った秀作であることは間違いないが、詰め込み過ぎ（？）によるストーリーや映像の破綻・矛盾が露呈される箇所が多々見られる。そのような背景から本作には監督の思いを反映したディレクターズカット版や、公開前のリサーチ版も含めると、全部で6つのバージョンがあるといわれている。多くのファンによる詳細な分析がなされ、正しい指摘と類推が類推を呼ぶ仮定の話が混在して論じられ、その意味で映画史上極めて特異な位置づけにある映画といえる。

時は2019年11月、高層ビル群が並ぶスモッグと酸性雨（？）で汚れたロサンゼルスでのお話。タイレル社が遺伝子技術で作った〝レプリカント〟と呼ばれる人造人間は、奴隷労働や宇宙の植民地

建設に使われていた。最新のネクサス6型は知能も優れ感情がない点以外は人間と同じだが、時間がたつと感情も芽生えるようで、そのため寿命を4年にする対策が打たれていた。

ある時レプリカントが反乱を起こし4人が地球に潜入していることがわかる。地球にいるレプリカントは違法なので、これを〝ブレードランナー〟と呼ばれる特別捜査官が処刑することになっている。物語はブレードランナーOBのハリソン・フォード扮する主人公デッカードとレプリカント達の壮絶な戦いを描いたものである。

近未来のロスの街は一見チャイナタウンのようであるが、ネオンやビルの壁などいたるところに平仮名まじりの漢字が顔を出し、日本趣味も加味されている。美術大学出身の監督であるリドリー・スコットのイマジネーションが見事に具現化された壮大な街は、環境汚染で薄汚れ、スモッグで覆われた高層ビルの間から時折火焔が噴出し、回転式（？）のサーチライトの光がビルの部屋に差し込んでくる。

主人公は、蛇使いの女性ダンサーとタイレル社に潜入した男性のレプリカントを倒し、セックスロボットのアクロバット攻撃を切り抜け、最後にルトガー・ハウワー扮するリーダー格のバッティと対峙するわけだが、アクロバット攻撃では太股で首を締め上げられたり、鼻を指で吊り上げられたりと散々な目にあう。それぞれの戦いぶりがアイデアに溢れたアクション場面の連続で、観る者を興奮の坩堝《るつぼ》に誘う。追跡・推理・格闘・謎の女性・恋愛感情など、プロットの根底に「マルタの鷹」のサム・スペードや、「大いなる眠り」のフィリップ・マーロウが想起され、まるでハードボイルド映画を観ているようでファンにはたまらない。

ラスト近く主人公とバッティとの壮絶な闘いでは、バッティが自ら手に釘をさす場面があるが、これは磔《はりつけ》になったキリストの比喩で、口元の血のりは十字架を意味する。レプリカント達の感情は人間に劣らなかったわけで、降りしきる雨の中バッティの独白がレプリカントに対する観客の感情移入を起こし、彼が流す涙と観客の涙が共鳴した時、「ブレードランナー」は単なるSF映画を超えた不朽の名作になったのである。

最初の劇場公開版では、ラストで主人公とタイレル博士の秘書（レプリカント）が街を脱出し、車で山道を走り行くハッピーエンドで終了するが、ディレクターズカット版・ファイナルカット版では、この部分がなく二人がエレベーターに乗り込む場面で終了となる。この2つのカット版では、〝ユニコーン（一角獣）〟の走る場面が一瞬挿入され、ラストの〝ユニコーン（＝レプリカント）の折り紙〟の謎解きの鍵になっている。

この場面は同時に〝感情〟の刷り込みを暗示し、主人公もレプリカントであるという仮説につながる。ちなみに他の折り紙の〝鶏（チキン）〟は臆病者、〝興奮した男〟は主人公の女性秘書に対する愛情の芽生えを意味している。どちらにしても最初の公開版より、後のカット版のラストの方が、観客の想像力を膨らませ映画に深みを与えている。なお、製作過程ではタイレル博士自身がレプリカントという案もあったそうだ。

さてこの映画の食べ物では、主人公が屋台で日本語を話すオジサンに、「ヌードルもくれ」とオーダーする「中華麺」が印象深い。しかし、ここは極めて不思議な場面である。「いらっしゃい！　どうぞ、何にしましょうか？」「4つくれ」「2つで十分ですよ」「2つと2つで4つだ、ヌードルも」「わかってくださいよ」という音声が入るが、〝4つの注文〟が何を指しているのかさっぱりわからない。これが不明なのは、物語の展開上少々引っ掛かる。要は場面の流れから「注文品が何か？」を無視できないのである。

「注文品」は「丼の海老」「寿司」等諸説があるが、〝You Tube〟にその謎解き映像が投稿されている。静止画像を詳細に見ると、鰻に似た生の魚が折り曲げられドーンと乗っているご飯の丼が出され、会話では「寿司」をくれと言っている。これが最初のワークプリントの映像（未見）かイタズラの合成映像かは不明だが、おそらくとても喰えない丼の中身の不自然さを指摘され、つじつまを合わせたのであろう。しかしそれが結構議論を呼ぶのが面白い。個人的にはこの意味不明な場面を、「フォー（4つ？）」といわれたので、ヴェトナムの代表的ヌードル「フォー」をオーダーしたのかと思ったほどである。

話を本論に戻そう。本作の「ヌードル」は「うどん」ではなく、日本でいう「中華麺」である。麺は黄色でウェーブがない棒状タイプであり、透明な茶碗に入っているが汁がない。彼のおかれている環境にリンクして、ミジメっぽくて美味さは感じられない。

「中華麺」は小麦粉に塩・水とかん水（炭酸ナトリウム）を入れてこね、薄く帯状にし熟成後カットしたものである。棒状のものとウェーブをつけたものがあり、日本では「ラーメン用の麺」として独自に発達した。かん水入りの麺は内モンゴルの鹹水《かんすい》湖の水で作られたものが起源のようである。かん水は麺にコシを与え小麦のフラボノイド色素を黄色にする。

いわゆる「中国の麺」は牛肉麺として有名な蘭州拉麺などを除き、コシは重要視しない。したがってかん水を使わず、小麦粉に塩と水を混ぜこねて、引き伸ばしを何度も繰り返し細くしたものである。いわゆる引き伸ばすという意味の〝拉麺（ラオミン）〟で、日本のラーメンのオリジンである。

監督のイメージした映画のセットは中国・日本がゴチャ混ぜなので、おそらく食べ物も正確性を欠いたイメージ優先のものだったと思える。美術、撮影、演出とオールマイティで、特にセットの細部にこだわり続けたリドリー・スコット監督だが、〝食べ物〟への執着がいまいちと思えた。

　フランス、イタリア、スペインというラテン系の〝美食の国〟に引き換え、監督の出身地は「ロースト・ビーフ」と「フィッシュ&チップス」あたりしか思い浮かばない英国だから、無理だという話もある（言い過ぎ?）。なお本作の続編として「ブレードランナー2049」（2017年）が製作されている。レプリカントを巡る複雑なストーリー展開になっているが、解説については別の機会にしたい。

☆ブレードランナー

「スタンド・バイ・ミー」パンフレット

スタンド・バイ・ミー（1986年：アメリカ）

監督：ロブ・ライナー　原作：スティーヴン・キング　脚本：レイノルド・ギデオン、ブルース・A・エヴァンス　撮影：トーマス・デル・ルース　音楽：ジャック・ニッチェ　出演：ウィル・ウィートン、リヴァー・フェニックス、コリー・フェルドマン、ジェリー・オコネル、ジョン・キューザック、リチャード・ドレイファス

ホラー（恐怖）小説の名手〝スティーヴン・キング〟の短編小説「The Body（死体）」の映画化である。キングの作品は多数映画化されており、「キャリー」「シャイニング」「ミザリー」のようなホラー作品が有名だが、「ショーシャンクの空に（原題：刑務所のリタ・ヘイワース）」「グリーン・マイル」のような感動作も多い。本作はハラハラどきどきするがホラーではなく、キング自身の〝少年期の追憶〟をノスタルジックに瑞々しく描いた作品である。

冒頭、「弁護士が刺殺された」という新聞記事を読む男が映し出される。記事の日付は1985年9月4日で、場面は一転その男の少年時代の話となる。時は1959年の夏、所はオレゴンの片田舎である。聡明な主人公ゴーディ、リーダー格のクリス、眼鏡のテディ、少々間が抜けている臆病者のバーンは、12歳の仲良し四人組である。樹上に番小屋（秘密の隠れ家）を作り、背伸びして煙草をふかしトランプに興じる日々をエンジョイしている。

ある日四人は、行方不明の少年の死体が森にあるとの情報を得て、それを探しに行こうと計画を立てる。死体を発見すれば新聞やＴＶに出られるという単純発想である。映画は２日間にわたる冒険の

旅を通じ、彼等が心の成長を遂げていく話である。

全編懐かしさがこみ上げてくる名場面の連続である。仲間と秘密結社を作って隠れ家を作り合言葉を決め、些細なことで喧嘩し仲直りをして笑い転げ涙する。男の子なら少なからず経験する話で素直に共感できる。

ところがこの子供達も各々背負っているものがある。ゴーティは可愛がってくれた兄を4ヵ月前に自動車事故で亡くし、クリスは優秀だが家庭環境が悪く中学に入っても進学組には行けないと思っている。またテディは精神を病んだ父親に虐待されても、〝ノルマンディーの英雄〟として尊敬をしている。

ゴーディは時折兄のことを思い出す。父親に「お前の友達はアホと泥棒だ、兄の友達は良かった」と優秀な兄との比較をされ、「お前が死ねば良かった」といわれる夢まで見る。これは「エデンの東」のアベルとカインの逸話がベースで、アメリカで兄弟をテーマにしたときの常套的描写と見ることができる。

少年達は〝死体探しの旅〟で多くの体験をする。列車に立ちはだかってキモ試しをするテディと体を張って止めるクリス、二人の諍《いさか》いと仲直り。大きな橋に敷設された線路上をおっかなびっくり渡る四人に迫りくる列車！　絶体絶命のスリル。近道をした沼で水遊びに興じたあと体にまとわりつく蛭《ひる》騒動。そして死体の発見と不良グループとの争奪戦。それぞれのエピソードが見事な緊迫感とユーモアに満ち、詩情豊かに映像化されている。

四人の子役の自然な演技に惚れ惚れするが、特にゴーディ役のウィル・ウィートンとクリス役のリヴァー・フェニックス（急性麻薬中毒による23歳の早世が惜しまれる）の、自分を見つめ互いを思いやる内面の充実した演技に驚嘆する。

クリスがゴーディにいう「君は才能がある。物を書くのが巧い、でもそれを誰かが育てなければ才能も消えてしまう。君の親がやらないのなら俺が守ってやる」「書く材料に困ったら僕らのことを書け」というフレーズにはグッとくる。

〝クリス〟とは〝クリストファー〟という殉教者が語源で、「キリストの精神を担う」意味をもつ。クリスが主人公・ゴーディにとってのキリスト役と推測でき、「スタンド・バイ・ミー」(僕のそばにいてくれ)とは、ゴーディのクリスに対する感情と解釈すべきであろう。ちなみにひと晩クリスと語り合った朝、主人公ゴーディは小鹿と目を合わせる。迷える鹿は彼自身の比喩と推測できる秀抜な場面だ。

この映画の食べ物では主人公の家の朝食が興味深い。食卓にはスライスされた食パンがお皿に数枚置かれ、ミルクとこの地方特産のベリーとおぼしきジュース、チーズ(?)が確認できる。各自の皿にはマッシュポテトがあり、インゲン・スイートコーンと肉のような素材が盛られている。おそらくこれが当時のオレゴン地方の典型的な朝食なのだろう。

そして最も印象深い食べ物は、主人公の創作話の〝パイ喰い競争〟に出てくる「ブルーベリーパイ」である。物語の舞台オレゴン州の特産品〝ブルーベリー〟を使用したと思われるこのパイは、手を使わずに食べる〝パイ喰い競争用〟なので、上面は強く焼かずに柔らかい。食べるほど顔にパイの中身が付着するので、競技の進行とともに挑戦者には〝みじめさ〟が、観客には〝可笑しさ〟が倍加される。これは喜劇映画の〝パイ投げ〟をひとひねりさせたギャグのようだ。

オレゴン州はブラックベリー、ブルーベリー、ボイソンベリーなどベリー類の生産地として有名で、本作の死体になる少年も〝ブルーベリー摘み〟に行って列車に跳ねられた設定になっている。最近は日本でもオレゴン州産のフレッシュやドライ、更に瓶入りのシロップ漬けブルーベリーをよく見かける。オレゴン州のブルーベリーはカルチベイト（栽培種）で、高さが3～4ｍにもなる〝ハイブッシュタイプ〟である。大粒だが味は大味なので生食やケーキの材料などに使われることが多い。

これに対し、ワイルド種（野生種）と呼ばれるタイプは高さが30㎝程度の〝ローブッシュタイプ〟で、小粒だが味が濃くジャムなどによく利用される。これは北米のメイン州やカナダの北東部（ケベック、ノバスコシア、ブランズウィック）が主生産地である。

作者のキングはメイン州生まれなので、仮に故郷メイン州が映画の舞台なら、ブルーベリーの品種も違ってくるわけだ（ワイルド種になる）。ところでブルーベリーは日本では〝目への効果〟がＰＲされているが、アメリカでは目よりも〝アンチオキシダント（抗酸化）効果〟が前面に強くＰＲされているのが面白い。

この映画では、〝ベン・Ｅ・キング〟のヒット曲「スタンド・バイ・ミー」がラストのタイトルバックに被さり抜群の効果を発揮している。50年代のヒット曲も多用され、「ハイウェイ・パトロール」「スーパーマン」「マイティ・マウス」「ローン・レンジャー」「西部のパラディン（西部の男パラディン・西部の勇者パラディン）」などＴＶ初期のドラマやアニメの話題や歌には、原作者キングおよび映画の主人公達と同世代の者として感慨もひとしおであった。

さてラスト近くの、「たった2日間の旅だったが（帰ってみると）町が小さく違って見えた」というナレーションが印象的で、そのあと冒頭の刺殺された弁護士がクリスだと分かるわけだ。

そしてラスト、作家となった主人公がパソコンに打ち込む「クリスとは10年以上会っていなかった、だが永遠に彼を忘れはしまい。あの12歳の時のような友達はもうできない。もう二度と……。」というフレーズが極めて印象深い。事実ラストで突然少年時代の、〝秘密結社を作った友たち〟のことが鮮烈に思い起こされ、なぜか〝無性に懐かしく〟なり、終映後もしばし滲み出る涙と昂揚《こうよう》を禁じ得なかった。

「ニッポン無責任時代」ポスター

ニッポン無責任時代（1962年：東宝）

監督：古澤憲吾　脚本：田波靖男、松木ひろし　撮影：斎藤孝雄　音楽：神津善行　出演：植木等、ハナ肇、団令子、重山規子、中島そのみ、久慈あさみ、田崎潤、谷啓、松村達雄

東京オリンピックを2年後に控えた昭和37年、日本の高度成長を象徴するかのように出現した映画である。コミックバンドの「ハナ肇とクレージーキャッツ」は、「おとなの漫画」（1959年～1964年）や「シャボン玉ホリデー」（1961年～1972年）で人気急上昇中であった。ギターの植木等はアクの強さに加え、声の良さと歌の巧さで定評があり、1961年（昭和36年）彼をメインにした曲を企画したところ大ヒットとなった。それが「スーダラ節」で実はA面「こりゃシャクだった」のカバー曲（B面）であった。

そこでこの人気に便乗し植木を主役に、〝お姐ちゃんトリオ（団令子、重山規子、中島そのみ）〟を絡めた本作が企画された（原案はフランキー堺を想定）。公開すると思わぬ大ヒットになり、以後「日本一の男」「クレージー大作戦」などのシリーズに受け継がれ、約30本もの作品が撮られた。

植木等扮する主人公〝平均《たいらひとし》〟は調子の良い男で、バーで聞きつけた太平洋酒の株買い占め話をネタに、その社長である氏家（ハナ肇）に取り入り入社してしまう。会社では低賃金に抗議し社員達が組合を結成、総務部長の谷田（谷啓）は叱責を受けるが後の祭り、会社は黒田物産の社長・黒田（田崎潤）に乗っ取られる。買占め阻止に失敗しクビになった平は、今度は新社長・黒田に組合問題をネタに取り入り再度入社。新社長の歓迎会で宴会を仕切り部長になる。続いて新事業のビールに使うホッ

プを巡り、その供給を握っている北海物産の石狩熊五郎（由利徹）にアプローチするが、さてどうなりますことやら？　というお話。

映画はこのメインストーリーに、乗っ取りの黒幕山海食品の社長・大島の令嬢と氏家社長の息子が恋人同士で、二人の結婚に平が一肌脱ぐ話や、主人公を巡るお姐ちゃんトリオの絡み話などで混戦が続く。特に由利徹の〝色ボケ社長〟が絶品で一見の価値がある。

おそろしく調子が良くて元気な映画である。主人公の〝無責任男・平〟はアクが強くタフで調子が良く、失敗しても失業しても決してめげず立ち直りが早い。一間の下宿住まい（家賃も滞納）なのに見栄っ張りで、斜に構え達観している。「人生で大事なことは、タイミングにC調に無責任」「こつこつやる奴ぁ、ご苦労さん！」と唄う彼に、日本中のサラリーマンが共感したわけだ。面白いことに植木等というタレントの〝トンデモナイ〟キャラは、植木自身や仲間の青島幸男などが創作したものであり、その実像は僧侶の息子で実に良識的な人物だった。クレージーの仲間も凄腕のジャズマン達であり、知的な常識人の集団だった。

本作は職人監督・古澤憲吾の洒落たセンス（歓迎会の舞台演出、ラインダンス、吹き出し）が垣間見られる〝ミュージカル調〟の映画だが、名作という範疇の作品とは一線を画すいわゆるB級映画である。しかし映画史的には重要な役割をもつことになる。本来は東宝の「社長シリーズ」のようなサラリーマンものの軽喜劇の延長の作品だったが、「誠実、真面目、コツコツ、努力」などという、日本人に長い間求められてきた道徳観を根底から覆す、新たな価値観をもつ映画として大ヒットしたのである。戦後が一段落し次のステップに向かう狭間の話であり、前兆として日活の「狂った果実」「太陽の季節」（共に１９５６年）などもあるが、植木等のもつ強烈なエネルギーが放つ〝笑い〟は他の追随を許さなかった。元気の出る一方で、主人公がサラリーマンをシニカル（冷笑的）に見ているところにギクリ！　とする。

さてこの作品の飲食物はまず「ビール」である。映画でもっともよく登場する小道具のひとつ「ビール」だが、本作では主人公と女性秘書の談笑場面、氏家邸の晩酌、大株主や取引先の接待場面、会社の仲間同士の飲み会、宴会場など多くの場面に登場する。そこでは〝合意〟や〝一致団結〟を盛り上げる小道具として活躍する例が多く見られた。

しかし懐かしいのは新社長の歓迎会の場に出てくる「バャリースオレンヂ」（１９８７年からバヤリースオレンジと表記）である。戦前の主な瓶入り飲料は炭酸の入った「ラムネ」「サイダー」ということになるが、戦後進駐軍がもたらしたものが「バャリースオレンヂ」であった（コーラは戦前から輸入）。日本では長らく「ジュース」と言えば「オレンジジュース」のことを指したが、実は昭和20〜30年代に市販されている「ジュース」は、無果汁で着色料、香料、人工甘味料で作られたものが大半であった。

日本では「オレンジ」は「バレンシアオレンジ」のことで、「(温州）ミカン」は「マンダリンオレンジ」、「ネーブル」は「ネーブルオレンジ」を指す。「オレンジ」は今でこそ「濃縮果汁」の形で海外から輸入され、水を加えて〝還元〟され一〇〇％果汁になるが、当時国内生産が皆無に近い「オレンジ」の一〇〇％ジュースが日本にあるはずがない。また果物や野菜を絞ったものが「ジュース」だが、昔はジュースを瓶や缶に詰め長期保存する技術は十分に確立されていなかった。

１９３８年アメリカの〝フランク・バヤリー〟が「果汁の瞬間殺菌法」を発明し、ゼネラルフーズが特許を買い取り「バヤリースオレンジ」として売り出したとのこと。日本では「バヤリースオレンジ」は法律の関係で一般市販はできず進駐軍専用であった。1949年に輸入が開始され、1950年には原液をアメリカから輸入し日本で生産を始めた。その後1952年より市販向けに販売されるようになった。ハレの席でお酒が飲めない人や子供用の少々高級な飲料だったが、本物の果汁が10～20％入ったこのドリンクは、無果汁、着色料、香料が当たり前だった時代に、子供でも（というより子供の敏感な舌が）その差を歴然と識別できる美味しさだったのである。

ちなみにこの類の製品は、リボンジュース（1952年：オレンジジュースの第一号?:）、ポンジュース（1952年）、明治天然オレンジジジュース（1954年）、キリンオレンジ（1954年）、プラッシー（1957年）などがあるが何れも100％果汁ではない。昭和40年（1965年）代に入ると「無果汁なのにジュースはおかしい」という意見が出始め、1967年にJAS法が改正され、100％果汁以外は「ジュース」と呼べなくなった。なお「（温州）ミカン」の100％物は、1965年に「アヲハタ・ミカン果汁」、1969年に「ポンジュース」が発売されている。

ここでトリビアだが、本作のテーマ曲「無責任一代男」（作詞：青島幸男）の歌詞「俺はこの世で一番、無責任と言われた男」は、二村定一やエノケンの歌で大ヒットした「洒落男」（二村版：1930年）の、「俺は村中で一番、モボだといわれた男」からの借用と思える。「洒落男」の原曲は「ゲイ・キャバレロ」（ロウ・クレイン作詞、フランンク・クルーミット作曲・唄）というアメリカの歌で、原曲のニュアンスを尊重しつつユーモアたっぷりの秀抜な歌詞に書き変えた訳詞者は、慶應義塾大学出身の坂井透である。

偶然だが彼の長男は私の大学時代の同級生で、当時でも「金額はともかく著作権料はまだ入ってくる」とのことであった。ひとつ大ヒットが出ると後々までメリットがあるものだと感心した記憶がある。ちなみに坂井透はバンジョーの名手で、日本ジャズ界の草分けの一人。クレージーキャッツとも縁浅からぬ関係ということになる。

最後にこの作品が評価されたひとつに、中原弓彦（小林信彦）のPRが大きいと個人的には考えている。彼が自著「日本の喜劇人」で本作を褒め過ぎたことや、同じく彼が「めったに日本映画を褒めない大島渚が面白い！　と言っていた」などと喧伝したことも、この作品に実力以上の価値を与えたのは間違いない。そして時代が過ぎ、コント55号、ドリフターズが台頭し、松竹でハナ肇が秀作「馬鹿まるだし」「なつかしい風来坊」で下地を作った後に、まるで植木等に代わるように渥美清の「寅さん」が、〝ふらり〟と登場してくるのである。

フジテレビ開局30周年記念・日本ヘラルド映画グループ創立30周年記念特別企画
創造の威力。
スピルバーグもコッポラも、ゴダールもこの映画の"子供たち"。21世紀を目前に、私たちは映像の奇跡に立ちあう。映像の誇りをかみしめる。
これは、スピリットのしわざだ。
TOSHIBA
SUPER PAGEANT
1916-1989
Intolerance
イントレランス
1916・D.W.グリフィス監督作品
演出総指揮：リチャード・エトランド
演奏：新日本フィルハーモニー交響楽団 指揮：大友直人
'89 2・27 MON 2・28 TUE 3・1 WED 日本武道館
開場5:30P.M./開演6:30P.M. ■料金：A席8000円/B席5000円/C席3000円

「イントレランス」チラシ

イントレランス（1916年：アメリカ）

監督・脚本：D・W・グリフィス　撮影：G・W・ビッツァー、カール・ブラウン　出演：リリアン・ギッシュ、メイ・マーシュ、ロバート・ハーロン、マージャリ・ウィルスン、コンスタンス・タルマッジ、アルフレッド・パジェト、シーナ・オーウェン

半世紀近くにわたり私はライフワークで「無声映画」を研究してきた。きっかけは当時世界最高の映画史の本といわれた、ジョルジュ・サドゥールの「世界映画史」に遭遇したことにあるが、本格的に「無声映画研究」を決意させたのは、この本に掲載されていた一枚のスチール写真（壮大なバビロン宮殿）であった。その映画が本作「イントレランス」で、現在はDVDで手軽に観られるのでぜひ多くの方に観て戴きたい作品である。

映画の父〝デヴィッド・ワーク・グリフィス〟が監督した、世界の映画史上で最も重要な作品の一本で、製作されて百余年！　現在でも不滅の光彩を放ち続けている。グリフィスがそれまでの映画製作技法を集大成し、新たな技法も加えて完成した映画史上最も壮大な作品のひとつで、世界の映画界の巨大な遺産だ。

無声映画史上最大のヒット作は同じくグリフィスの「国民の創生」（1915年）だが、彼はその莫大な収益を全て注ぎ込んで本作を完成させた。しかし結果は大失敗で大借金を抱え、壮大なバビロンのセットは取り壊す資金もなく、長らくハリウッドの一角に放置され続けることになる。映画の都ハリウッドに最初の撮影所（ネスター：1911年）ができてからまだ5年の話だ。

彼の最高傑作が〝映画の父〟をハリウッドから葬り去る遠因になったというのが皮肉だ！　ただこの映画を初見された方は百余年も前の作品に驚愕するだろう。映像表現としての映画は、無声映画時代（１８９５～１９２７年）にすでに完成されていたのであり、その基本的な原点が本作にある。

「国民の創生」は想像を絶する大ヒットと、Ｋ・Ｋ・Ｋ（クー・クラックス・クラン：白人至上主義の集団）を賛美する結果となり、人種論争をもたらした。そこでグリフィスは人種論争への弁明ではなく頑迷な人々への反論として、前人未到の本作を撮ったのである。次回作としてほぼ撮影済みだった「母と法律」を撮り直して〝現代編〟とし、さらにバビロンの滅亡（バビロン編）・キリストの受難（ユダヤ編）・聖バルテルミーの大虐殺（中世編）の３話を加えた４つの物語が、同時並行で交錯しながら進行しラストに向け収斂して行く映画である。

各挿話をつなぐのはハリウッドの伝説ともいえる名女優の、〝リリアン・ギッシュ（「散り行く花」「狩人の夜」「八月の鯨」）〟扮する揺り籠を動かす女性のショットで、神々しく母性と慈愛の象徴と思え、全編を昨今話題の〝不寛容：イントレランス〟というテーマが貫く。完成作品は８時間あり２回に分けて上映する予定が、興行主の圧力で３時間弱に縮められた。

「現代編」が最も充実した内容で、殺人犯にされ死刑の宣告を受けた青年（ロバート・ハーロン）を妻（メイ・マーシュ）が奔走の末救出する話で、狭量な偽善者達への糾弾も見事に描かれている。「バビロン編」は「カビリア」（１９１４年）などイタリア映画の影響が見られ、後に本作の製作現場を舞台にしたタヴィアーニ兄弟の映画、「グッドモーニング・バビロン！」（１９８７年）でも描かれる壮大なセットには圧倒される。宮殿での戦闘や、四〇〇〇人のエキストラが織りなす宴に魅了されるが、山の娘（コンスタンス・タルマッジ）の活躍も空しく謀略で滅亡する話である。時間の制約もあり他の2編は「現代編」「バビロン編」に比べるとダイジェスト版の感覚だ。

さて本作の食べ物だが、バビロン編で山の娘が山羊の乳を絞り、飲んでいる場面が出てくる。この時代にこの地で山羊が飼育され乳が利用されていたのは史実である。ちなみに映画の舞台バビロンは、メソポタミア（現在のイラク）の南部に位置したバビロニアの首都である。山羊は粗食に耐え乾燥に強い強靭な動物なので、この地帯では古くから飼育されていたようだ。山羊は犬に次いで家畜化された動物といわれ、山羊がいたということは飲乳の習慣があり、チーズなども作られていたと推測される。人類最古のチーズは山羊から作られたといわれている。

紀元前5000年頃の世界最古のチーズ製造の痕跡が、ポーランドで見つかっている。おそらくこの物語の時代にはバビロニアまでチーズの製法は伝播していたと思われる。山羊は日本では〝貧農の乳牛〟といわれ、戦後暫くまでは近郊の農村では鶏などとともに、広く飼われていたものである。山羊乳は戦後牛乳にとって代わられたが、牛乳アレルギーなどには有効な代替品である。

台上左より　シーナ・オーウェン　アルフレッド・パジェト

一方、本作では同じくバビロン編の宮殿内でワインが飲まれている。ワインは紀元前7000～5000年頃にグルジア（現在の名称はジョージア）で作り始められたようで、この南部に位置するアルメニアでは紀元前4000年頃の世界最古のワイン醸造所が発見されている。メソポタミアでも紀元前4000年頃から醸造されていたようだ。現在日本ではワインは広く一般的なものになり大変結構なことで、今更ワインの蘊蓄でもない時代だが、今でもよく受ける基本の質問を紹介しておこう。

「ワインの作り方」だが、「白ワイン」は色の薄い果皮のブドウを原料とし果汁を発酵させたもので、「赤ワイン」は黒や赤ブドウを原料とし果実を丸ごと（皮、種も一緒）潰して発酵させたものである。「ロゼワイン」は果皮の色が薄いブドウを丸ごと発酵させたり、赤ワイン用の原料ブドウの果汁のみを発酵させる。赤・白ワインをブレンドして作る場合もある。「ワインは古い方が良い」という話を昔はよく聞かされたが、長期保存に耐えるワインとそうでないものがあるので要注意。古ければ希少価値が出るので高くなるのは当然だ。

意外と知られていないのが「赤ワインで付けた汚れは白ワインで消える」。白ワインの中のシュウ酸のなせる業だが、赤ワインをこぼし「大変だ！」という時、多くの方に感謝されているマメ知識である。但し、即白ワインを浸み込ませた布やティッシュで叩くこと（ワインの種類で差あり）。

映画の話に戻ると、本作は映画史的に2つの重要な意味がある。まずクロスカット、クローズアップ、ロングショット、移動撮影、画面のマスキング、染色等、当時の撮影技法を初めて体系的に使用したこと。次に後の映画に多大な影響を与えたことである。カットと編集技術はソヴィエトのエイゼンシュテイン達の「モンタージュ理論」を生み、菊池凛子のアカデミー賞ノミネートで話題になった「バベル」（2006年）は、本作の構成法を踏襲している。

4つの話が交錯する編集法が理解され難かったことや、テーマが参戦（第一次大戦）に向かう風潮に逆行したことで興行的には失敗したが、日本では帝劇で10円の料金で公開し大盛況だったと聞く。グリフィスはその後「散り行く花」「東への道」などの傑作を残し、ダグラス・フェアバンクス、メアリー・ピックフォード、チャールズ・チャップリンの4人で、映画製作会社「ユナイテッド・アーティスツ」を設立（1919年）するが、いつしかハリウッドから忘れ去られ、1948年にひっそりとその生涯を閉じた。

1970年にフィルムセンターで「アメリカ古典映画の回顧」が開催され本作が上映されたが、私は大学の授業とぶつかり観る機会を逸した。暫く経った頃、映画の師匠である映画評論家・淀川長治先生に「アメリカ文化センターで上映するよ」と教えられ駆けつけた。金に困ったグリフィスが再編集した「バビロン編」のみだったが、写真で観慣れた〝壮麗な宮殿〟がスクリーン上で徐々にズームアップされた時には感動で鳥肌が立った。

その後新入社員時代に月給の半分をつぎ込んでアメリカから8ミリ版の「イントレランス」を取り寄せ、ようやくその全貌を観ることができた。現在ではDVDや上映会で手軽に鑑賞できるようになり隔世の感がある。ただ本作を鑑賞することへの受難は続き、1989年に武道館でオーケストラ付き・着色版が上映されたが、今度は会議で観そこなった。

新婚旅行で訪れたハリウッドでリリアン・ギッシュの自伝「The Movies, Mr. Griffith, and Me」を入手したが、本作についてはこの中に製作過程が詳しく記されている。なお最近本作の格安DVDを購入したが映像のひどさに憤慨した。できるならもう少しよい状態で観て戴きたいものだ。私の生涯のベストワンである「イントレランス」は、次の100年に向け益々輝き続けることは間違いない。

「キューポラのある街」ポスター

キューポラのある街（１９６2年：日活）

監督・脚本：浦山桐郎　原作：早船ちよ　脚本：今村昌平　撮影：姫田真佐久　音楽：黛敏郎
出演：吉永小百合、浜田光夫、東野英治郎、加藤武、杉山徳子、市川好郎

「私が棄てた女」「青春の門」など寡作ながら力作を作り続けた、凄腕の名匠、浦山桐郎監督のデビュー作品である。新人とは思えぬ出来映えに映画界も観客も驚嘆した秀作である。主人公のジュンを演じた吉永小百合は当時17歳、ラジオ、ＴＶドラマの「赤胴鈴之助」「まぼろし探偵」などの子役を経て映画界で活躍を始めた頃で、この作品により本格的な主役デビューを果たした。彼女が演じたジュンの〝ひたむき〟に人生に立ち向かう姿は日本中の観客の共感を呼び、吉永は史上最年少でブルー・リボン賞主演女優賞を受賞した。演技に開眼した彼女は、この作品から大女優への道を一気にひた走ることになる。

製作されて半世紀余り、再見すると敗戦を経て高度成長期を迎え、今日の繁栄に至る日本のある時代がバッサリと切り取られ、特に団塊世代以上の人には色々な意味で自分史が重なる。前年封切の『粘土のお面』より「かあちゃん」（監督：中川信夫）』の影響が読み取れ興味深い。舞台は東京と川ひとつ隔てた鋳物の町・川口である。ちなみにキューポラとは鋳物を作る銑鉄を溶かす溶銑（解）炉のことだが、映画では炉の煙突を指している。

時代は昭和30年代半ば、主人公のジュン（吉永小百合）は中学3年生、家族は鋳物工場で働く職人気質で頑固一徹の父（東野英治郎）、内職に明け暮れる母（杉山徳子）、小学校の高学年と就学前

（？・）の二人の弟だが、母が出産し乳児が加わる。ジュンは成績優秀で高校進学希望だが、家は貧しい上に父の失業や母の出産でそれどころではない。弟のタカユキ（市川好郎）は父が朝鮮人で母が日本人のサンキチを子分に粋《いき》がっている。貧困の中で次々と不運が重なるが、ジュンは明日を夢見て突き進む。

彼女の周りには彼女の家のことを気遣ってくれる隣家の青年・克己（浜田光夫）や、親身になって彼女の進路を案じてくれる担任の教師（加藤武）、お金持ちのお嬢さんの親友など、善意に満ちた人々も多数存在する。「貧困」という暗いテーマが、〝惨めで絶望的な話〟に落ち込まないのは、ジュンの強い意思に加えこのような〝善意〟の支えが大きい。

「ダボハゼの子はダボハゼだ！」といってジュンの進学に無理解な父！　担任の斡旋で修学旅行のお金を借り旅行に行く当日、ジュンは父と大喧嘩となり修学旅行をあきらめ街を徘徊する。そこで初潮を経験したり、チンピラ達により身の危険にさらされるが、間一髪克己の連絡で駆けつけた警察に救われる。

映画は貧困、進学問題、組合問題、民族問題など当時の社会環境を絡めながら、劣悪な環境にもくじけず強い意志を持ち、健気に生き抜こうとする姉弟を映し出す。ややもすれば声高で教条的な描き方になりがちなテーマを、監督の浦山は淡々と描くことで観る者により強いインパクトを与えているようだ。

高度成長期を突っ走り始めたこの時代、このような貧困家庭は全国いたるところに存在したし、実際に優秀な学力をもちながら経済面で進学を諦めざるを得なかった若者が全国にごまんと存在した（現在も少なからずある話）。ただ志のある者はそのような環境下でも働きながら定時制の高校・大学に進学し、自己実現をしていったのである。

ジュンは自らの判断で就職し定時制高校に通うことを選択するのだが、彼女の前向きな姿に多くの観客は自分の人生をダブらせ、励まされ勇気をもらったのである。父親の古い常識に対し、ジュンとタカユキの姉弟は理屈の通った新しい考え方をぶつけ、父親が感情でしか反論できないところなど、良くも悪くも戦後の民主的教育が反映された場面が傑作だ。余談だが吉永小百合の走り方が実に〝軽やか〟なことにビックリ！　一見に価する。続編として「未成年　続・キューポラのある街」（１９６５年：野村孝監督）が作られている。

現在は様変わりした川口だが、昭和30年代半ばの労働者の街の雰囲気がよく出ており、食堂や食べ物屋の暖簾が懐かしい。そこで食べ物の話だが、サンキチの母が働く食堂で彼とタカユキが食べているのがラーメンと天丼で、当時の食堂の代表的メニューである。また一難去って、ジュンとタカユキがラーメンを食べていると、彼女の親友の父親が「焼売」を差し入れてくれる場面がありホロリとくる。現在なら「焼売」より「餃子」の方がピッタリかもしれない。ラーメンは侘しい場面に良く似合うのだが、同時に〝ほっとした温かさ〟を醸し出す力があり、本作ではよくその効果が出ていた。

さらに出産を終えた退院の帰路、母がジュンに「今川焼き」を誘う場面が印象的だ。「もったいないよ」「いいさ、たまだもん」と、母娘が女同士で好物の甘いものを食べるのが微笑ましい。今流にいえば〝プチ贅沢〟ということであろうか？　今川焼きは、小麦粉と砂糖と卵（膨らし粉）を水で溶き丸い型に流しこみ、小豆の餡をはさんで太鼓型に焼いた菓子である。庶民の代表的な和菓子として、デパートやスーパーのフードコートなどで販売され、縁日の屋台では定番品である。

「甘太郎焼き」「太鼓焼き」「御座候」「大（小）判焼き」「二重焼き」「回転焼き」「義士焼き」「きん

つば」（本来の「きんつば」の誤用）など、各地に多くの呼び名があるのも地域性が出て面白い。今川焼きの由来には諸説あるが、江戸中期に神田にあった今川橋近くの店で最初に売り出されたからというのが有力な説である。

今川焼きの延長に明治になって開発されたのが「鯛焼き」で、さらに「人形焼」「もみじ饅頭」などにつながる。同様なものとしては江戸時代より存在する「どら焼き（三笠）」があるが、江戸時代には皮は一枚で折り返していたそうだ。現在の二枚の皮で餡を挟むタイプは、大正期に上野の和菓子屋「うさぎや」で発売されたのが最初らしい。

今日のような和菓子は江戸時代に京都でその原型が確立された。中国やポルトガルの菓子が手本で、砂糖の製法が伝わりさらに和菓子を進化させ、茶道との絡みで広まった。特別誂えの「上菓子」と普段使用の「おまん（饅頭）」、「団子」、「餅菓子」は作る人も売る店も格式が違ったようで、現在でもその名残がある。

和菓子は季節感を演出した細工物から手軽に食べる焼き物まで幅が広いが、羊羹・煎餅など一部のものを除くと、餡などを包み込んだもの（饅頭）とつけたもの（団子）に大別される。その中で今川焼きは、形（丸、四角、鯛、人形、紅葉）と焼き印、中身の餡（小豆、カスタード、ジャム）さらに皮（ソフト、モチモチ）を多様に変化させることで、無限のバラエティー化ができる極めて発展性の優れた和菓子といえる。

では最後にトリビアを、本作では北朝鮮への帰還の話が出てくるが、私の近所（横浜）にも朝鮮人の同級生が何人かいて、当時家族で帰還した子もいたし、そのまま日本に残った子もいた。15年ほど前にハワイに出張した際に、日本に残った一人と偶然出会った。幼き日の面影があり私が声をかけたのだが、半世紀ぶりの再会だった。仕事も順調とのことでイケメンの息子と一緒にバカンスに来たらしい。

本文を書くにあたり映画を再見していて突然彼等のことを思い出した。帰国した彼は現在無事に生きているのだろうか？　帰国をめぐる〝運命の悪戯〟に思わず涙がジワリと滲んだ次第である。

「グレートレース」パンフレット

グレートレース（1965年：アメリカ）

監督・原案：ブレイク・エドワーズ　脚本・原案：アーサー・ロス　撮影：ラッセル・ハーラン
音楽：ヘンリー・マンシーニ　出演：ジャック・レモン、トニー・カーティス、ナタリー・ウッド、ピーター・フォーク、アーサー・オコンネル

「ティファニーで朝食を」や、クルーゾー警部が大活躍（？）する「ピンク・パンサー・シリーズ」の監督〝ブレイク・エドワーズ〟がメガフォンをとった、絢爛豪華な傑作コメディーである。

何でも上手くやってのけるトニー・カーティス演ずる気障な冒険家レスリーと、彼を何とか貶《おと》しめようとあがくジャック・レモンのフェイト教授が、ニューヨークとパリ間の大自動車レースを競い合うが、これにナタリー・ウッド扮する新聞社の色っぽい美人特派員が絡むお話。レスリーは白装束でフェイト教授は黒装束である。昔から「白は正義の味方」、「黒は悪漢」と相場が決まっているので、善悪が明瞭で分かりやすい。

フェイト教授の助手があのコロンボ刑事〝ピーター・フォーク〟で、間抜けのようで小賢しくそのすっとぼけぶりが絶品である。次から次へと繰り出されるフェイト教授と助手の悪智恵と自滅、これに大自然の猛威や王位継承絡みの大騒動がレースに色を添え、抱腹絶倒のうちにあきれ返るエンドを迎える。

オープニングに「ローレル&ハーディに捧ぐ」というオマージュのフレーズが映し出される。これは痩せたチビの〝スタン・ローレル〟と、ベビーフェイスでチョビ髭の大男〝オリヴァー・ハーデ

「ビッグ・ビジネス」

左手前より　オリヴァー・ハーディ　スタン・ローレル

イ〟に捧げるという意味で、二人はサイレント末期からトーキーにかけ、ハリウッドで大活躍をしたお笑いコンビである。

日本では〝極楽コンビ〟と呼ばれ、団塊世代以上には懐かしい漫画「ロボット三等兵」（前谷惟光著）に出て来る、ヤセとデブのコンビキャラとして記憶される。

「天国二人道中」（1939年）をはじめ多くの傑作喜劇を残したが、個人的にはチョットした行き違いで、訪問相手の〝家〟と二人組の〝車〟を互いに壊し続け、最後に総てを破壊してしまうというギャグの応酬戦「Big Business（ビッグ・ビジネス：1929年）」に度肝を抜かれた記憶がある。

60年代はサイレント時代のスラプスティック・コメディーや冒険大活劇が再評価され、それを意識した「おかしな、おかしな、おかしな世界」（1963年）や「素晴らしきヒコーキ野郎」（1965年）などが作られた。その流れを汲んだ本作では、エドワーズ監督が敬愛する〝ローレル＆ハーディ〟に対し、見事なリスペクトを行った〝パイ投げ合戦〟が堪能できる。

自動車レースの前に序盤戦があり、フェイト教授と助手がレスリーにあの手この手で悪事を仕掛けるが、全て自爆＆自滅で完結する連続ギャグは、そのアイデアの馬鹿馬鹿しさで必見モノである。スピード記録に挑むレスリーのモーターボートに、音に反応する魚雷を発射すると、逃げるフェイト教授の車の音を魚雷が捉えて追ってくるとか、レールを走るロケット滑走車の新記録を狙うと高速過ぎて空中に飛び出してしまうなどは序の口。レスリーの車を狙い、自転車に気球を付けたような飛行物体から点火した爆弾を落とすと、それが飛行物体の車輪に引っかかり空中自爆するギャグは特筆に価する。

全編パロディーの連続である。まず主演のトニー・カーティスとジャック・レモンは「お熱いのがお好き」（1959年）のコンビであり、マリリン・モンローがナタリー・ウッドに、列車が車に代わった構成で、大きなケーキが出てくるのもまったく同じである。列車内の大騒ぎに相当するのが、「スポイラース」（1942年：ジョン・ウェイン、マレーネ・ディートリッヒ主演、5回映画化された乱闘場面が有名な作品）ばりの、酒場の大乱闘ということになる。

小国の王子とフェイト教授が瓜二つで、王子の戴冠式をめぐる騒動は、アンソニー・ホープの「ゼンダ城の虜」のパロディーである。最高の見せ場はこのエピソードのラストで起きる大パイ投げ合戦だが、これはローレル＆ハーディの「Battle of the Century（世紀の対決：1927年）」の完全パロディー版である。

この作品を短縮版で観たが、ハーディがローレルに保険をかけバナナの皮で怪我をさせようとしたところ、パイの配達人が皮で滑りハーディの顔にパイをぶつけるのが発端で、婦人、靴磨きの客、紳士、別の男、歯の治療中の男、道路工夫、パイを買う客、何事かと顔を出す男、散髪中の男と順番にパイ投げが連鎖していき街中が大パイ投げ合戦となるという、恐らく映画史上屈指といえるパイ投げ映画であった。

というわけでパイにまつわるお話をひとつ。パイは小麦粉とバター（またはマーガリン、ショートニング）で作った生地を伸ばし、型に敷いたりして果実やナッツ、肉、魚介類などを包んでオーブンで焼いたものである。お菓子と料理の二つのタイプがあり、生地を延ばしてバターを包み込み何回も折り込んで作る〝折り込パイ（薄い生地が多層になって膨れる）〟と、バターを直接小麦粉に練り込むか刻み込んで作る〝練り込みパイ〟がある。

アメリカでいうパイはこの練り込み生地で作った、上面を生地で覆わないタイプのことで、フランスのタルトやイギリスのタートをさす。イギリスのパイはフランスのトゥルト（パイ生地で覆い密閉した円形のパイ、料理とお菓子がある）のことである。ちなみにタルトは生地を円形の型に敷き、詰め物をして焼いたものである。

基本的ギャグのひとつ〝パイ投げ〟は、サイレント時代のハリウッドでスラプスティック喜劇を量産した、マック・セネットの喜劇が発祥のようだ。日本人がイメージするパイはパイ生地を何度も折畳んだ多層のものだが、アメリカ映画の〝パイ〟は、円形の型で焼かれた土台に生クリームやホイップクリームがぎっしりと詰められ、ジャムやフルーツなどがトッピングされたいわゆる〝タルト〟

で、焼き蓋がないので顔に当たってもソフトだ。

一般にフィルムの中ではお皿の上に乗っているパイを投げたり、顔にべちゃっとつけているように見えるが、実際は危険なので厚紙やアルミ箔の皿にパイを乗せ、ホイップクリームやシェービングクリームを入れているようだ。本作では皿は登場人物に直接当たっていない。大画面いっぱいにベリー類などのフルーツの色だろうが、赤、紫、黄、青などカラフルな色がクリームの白とゴチャ混ぜになって、呆れるほどの迫力を出していた。

また、トニー・カーティスの気障《きざ》ぶりが出色で、歯や眼が〝ピカリ〟と光る演出には参ったが、真の主役はジャック・レモンであった。サイレント映画へのオマージュとしては冒頭のクレジット・タイトルを飾る絵が、そのままフィルムのコマのようで、間欠運動がズレたりハエが止まったり、切れて真っ暗になったり、焦げてしまったりと映画ファンには心憎い演出となっていた。パロディー話で穿った見方をすれば、海岸の砂場のテント内でのトニー・カーティスとナタリー・ウッドのキスシーンは、舞台設定からして映画史上最大の二枚目〝ルドルフ・ヴァレンチノ〟の、「シーク」や「熱砂の舞」からいただいたのであろう。

出だしから一気に進む前半の快調さに比べ、後半はダレを感じる作品でやや冗長なのが難点である。ナタリー・ウッドが唄った主題歌「スウィート・ハート・ツリー」（作曲：ヘンリー・マンシーニ）は絶品で、今でも聴く度に甘美&ロマンチックで心が躍らされる。監督ブレイク・エドワーズの奥さんジュリー・アンドリュースが唄っていたらとも思うが、この映画が製作された時点では、まだ結婚していなかったから無理でしたかね。

＊男と女の心を描いて永遠に心ゆるがすロマンのメロディ！
ルルーシュ＝レイの最高傑作をあなたの青春に捧げます。
■新しい感覚がとらえた愛の色彩美に陶酔して下さい
製作・監督・脚本・撮影〈鬼才〉クロード・ルルーシュ
音楽フランシス・レイ〈主題曲「男と女」サントラ盤ユナイトレコード〉
アヌーク・エーメ
ジャン・ルイ・トランティニャン
ピエール・バルー
バレリー・ラグランジュ
■イーストマンカラー■
男と女
un homme et une femme
＊カンヌ映画祭グランプリ・フランス映画高等技術委員会賞・
国際カソリック事務局賞受賞
＊ゴールデン・グローブ賞外国映画賞・主演女優賞
＊アカデミー賞外国映画作品賞・オリジナル脚本賞受賞
United Artists
ユナイト映画／フランス作品

「男と女」ポスター

男と女（1966年：フランス）

監督・脚本・撮影：クロード・ルルーシュ　脚本：ピエール・ユイッテルヘーベン　撮影：パトリス・プージェ、ジャン・コロン　音楽：フランシス・レイ　出演：アヌーク・エーメ、ジャン＝ルイ・トランティニャン、ピエール・バルー、バレリー・ラグランジュ

「ラ～ラ～ラ、ダバダバダ、ダバダバダ、ラ～ラ～ラ、ダバダバダ、ダバダバダ」というボサノバのスキャットが世界中で大ヒットした新感覚の恋愛映画である。監督は若干28歳のクロード・ルルーシュで、製作・脚本・撮影も兼務した。この若さで男女の機微を見事に捉えたとして当時は話題になったものだ。

彼は10代から16ミリの短編映画を撮り始め、23歳で長編映画デビューを飾っていたが、その後鳴かず飛ばずの状態が続いていた。それがわずか6人のスタッフでしかも3週間ほどで撮影された本作により、斬新な映像を作り出す〝感覚映画〟の名手として映画史に名を残すことになった。音楽担当のフランシス・レイもこの作品で名声を確立し、以後このコンビは「パリのめぐり逢い」（1967年）「白い恋人たち」（1968年）とヒットを飛ばし続けて行くことになる。

北フランスの港町・ドーヴィルの寄宿学校に幼子を預け、休日に面会に来る女と男がいた。女は映画のスクリプター、男はテストドライバー兼レーサーである。女の名はアンヌ（アヌーク・エーメ）、スタントマンだった夫を撮影中の事故で亡くしており、男の名はジャン（ジャン＝ルイ・トランティニャン）で妻に自殺されていた。ある面会の日、帰りの列車に乗り遅れたアンヌをジャンがパリまで

車に同乗させたのがきっかけで、翌週の面会は二人一緒に出かけることになる。心にそれぞれ傷を負った大人の男女が、互いを意識し始め〝恋愛状態〟に導かれて行くわけだが、さて〝その恋の行方は？〟という映画である。

ため息の出るような〝アヌーク・エーメ〟の美しさが堪能できる映画である。鮮烈な〝映像〟と心地よい〝音楽〟が完璧に融合した見事な作品で、その基本的な製作手法はＣＭフィルム作りに近い。望遠レンズとズームの多用、モノクロとカラー画面の併用、ロングショットに対しフレームをはみ出すほどの人物のクローズアップなど、対比画面のモンタージュ（編集）が鮮やかだ。またボサノバやシャンソンなどの音楽に加え疾走する車の効果音など、〝音と画像のモンタージュ〟が巧みである。

二人の職業のかっこよさもあり、キザとも思える画面と音作りは独特の雰囲気を醸し出し、〝感覚映画〟のひとつの頂点に達した作品となった。その意味でＣＭフィルムの世界に与えた影響は計り知れない。

過去がカラーで現在がモノクロという場面が多いが特に厳密な規則性はなく、カットバックで突然カラーとモノクロ画面が切り替わる。これは結果としてフィルムの流れに変化とリズムを与え、モンタージュという視点では抜群の効果を出している。オープニングの霧に包まれたような港、逆光で捉えられた犬を連れ散歩する老人（？）、延々と続く波打ち際など情緒的で極めて印象的な場面が多く、カメラのもつ力を知り尽くした監督ルルーシュの技量が見事に開花した秀作といえる。ただ〝感覚的映画〟の成功作であり、男女の機微を捉えたとはいえ、一部を除きドラマ性とか話の面白さはごく平凡な内容で、厚みや膨らみに欠けるのが難点だ。

その後ジャンとアンヌはホテルで結ばれようとするが、過去を引きずった彼女は途中で醒めてしまう。アンヌは列車でジャンは車でそれぞれパリへの帰途につくが、ジャンはタイミングを逸した原因をあれこれ思い起こしながら運転をする。すると突然納得したように笑みを浮かべ乗換駅に先回りし彼女を待つ。彼は何を得心したのだろうか？

男と女が出会い喧嘩の末に結びつく、典型的な「ボーイ・ミーツ・ガール」というハリウッドスタイルを踏襲した映画である。喧嘩の代わりが〝いまいちの燃焼不足〟だが結局ラストはハッピーエンドである。2年前に作られたジャック・ドゥミ監督の「シェルブールの雨傘」が意識されているのは確かで、舞台は同じ港町、その距離差は一〇〇km程度である。物語の進行を歌で説明し、ラストに雪を散らしているのも単なる偶然とは思えない。

この映画の食べ物だが、アンヌと亡き夫のピエールが食事する場面では、テーブルの中央に赤ワインのボトルが置かれ、パンとリンゴ・オレンジ・洋ナシ（?）などの果物が添えられている。ピエールがアンヌの口に運んでいるのは柑橘の小袋のようだ。カラー場面なのでワインボトルや果物の色が鮮やかで印象深い。

続いてレストランでの子供達との食事場面ではやはりワインが供されフランスらしい。ここではどっさり皿に盛られた小エビ（ボイル？　ソテー?）とスライストマトやコーラが出てくる。この場面では、子供達と大人の会話が実に自然である。この台詞を子供に暗記させるのは無理なので、即興で子供達に喋らせた後でうまく編集したことがうかがえる。そして最後にコーヒーが注文された。

話は進み、ジャンが出場したモンテカルロ・ラリーが終了すると、アンヌが「ブラボー、愛してます、アンヌ」と彼に電報を打つ。これでジャンは彼女の愛を確信し、アンヌのもとへ車を飛ばしホテルのレストランで食事をする。〝食事場面〟は結ばれずに終わった二人がホテルを出て、それぞれ列車と車でパリに帰宅する際の〝回想場面〟として出てくる。二人のカットバックが交互に繰り返されるこの場面はなかなかの見ものである。

そして驚くことに、このレストランで二人はメニューを見ながらギャルソンに質問をするのだが、結局「ステーキ」しか注文しないのである。〝肉を食べる〟というのは二人のその後の行為を暗示しており、水もワインも頼まないのは二人が互いに夢中になりかけている証である。アンヌが「何か注文しないと悪いみたい」と言うと、ジャンが「喜ばせるか」とギャルソンを呼び、新たな注文をするのではなく「部屋は空いてる?」と言うのには大爆笑である。本作ではレストランでの食事場面が二ヵ所あるが、両方ともにモノクロ撮影で「食」の観点からは評価できない。予算の関係でカラーフィルムを節約したのであろうか?

さて、二人が頼んだステーキは〝シャトー〟で、〝焼きたてのレア〟と注文をつけている。シャトーとは〝シャトーブリアン〟のことで、牛の背骨の内側についている円錐形をしたフィレ肉（脂肪が少なく柔らかい：テンダーロイン）の中心部およびその３㎝ほどの厚さの輪切り肉のことを指し、この網焼きをいうこともある。名前の由来はブルターニュ出身のシャトーブリアン子爵の料理人モンミレイユが料理を考案した説と、町の名前に由来する二説がある。

少し専門的になるが畜肉（牛・豚・鶏）や魚肉では〝熟成〟という概念が重要である。これらの肉では一般に死後次のような物理的・化学的変化が起こる。まず「死後硬直」があり、ある時間を経過すると「解硬」という現象が起きる。すると肉質は柔らかくなって味も向上する。死後硬直や解硬の時間は動物の種類によって異なる。

肉の内部では死後、エネルギーのもとであるアデノシン三燐酸（ＡＴＰ）が、アデノシン二燐酸

（ＡＤＰ）、アデノシン一燐酸（ＡＭＰ）、〝イノシン酸〟、イノシン、ヒポキサンチンと順に変化する。肉の味が美味しくなるのは呈味成分であるイノシン酸（鰹節の旨味）が増えた時であり、これにグルタミン酸が加わると味の相乗効果が起きてさらに美味しくなる。これ以外にも畜・魚肉の味や香りに関しては熟成中に発生する多くの成分が関与している。牛肉の熟成は緩慢なので、一般に屠畜（殺）後枝肉にして冷蔵庫で10～14日程度熟成し市販される。和牛では1～2ヵ月長期熟成し美味しさを引き出す例もある。

また加熱することで肉の蛋白質や脂質が変化し、メイラード反応（糖アミノ反応）が起きて好ましい味と香りが生成される。以上のことから明瞭なように、美味しいステーキは焼き加減も重要だが、牛の銘柄に加え〝肉の熟度管理〟がポイントである（美味しいステーキ屋のシェフが皆言う話）。

一般に日本人の好む牛肉は、脂身の旨みを伴う柔らかく少々甘味を感じる「霜降り肉」にあるが、ジックリかみ砕くことで生じる赤身肉の美味しさも捨て難い。また同じ牛肉でも餌が穀物か草かで風味が違い好みも異なってくる。いずれにしても「ステーキ」はピンキリなので、財布の中身と相談の上〝ギュー（牛？）と詰まった美味しさ〟を堪能したいものだ。

さて本作には20年後の二人の話「男と女Ⅱ」（１９８６年）という続編もある。そしてモンテカルロ・ラリーの場面は実際にジャン＝ルイ・トランティニャンが参加し撮影されたもので、ちなみに彼は著名なＦ１レーサー〝モーリス・トランティニャン〟の甥である。またアンヌの夫を演じたピエール・バルーはフランスにボサノバを紹介した歌手兼作曲家で、本作品の完成後に〝アヌーク・エーメ〟と結婚をした。残念ながら主人公ジャンは現実の世界では、アンヌの愛を〝勝ちトラン（取らん）ティニャン〟とならなかったわけだ。

「大いなる幻影」ポスター

写真協力　公益財団法人川喜多記念映画文化財団

大いなる幻影（1937年：フランス）

監督・脚本：ジャン・ルノワール　脚本：シャルル・スパーク　撮影：クリスチャン・マトラ
音楽：ジョゼフ・コスマ　出演：ジャン・ギャバン、エリッヒ・フォン・シュトロハイム、ピエール・フレネー、マルセル・ダリオ

「戦争」は映画が最も得意とするジャンルのひとつであり、無声映画の時代から数多くの「戦争」に関する映画が作られてきた。初期は〝実写〟で第一次大戦や日露戦争などのフィルムが残っている。演出された戦争映画の醍醐味は、〝ダイナミックなスペクタクル〟にあり、映画史的にみるとまず遺跡・史跡の多いイタリアで「クオ・ヴァディス」（1912年）、「アントニーとクレオパトラ」（1913年）、「ポンペイ最後の日」（1913年）、「カビリア」（1914年）などの大作・傑作が作られた。

アメリカではこれらの影響を受けた映画の父〝D・W・グリフィス〟が、「国民の創生」（1915年）で「アメリカ建国」の歴史を描いた。この作品は無声映画時代では最大のヒット作となり、彼はその収益を総て注ぎ込んで超大作「イントレランス（不寛容の意）」（1916年）を作った。そしてこの映画が、ソヴィエトでセルゲイ・M・エイゼンシュテインの「戦艦ポチョムキン」（1925年）や、フランスでアベル・ガンスの〝トリプル・エクラン（3面スクリーン）〟による、シネラマの元祖「ナポレオン」（1927年）を生むことになる。

このような戦争をテーマにした作品の大半は、派手なドンパチ場面にポイントがある。しかし「イ

ントレランス」のように、「不寛容」をテーマに四つの話を巧みに交錯させることで、「歴史の誤り」を訴求するような映画も出始め、「戦争映画」は「好戦」の中に「反戦」というテーマを持つようになる。

トーマス・インスの「シヴィリゼーション」（１９１６年）、アベル・ガンスの「戦争と平和」（１９１９年）、キング・ヴィダーの「ビッグ・パレード」（１９２５年）、ルイス・マイルストンの「西部戦線異状なし」（１９３０年）などは、明確に「反戦」をテーマにした秀作・傑作である。現在では「アメリカン・スナイパー」（２０１４年）のように、「戦争」を描けば結果として「反戦」を語ることが常識になった。

前置きはこのくらいで本論だが、「戦争」を巡る話題が多い昨今、映画を通じて「戦争」を考察するのもひとつと思い、80年ほど前に製作された映画史上の偉大な遺産で、かつ反戦映画の傑作「大いなる幻影」を紹介したい。現在観てもそのテーマの普遍性や表現力に驚嘆するはずだ。

監督は日本人が大好きな〝印象派〟の画家、オーギュスト・ルノワールの次男で映画界の巨匠ジャン・ルノワール。脚本は女優カトリーヌ・スパーク（「太陽の下の十八歳」）の父で、フランス映画界の重鎮シャルル・スパーク（「旅路の果て」〔ＴＶドラマ「やすらぎの郷」の舞台設定のオリジン〕、「嘆きのテレーズ」）。音楽はシャンソンの名曲「枯葉」の作曲者、ジョゼフ・コスマという豪華スタッフである。

時は第一次大戦の最中、所はドイツの収容所である。フランス軍の将校であるマレシャル中尉（ジャン・ギャバン）とボワルデュ大尉（ピエール・フレネー）は撃墜され、ドイツ軍の将校収容所に収監される。ここには一族が銀行を経営しているユダヤ人のローゼンタール中尉（マルセル・ダリオ）

がいた。

収容所を転々とした二人は古城の収容所でローゼンタールと再会する。所長は旧知のラウフェンシュタイン大尉（エリッヒ・フォン・シュトロハイム）だ。将校用の収容所のためか？ 国際条約で捕虜が守られていたためか？ 定かではないが、現在では信じ難いほどの大らかな収容所生活が、時折ユーモアを交えて語られる。

興味深いのは〝階級〟という現実である。マレシャルは工場の整備工のようだし、ローゼンタールはユダヤ人である。この二人と貴族出身のボワルデュにはある種の壁が存在する。逆に敵国の将校で貴族のラウフェンシュタインの、ボワルデュへの気遣いは尋常でなく、二人は親交を温めて行く。そこには敵国同士ながら国境を超えた明確な階級が意識されている。

ある時、脱走を計画しているマレシャルとローゼンタールに、ボワルデュが囮になることを申し出る。その結果収容所長の懇願する制止を振り切り、ボワルデュは陽動作戦に出て所長の銃弾に倒れる（二人のやり取りが英語というのが面白い）。脱走し

左より　ピエール・フレネー　エリッヒ・フォン・シュトロハイム

た二人は途中で諍《いさか》いも起こすがとある農家に辿り着く。その家では戦争未亡人のエルザが娘と二人で暮らしていた。潜伏の時が過ぎ二人はスイスへの逃亡を決行するが、さてその行く末は？　というお話。

ここで映画の飲食物の話だが、ローゼンタールの実家から送られて来たチョコレート、冷製チキン、フォアグラ、サバのマリネの缶詰、コニャックなどにはビックリする。敵国の収容所に差し入れが可能なのだ！　そして一番の見せ場はラウフェンシュタインが死の床にあるボワルデュを悲しんで「コニャック」を飲む場面である。首に矯正器を付けた彼は、首を動かさずに上半身をのけ反らせて一気に飲む（冒頭に同様場面有り）。映画史上の伝説的な怪物と言われた監督＆俳優のシュトロハイムが演じたワンショットは、観客の脳裏に強烈な印象を焼き付けた。

さて「コニャック」は「ブランデー」のことで、ワインなどの果実酒を蒸留したものである。芳醇な香りと若干の甘味・苦味が特長で、香りに関してはウイスキーを凌駕する。オランダ語の「ブランデーデウェイン」（ブランデ〔焼いた・燃える〕ウェイン〔Wine：酒〕）が語源である。単にブランデーといえば、ワインが原料だが、リンゴ酒から作るアップルブランデー、チェリーを原料にしたチェリーブランデー（ドイツの「キルシュ」）などもある。

「ブランデー」の中でフランスのコニャック地方で作られたものを「コニャック」、アルマニャック地方で作られたものを「アルマニャック」と称す。これは１９０９年の「原産地呼称」の政令で定められたものである。１６３０年を「コニャックの年」というのは、この年コニャック地方はブドウが豊作でワインが生産過激になり、アルザス地方で行われていた〝蒸留〟を実施し、長期保存を可能にしたことによる。

製法的に「コニャック」は粗溜釜と再溜釜で2回蒸留後、「アルマニャック」は連続式蒸留器で1回蒸留後、樽詰熟成をする。メーカーによって表現が異なるが、一般的な品質順位（熟成年度の古いものほど良い）は、☆☆☆（Three Stars）、V. S. O（Very Superior Old）、V. S. O. P（Very Superior Old Pale）、X. O（または Napoleon）、Extra の順で古い原酒が入っている（イギリス輸出用に英語表記）。

本作では貴族階級の崩壊と新たな民衆？ の台頭が予見され、さらに脱走兵二人の会話に監督の深遠な意図が垣間見られる。マレシャルが言う「戦争が終わったらエルザを迎えに来る」「国に戻ってもまた戦地に送られちまうぜ、また戦争だよ」「戦争は終わる。これが最後の戦争になるだろう」「それは（君の）幻影に過ぎない」。

当時の観客はこれをどう解釈したのだろうか？ そして映画の完成後2年で第二次大戦が勃発する。チャップリンの「独裁者」（1940年：日本公開1960年）同様、本作は当時日本では公開禁止でカット版が1949年、完全版は1967年の公開であった。

〝平和への幻影〟とは別に、ドイツ兵がマレシャルにハーモニカを差し入れたり、ボワルデュの死に際しラウフェンシュタインが花を切ったり、言葉は分からないがマレシャルとエルザが互いに愛を育んだりと、国境を超えた人間の〝ふれあい〟がこの映画のテーマで、内容を一層豊かにしている。

そしてこの作品の脱出用の穴掘り場面は「大脱走」（1963年）に、演芸会でのラ・マルセイエーズの大合唱は、「カサブランカ」（1942年）の酒場でのナショナリズムで高揚する感動の場面に引き継がれていったのである。

座頭市物語（62大映）監三隅研次■大／96分／14、800円、9、800円

「座頭市物語」ポスター

座頭市物語（1962年：大映）

監督：三隅研次　原作：子母沢寛　脚本：犬塚稔　撮影：牧浦地志　音楽：伊福部昭　出演：勝新太郎、万里昌代、島田竜三、天知茂、南道郎、柳永二郎、毛利郁子

盲目の按摩でありヤクザの〝座頭市〟が宿場を巡りながら騒動に巻き込まれ、最後に仕込み杖の居合斬りで敵を倒す、お馴染み勝新（勝新太郎）の「座頭市シリーズ」（全26作）の第一作である。子母沢寛の随筆集「ふところ手帖」の中にあった短い話がもとネタで、監督兼脚本家の犬塚稔がこれを読み、「天保水滸伝」を想起し話を膨らませ脚本にした。

座頭の〝市〟が飯岡の助五郎（柳永二郎）のもとに草鞋《わらじ》を脱ぐ。おりしも飯岡一家は敵対する笹川の繁造（島田竜三）一家と一触即発の状況にあり、市の居合斬りの腕に惚れ込んでいる助五郎は、〝助っ人〟を期待し彼に逗留を勧める。一方、笹川方には病気持ちの平手造酒《みき》（天知茂）という浪人の用心棒がいる。市と平手はため池の釣り場で偶然知り合い互いに共感を覚える。

結局出入りとなり市は助五郎の助っ人を断わるが、平手が喀血したことを知った飯岡は勢いづく。一方、数で負ける笹川は敵を袋小路に追い込む戦法を考える。加えて銃を使って市を殺害する話を病床の平手に切り出し、銃を使わない代わりに平手が出入りに加わるよう誘い水をかける。

平手の活躍で笹川が勢いづくが、ラスト！　宿命の座頭市と平手造酒の一騎打ちと相成る。ともに相手を認めある種の友情関係にありながら、戦わざるを得ない二人の葛藤と一瞬の斬り合いが、観る者に特異な緊張感を与え、結果！　観客は〝切らざる〟を得なかった者と、〝切られざる〟を得なか

った者の心情に共感するのである。飯岡・笹川両者の〝卑劣さ醜さ〟と、市と平手の昇華されていく〝崇高な心〟との対比が見事である。

画面は盲人ゆえに日常は歩き方も心許ない弱者であり、罵倒され蔑《さげす》まれてきたであろう人生の末に、ヤクザとなった市の心の闇を垣間見せる。我慢の末に一瞬で見せる見事な居合斬りは、日本人の心情にものの見事にフィットする筋書きで、後の、忍耐の末の殴り込みという〝東映ヤクザ路線〟に踏襲されていく。シネスコ画面の端から端までを見事に生かした構図や、登場人物のクローズアップが実に効果的である。

冒頭、満開の桜の下で按摩をし雪道を流れ歩き、丸木橋をへっぴり腰で渡る市が映し出される。流れ者〝座頭市〟の厳しい流浪の旅は、冒頭とラストがポジではなく反転させたネガフィルムのような処理をされ、盲目の暗さを象徴するかのような映像になっている。主人公の目が不自由なことを意識してか、〝梅〟〝沈丁花〟といった強い香りの花が画面に添えられているのも心憎い。

この作品は、勝新がダークな盲目の僧を演じて評価を得た「不知火検校」（1960年：森一生監督、犬塚稔脚本）の延長に位置づけられるもので、「悪名」（1961年）「兵隊やくざ」（1965年）とともに彼の3大シリーズのひとつとなった。勝新の魅力は当然として、胸を病み虚無的な生活を続けている平手造酒を演じた、〝天知茂〟のニヒルな演技と存在感が、本作をただならぬ作品に仕上げている。天知は「東海道四谷怪談」（1959年：中川信夫監督）の民谷伊右衛門を彷彿させる浪人ぶりで、市に思いを寄せる娘おたねを演じた万里昌代ともども、倒産した〝新東宝〟の遺伝子は大映で花開いたのである。飯岡の助五郎を演じた柳永二郎と乾分の蓼吉の南道郎という、日本映画史を飾る名優にして名悪役のはまりぶりも特筆に価する。

この作品では、市が蓼吉（南道郎）の実家の飲み屋（めし屋）で食べるおでんの「大根」が印象深い。市が店に入り際「煮込みのおでんの美味そうな匂いがしている」と言い、中に入ると蓼吉の父親がおでん用の大根の皮を剥いており、妹が市の注文したおでんに〝からし〟を溶いて添えるという、この種の映画には珍しい極めてリアルな場面がある。

暖簾の〝おでん〟という大きな文字と、〝匂い〟という言葉で食べ物のシズル感を想起させ、おでんの代表的なアイテム大根を見せることで、さらにシズル感をアップさせている。この一連の動作は監督の食に対するこだわりを強く感じる名場面といえる。

大根の原産地は、地中海沿岸説とコーカサスからパレスチナ地方という代表的な二説があるが定かではない。エジプトでピラミッド建設に従事した奴隷が食べていたという話もあり、エジプトから中国に伝わり世界中に広まったようだ。イギリスでは15世紀、フランスでは16世紀に栽培が始まっている。日本には中国から伝わり「日本書紀」に仁徳天皇の御製として〝おほ根〟の記述があり、これが室町時代中頃以降〝大根〟になったようである。皮の色は、赤、緑、黄、紫、黒など多彩だが、日本産は大半が白で、春の七草では〝すずしろ（清白）〟と呼ばれている。

国産野菜の中で最大の生産量を誇る大根であるが、日本では古くから品種改良が加えられ、実に多種多様な大根が生産されてきた。かつて女性の〝御御足《おみあし》〟の代名詞・練馬大根、その改良版で一世を風靡した三浦大根、京都の伝統野菜 聖護院《しょうごいん》大根、直径30〜40㎝になる世界最大の桜島大根、長さが2〜3ｍになる世界最長の守口大根、25日ほどで収穫可能なため理科実験でよく使われた廿日大根、Ｏ１５７事件の被害者・貝割れ大根などがあるが、個人的には小ぶりだが辛味の強い亀戸《かめいど》大根が懐かしい。

本来大根は辛味がひとつの特徴であったが、最近は辛味が敬遠され、甘味が強く栽培効率（三浦大根ほど太くなく、引き抜きやすい）の良い品種としての「青首大根」が、全作付面積の98％近くを占めている。

辛味に対する好みもあるが、大根は上部が甘く下部に行くほど辛味が増すので、上部はサラダなどに下部はおろして薬味などに利用するとよい。約93％は水分で、辛味成分はアリルイソチオシアネートなどの含硫化合物である。またでん粉分解酵素のジアスターゼ、焼き魚の発がん物質を消失させるオキシターゼが含まれるので、添え物として大いに利用したい。

大根の変幻自在ぶりは素晴らしいものがあり、生のままでおろし大根、刺身のツマ、スティック状にカットしサラダやバーニャカウダに、加えて煮物、鍋物、なますからお味噌汁の具材、漬物としては沢庵、守口漬、べったら漬、干して切り干し大根等々枚挙に暇がない。特におでんには大根がないとお馴染みの風味は作れない。

では最後にトリビアを。本作の脚本を書いた犬塚稔は林長二郎（長谷川一夫）のデビュー作「稚児の剣法」（１９２７年）の監督で、衣笠貞之助の前衛映画「狂った一頁」の脚本家のひとりでもある。大正13年に映画界に入り80年近く現役として活躍、１０６歳で亡くなった日本映画界の生き字引のような人物であった。彼は、自分への対応が不誠実だと「罰あたり座頭市」（第27作：未製作）の脚本料をめぐり勝新と勝プロを提訴している。

大作家の子母沢寛や大監督の衣笠貞之助も不誠実だと〝ボロンチョ〟に言う長老なので、どこまで真実かはわからないが、彼が百歳の時に書いた回想録「映画は陽炎の如く」にはこの辺の実情も詳しく書かれており、まるで映画を観ているような本で実に面白い。さて、その彼も今頃は〝罰あたりな勝新〟と、あの世でひと揉めしているところだろうか?

「ポセイドン・アドベンチャー」パンフレット

ポセイドン・アドベンチャー（1972年：アメリカ）

監督：ロナルド・ニーム　原作：ポール・ギャリコ　脚本：スターリング・シリファント、ウェンデル・メイズ　撮影：ハロルド・E・スタイン　音楽：ジョン・ウィリアムズ、アル・カシャ、ジョエル・ハーシュホーン　出演：ジーン・ハックマン、アーネスト・ボーグナイン、レッド・バトンズ、キャロル・リンレイ、シェリー・ウィンタース

「パニック映画」の歴史を代表する秀作である。映画にとって地震・台風・津波・火災・乗り物の大事故など、災害や大惨事は恰好のテーマで、無声映画時代からこのジャンルの作品は多数作られてきた。それはスリルとサスペンスに溢れた〝スペクタクル（壮観）〟な見世物であり、1970年代にはこの種の映画の一大ブームが起き「パニック映画」と呼ばれた。

CGやSFX（特殊撮影技術）が発達を遂げた現在は、想像を絶するような大スペクタクル画面をいとも簡単に作ることができる。しかし本作が製作された時代の映像作りは、「手作り」に近かったことで、映画に〝温もり〟が感じられる。

最近はCGやSFXを駆使しても、単純に〝ドンパチ〟と派手なだけの作品も多い。内容に人間ドラマを欠いていると、〝いまいち喰い足りない〟まま映画が終了してしまう。このような薄っぺらい映画が多い時代だけに、本作のような人間ドラマがベースのパニック映画を再評価したいところだ。

ニューヨークからアテネに向かう豪華客船ポセイドン号が、大晦日のパーティーの最中に、海底地震により発生した津波を受け転覆する。大半の乗客が犠牲になったが、生き残った10名ほどが、助か

ることを信じて登り・這いずり・水中を泳ぎ・突き進んで行く船内からの脱出劇である。

脱出を先導するリーダーは強力な意志を持つ異端の牧師スコット（ジーン・ハックマン）である。彼の強固なリーダーシップの下、次々に襲いかかるパニック状況を乗り越え、一行10名は無事に船外へ脱出できるのでありましょうや？　というお話である。

転覆場面の描写が最初の山場で、リアル感に満ちた壮絶な映像は観る者を圧倒する。船の天地が引っくり返るというアイデアが抜群で、船底だった天井に向け一行は脱出を試みるわけだ。船内では上から下に向けて多数の物が落ちてくる。パーティー会場は大食堂だっただけに備え付けの備品は勿論、パーティーを盛り上げるため用意された食器・テーブルウェア・料理・ピアノ、さらに人間までも降ってくる。

まず転覆の瞬間多くのものが一斉に落下する。その後据え付けテーブルにつかまったが力尽きて落下する者、落下してステンドグラスに叩きつけられる者、ピアノに押し潰される者など目を覆いたくなるような犠牲者が続出する。ただ、幸運なことに、防水壁がパーティー会場への急激な浸水を一時的に防げている。船は天地を逆にして海上に浮かんでいるわけだが、いずれは浸水が激しくなり船体は海底に向けて沈んで行くことが予測された。転覆の際の衝撃で亡くなった人も多いが、当初船内にはそれなりの人数の人々が生き残っていたようで、実際に大食堂には何十人もの生存者がいた。

船尾のプロペラシャフトの周辺が船体の厚みが薄いということで、そこを目指そうというスコットの主張に事務長は反対し、留まって救出を待つと主張する。スコットに賛同する人達が巨大なクリスマスツリーを梯子《はしご》に見立て脱出を敢行する。脱出を選んだ人達が上部の入り口に辿り着いた時、突然大きな爆発があり大量の水が流れ込んで大食堂にいた生存者を飲み込んでしまう。梯子代わりのツリーは大勢の人が群がり外れてしまったのだ。

スコットとともに脱出を選んだのは、もと警察官のマイク（アーネスト・ボーグナイン）とその妻でもとは娼婦だったリンダ（ステラ・スティーヴンス）夫妻、孫に会いにイスラエルに行くマニーとベル（シェリー・ウィンタース）夫妻、ギリシャに遊びに行く？　スーザン（パメラ・スー・マーティン）とロビンの姉弟、船のアルバイト歌手ノニー（キャロル・リンレイ）、雑貨商のマーティン（レッド・バトンズ）の8名で、これに食堂の上で待っていた給仕のエイカーズが加わり総勢10名というメンバーであった。

さてこの映画の食べ物だが、舞台が大晦日のパーティー会場だけに、テーブルにはケーキ・アイスクリーム・シャンパン・フルーツなど、美味しそうなパーティー食材が垣間見られるが、極めて傑作なのが雑貨屋のマーティンがお皿の上に置いた「サプリメント」で、「アルファルファ」（野菜）や「トコフェロール」（ビタミンE）などのカプセルである。

雑貨屋の彼は商売人らしくまめで腰も低いが、デッキでウォーキングをしたりするところをみると、自分の体に相当気を使っているようだ。結婚適齢期？　はとっくに過ぎている中年の独身男で線もやや細い。しかし見かけに比べ精神的には粘り強く、スコットとマイクのいがみ合いの仲裁をしたり、メンバーを勇気づけたりする重要な役どころをしている。「サプリメント」の効果だろうか？

日本で一般的に言う「サプリメント」は、アメリカの「Dietary Supplement」のことで、「食餌：（病気の治療に役立てるものとしての）食べ物」を「補うもの」という意味である。「栄養補助食品」とか「健康補助食品」と通称されている。健康・美容の維持増進に関する機能をもつ原材料が、錠剤やカプセルの形になっている。具体的にはビタミン・ミネラル・アミノ酸・ハーブ（薬効有）・グルコサミン・コエンザイム・コラーゲン・コンドロイチン・DHA・EPA・卵黄コリン・ヒアルロン酸など多彩である。

かつての怪しげな「オカルト的健康食品」とは異なり、多くが「エビデンス」(効能に関する科学的根拠)をもっているのでレベル的にはだいぶ良い。ただ、「医薬品」ではないので直接効能はうたえないし、効果のないものや摂り過ぎは危険なものもあるので、メーカー・販売者をよく確認する必要がある。水で飲むタイプと舐めたり噛んだりする「チュアブル・タイプ」がある。後者は「食品」としての意味合いが強くなるので、「風味」がポイントのひとつになる。

日本のサプリメントの傑作と言えば「肝油」である。タラの肝臓などから抽出した「肝油」はビタミンA・Dなどに富むが魚臭が強かった。明治44年に現在の河合製薬株式会社の創業者・河合亀太郎が、魚の生臭さを感じさせずビタミンを安定に保つ技術を開発。それまでの液体薬品から、初めてゼリー状のドロップを作り「ミツワ・肝油ドロップ」として販売を始め、これがお馴染みの「カワイの肝油ドロップ」となった。まさに「チュアブル・タイプ」のサプリメントそのものである。

さて映画の方だが10名で行動を起こしたが、最初に足に傷を負った給仕のエイカーズが転落死。次に行く手を遮った水中脱出では、今は太っているがもと水泳選手だったベル婦人の活躍で難局を乗り切るが、彼女は心臓発作で逝去。続いてラスト近くで突然の爆発の揺れでリンダが火中に落下してしまう。警察官の夫マイクはスコットをなじるがどうしようもない。

漸くプロペラシャフトの扉まできた時、爆発による蒸気が吹き出し行く手を遮る。スコットが叫ぶ「(神よ!)貴方に助けを乞うてはいない。いけにえが欲しいのか?」そしてバルブのハンドルに飛びつき「まだ命を奪うのか!　なら私を持っていけ」と絶叫し、ハンドルを締めぶら下ったままマイクに「後は頼んだ！」と告げ、力尽きて炎の中に落下していく。

この壮絶な場面で観客は漸くこの映画の真の凄さに気づく。そう！　これは単なる「パニック映画」ではなく、深遠な重層構造をもった〝神と伝道者の話〟なのである。10名は「モーゼの出エジプト」の象徴であり、バルブにぶら下がって絶命していくスコットの姿は、十字架にはりつけられた「キリスト」である。観客は人類の罪を被って死んだキリストをスコットに見るのであり、ここにこの映画の真骨頂がある。

そして巨漢のベル婦人が「水中なら私の方が役に立つ」と言う場面では、多くの観客は突然沸き起こる大きな感動で涙腺が緩む。名場面の多い本作の中で〝スコットの死〟と〝ベル夫人の死〟は、特に観客の胸に深く刻まれる場面になった。そして残った6名は必至で船底を叩き救出され終映となる。船内とは対照的に広がる空が青く眩しかった。

ちなみにベル婦人を演じたシェリー・ウィンタースは水に縁のある名女優であった。本作のほかに「陽のあたる場所」（1951年）ではボートから湖に落ちる妊婦の女工を、カルト映画の秀作「狩人の夜」（1955年）では映画史上最も美しく幻想的な水死体を演じた。戒名は〝シェリー・ウォーターース〟とすべきか？

それにしても大評判だった「シン・ゴジラ」が好例だが、破壊や攻撃場面がリアルで有名俳優がワンサカ出演しても、機関銃のように飛び交う台詞が互いに絡み合わないので、そこに〝ドラマ〟が生まれない。「ゴジラは人間ドラマがあった〝第一作〟を乗り越えられない」というわけだ。本作も続編が作られたが人間ドラマが不在で、出来は今一歩であった。

「或る夜の出来事」パンフレット

或る夜の出来事（1934年：アメリカ）

監督：フランク・キャプラ　原作：サミュエル・ホプキンス・アダムス　脚本：ロバート・リスキン　撮影：ジョゼフ・ウォーカー　音楽：ルイス・シルヴァース　出演：クラーク・ゲーブル、クローデット・コルベール、ウォルター・コノリー

「素晴らしき哉、人生！」「スミス都へ行く」などリベラルでヒューマニズム溢れる名作を撮り続け、3度のアカデミー監督賞に輝いた名匠フランク・キャプラの映画史に残る傑作喜劇である。男と女が出会い、互いに喧嘩の末に最後はキスで結ばれるという、ハリウッドの典型的な「ボーイ・ミーツ・ガール」映画の代表作で、「スクリューボール・コメディー」と呼ばれるジャンルはこの作品から始まった。

80余年前の作品だが今観ても古さを感じさせない上に、洒落た会話の応酬が続くソフィスティケート（洗練）された見事なセンスの映画である。抜群のリズムとテンポで進む無駄のないストーリー展開に加えて、随所に散りばめられたギャグは現在の喜劇映画のもとネタかと思わせるほど上質でオリジナル性に富んでいる。映画史的には非常に重要な作品であり、映画の教科書として現在に至るまで世界中の映画関係者に影響を与え続けている。

雑誌「コスモポリタン」に掲載された短編小説「夜行バス（Night Bus）」が原作だが、当時バスものの企画がコケ続けていたようで「It Happened One Night（或る夜の出来事）」というタイトルになった。当初はマーナ・ロイ（「影なき男」シリーズのおしどり探偵の妻）とロバート・モンゴメリー

（TV「奥様は魔女」のサマンサ役エリザベス・モンゴメリーの父）が候補だったが断られ、紆余曲折の末クラーク・ゲーブルとクローデット・コルベールのコンビと相成った。結果は二人のキャリアを確固たるものにし、生涯を代表する作品となった。

大富豪の娘エリーは勝手に飛行家のウェストリーと婚約をしたため、怒った父親によりヨットに監禁される。しかし彼女はヨットを脱走しマイアミから恋人のいるニューヨークへ向かう長距離バスに乗る（「真夜中のカーボーイ」はこの逆コース）。偶然隣に座る羽目になったのがクビになったばかりの新聞記者ピーターである。エリーは途中でお金の入ったバッグを盗まれたりバスに置いてきぼりをくうが、新聞で彼女の身元を知り〝ニューヨークまでの同行記事〟のスクープを目論んだピーターが同行を続ける。

バスの旅は続くが途中で橋が流され、持ち金が僅かな二人はモーテルに一緒に泊まることになる。戸惑うエリーにピーターは「ジェリコの壁（聖書にある難攻不落の壁）だ！」とロープと毛布で部屋を仕切る。何事もなく夜が明け、その後バスを降りた二人は夜道を歩き野宿して、ヒッチハイクでニューヨークまで向かうが、さて〝お嬢様〟と図々しいが頼りになる〝新聞記者〟との行く末は？　というお話である。

１９３０年代のアメリカは道路網が整備されモータリゼーションが確立されつつあり、この映画はその状況を見事に取り入れた〝ロードムービー〟のはしりである。このジャンルは出発から到着までに起こる主人公達の状況変化を、観客が同時体験できるのが面白い。思わずニヤリのギャグが満載だが、ヒッチハイクの車をどう止めるかというのが傑作である。「本を書ける」と豪語するピーターの〝車の止め方〟は親指を立てる方法で、あれこれ試すが一向に止まらない。そこでエリーがスカートの裾をまくると見事に成功！　以後このギャグは世界中で使われることになる（ちなみに監督のキャプラは「ちびっ子ギャング」などのギャグマン出身）。

この作品ではヨット内の食事で「ジューシーなステーキ」、休憩所の看板に書かれている「ハンバーガー、ホットドッグ」、売り子が大声で叫んでいる「熱々のコーヒー、ホットドッグ」、飢えをしのぐための「生人参」などの食べ物が登場するが、もっとも印象深いのはモーテルに初めて二人が泊

左より　クラーク・ゲーブル　クローデット・コルベール

まった翌日の朝食に出てくる「ドーナツ」である。

スクランブルエッグやブラックコーヒーとともに供されるドーナツをエリーがコーヒーに浸けて食べようとすると、ピーターの講釈が始まるのが傑作だ。「コーヒーに浸けちゃだめ？」との質問に、「浸け方ってものがある」「長く浸けるな、チョット浸けてすぐ食べろ」「それじゃあ溶ける、タイミングが大事だ」という具合である。「令嬢が何とはしたない食べ方をするのか！」とピーターが注意をするのかと思いきや、それ以上のレクチャーをするのがおかしい。浸けて食べるのを〝ダンキング〟といい、「ダンキンドーナツ」の社名はこれに由来するそうだ。

「ドーナツ」は、小麦、砂糖、卵、牛乳（ベーキングパウダー）をこねた生地（ドウ）を油で揚げたお菓子であり、リング形のものがポピュラーである。ドウで作った木の実（ナッツ）の形をしたお菓子なので「ドーナッツ」という説や、風味がナッツに似ているからまたはクルミ（ナッツ）を乗せたからと諸説がある。

発祥は16世紀にオランダで創作されたパン生地を丸め油で揚げた「オイルケーキ（olykoek）」で、オランダ移民や一時オランダで過ごした清教徒がアメリカに伝えたらしい。ニューイングランドではクルミ程度の大きさの丸いオイルケーキは「ドーナツ」と呼ばれ、長いひねったものは「クルーラー（cruller）」と呼ばれた。

ドーナツに穴を開けることを考案したのは、メイン州出身の船長ハンソン・クロケット・グレゴリーというのが有力な説である。１８４７年に穴を開ければ（表面積が多くなって）揚げムラが起きないことを母親にアドバイス。メイン州のロックポートにこの発明の記念碑があるそうだ（ペンシルヴァニアの清教徒が考案したとの説もある）。

ドウを揚げたものがドーナツの総称で、リング型が主流だが餡ドーナツのように餡やジャム・クリームなどを入れた穴の開いていないタイプも多く、スペインのチュロスのような棒状もある。日本市場には1971年にダンキンドーナツ（現在は撤退）・ミスタードーナツが参入し、オシャレで美味しいファストフードとして定着している。

なお本作の与えた影響は数々あり、モーテルでクラーク・ゲーブルがワイシャツを素肌に直接着ていたのがカッコイイということで以後大流行した。スクープ記事を狙ったはずが恋に落ちるというのは「ローマの休日」（1953年）のもとネタになり、最後に花嫁をさらうというのは、「キートンの恋愛三代記」（1923年）がオリジナルで、「卒業」（1967年）に受け継がれた。

なお「卒業」でキャサリン・ロス扮するヒロインは〝エレーン：ELAINE〟であり、本作ではエリー（正式名称は〝エレン：ELLEN〟）なので、「卒業」はこの映画を強く意識したオマージュ作品とも思える。1956年にはディック・パウエル監督で「夜の乗合自動車」としてリメイクされ、日本でも山中貞雄監督で「雁太郎街道」（1934年）、森一生監督で「仇討膝栗毛」（1936年）など本作の焼き直しが作られている。

さて映画のラスト、モーテルの主人が客の主人公達にロープと毛布に（玩具の）ラッパまで用意させられている。突然部屋からラッパの音がし毛布が落ちるのだが、これは「〝ジェリコの壁〟はジョシュアのラッパで吹き飛ばされる」という聖書の話につながっている。映画が封切られた1934年（昭和9年）、銀幕の中のラッパは甘い夢を奏でたが、これ以後日本も諸外国も〝進軍ラッパ〟の鳴り響く暗い時代に突入して行くことになるのである。

大人の見る繪本
生まれてはみたけれど

左より　菅原秀雄　加藤清一　突貫小僧

大人の見る繪本　生まれてはみたけれど（1932年：松竹）

監督：小津安二郎　原作：ゼェームス・槇　脚本：伏見晁、燻屋鯨兵衛　撮影：茂原英朗　出演：斎藤達雄、吉川満子、菅原秀雄、突貫小僧、坂本武、小藤田正一、飯島善太郎

「東京物語」の世界的巨匠・小津安二郎が監督した〝無声（サイレント）映画〟の傑作である。無声映画だがTVや名画座で上映される機会が多く、映画関係の大学で教材に使うと学生から、「無声映画と日本映画の素晴らしさを初めて知った」と絶賛される作品だ。一般に馴染みの薄い無声映画だが、映画史の研究をしてきた見地から少々その概要に触れてみたい。

1895年12月28日に、フランスのリュミエール兄弟によってスクリーンに初めて映画が映し出されて以来、約30年の間映画は音を持たなかった。台詞はスポークンタイトルと呼ばれる字幕が挿入され、海外ではこれをオーケストラ付きで上映し、日本は独自に活動弁士という説明者がついた。日本映画大学の名誉学長で映画評論家の佐藤忠男によれば、弁士は朝鮮、台湾、タイにも存在したとのことだ。無声映画は映像のみで台詞や音を表現するため表現技法の開発が進み、「ジャズ・シンガー」（1927年）で本格的発声（トーキー）映画が登場する頃には、その技法は芸術的とも呼べる完成の域に達していたのである。

ほんの一例だがフィルムが現存し観賞可能な作品の中で、特に映画の父デヴィッド・ワーク・グリフィスの「イントレランス」、シネラマの元祖トリプル・エクラン（3面スクリーン）の発明者アベル・ガンスの「ナポレオン」、モンタージュ理論を構築したセルゲイ・エイゼンシュテインの「戦艦

ポチョムキン」、同じくモンタージュ理論の実践者フセヴォロド・プドフキンの「母」、フリードリヒ・ムルナウの「サンライズ」などは、今観ても圧倒的な興奮・感動が呼び起こされ、先人達の映像表現の独創性に驚嘆する。

チャップリン・ロイド・キートンの喜劇映画も無声映画に傑作が多いし、戦前から映画を観続けてきた大先輩達に「日本映画史上の最高傑作は？」と問うと、伊藤大輔監督の「忠治旅日記三部作」（一部分が現存）を挙げられる方が多いが、これも無声映画である。

話を本論に戻そう。本作には「大人の見る繪本」という副題がついている。映画は初めから7割程度を子供達の日常描写におき、残りで子供の視線から見た大人社会への〝不合理な問題提起〟をテーマにしている。全編に散りばめられたギャグに笑い転げながら、子供達から投げかけられる「何で？だっておかしいじゃないか！」という、現代でも不変な本質を突いた疑問に、映画製作から85年ほど経った今もギクリとさせられる。

ざっとこんな話である。都心（麻布）から郊外の一軒家に引っ越してきたサラリーマンの吉井家には、父（斎藤達雄）、母（吉川満子）と腕白盛りの小学生の兄（菅原秀雄）と弟（突貫小僧）がいる。利発で強気の兄とその後を追うイタズラ小僧の弟は、早速近所のガキ連中のいじめの対象となるが、簡単にはひるまない。

気がつくと兄はガキ大将となり、父の上司である専務（坂本武）の息子は子分である。ある夜専務の家でホーム・ムービーの上映会が開かれるが、それを観ていた兄弟はガッカリする。二人にとって絶対的な存在の父が、専務への胡麻すりでおどけた格好をしていたからである。

子供の社会の序列はそのまま大人社会の序列にはならない。「お父ちゃんは僕たちに偉くなれ、偉くなれと言っている癖にちっとも偉くないんだね」「どういう訳で太郎ちゃんのお父ちゃんに、あんなに頭を下げるの?」「太郎ちゃんのお父ちゃんは重役だからだよ」「お父ちゃんだって重役になればいいじゃないか」「そう簡単にはゆかんよ、お父ちゃんは岩崎さんの会社の社員だからね」「つまり、太郎ちゃんのお父さんから月給を貰って居るんだよ」「月給なんか貰わなきゃいいじゃないか」という具合で父は説明に窮し、怒られた兄弟はハンストに打って出るがさてその結末は? という映画である。

弟を演じているのは小津映画でお馴染みの名子役・突貫小僧だが、喧嘩相手に脱いだ下駄で身構えるとか、父親に抵抗中でもお菓子やおにぎりが気になって仕方がない素振りなど、現在の優等生子役では難しい見事な味を出している。

私見だが赤塚不二夫の「おそ松くん」でイヤミ氏がする「シェー!」は、この弟が本作で演じた相手に悪態をつくポーズがヒントになっていると確信している。のびのびとした子供達の日常が細やかに描かれ、大人になれば分かってくる子供達の素朴な疑問が、副題の「大人の見る繪本」に絡むわけだ。

この作品の食べ物ではまず「パン」がある。弟が食べていたパンをガキ大将に小突かれて落とすと、幼子が拾い上げ食べようとする。するとそれを横取りする子供がいて最終的にガキ大将が食べるというギャグがあるが、拾った幼子の背中に張り板があり「オナカヲコワシテヰマスカラ、ナニモヤラナイデ下サイ」と書かれているのには大笑いである。このギャグは後に、伊丹十三がラーメン店を舞台にした傑作「タンポポ」で再現している。

また印象深い食べ物に、ハンスト中の子供達に母親が作ってくれる「おむすび(おにぎり)」がある。父親が「むすびでもこしらえてやれよ」と言い、庭の椅子に腰掛けて憮然とする兄弟のそばにお皿に乗せて置かれる。しかしさすがに二人はすぐには手を出さない。弟が我慢しきれず結局父親が一緒に座り親子仲良くパクつく。ハンストも「むすび」で結びとなったわけだ。

手のひらに塩または塩水をつけ、ご飯を三角、俵、丸形に握ったものを、一般に関西では「おむすび（むすび）」、関東では「おにぎり（にぎりめし）」という。平安期頃には「屯食《とんじき》」と呼ばれていた。語源は古代中国の握り飯・屯食で、江戸中期には「握り飯」と呼ばれるようになり、「おむすび」は女房言葉で幕末頃に普及したようだ。

関東の「おにぎり」は三角形、丸形、関西の「おむすび」は俵形で、三角形には海苔が巻かれ俵形には胡麻をふりかけたものが多い。東京の映画なのに「むすび」なのは監督の小津が伊勢松坂で育ったためかも知れない。

いずれにせよ現在ではこれらは言葉も形も混在してしまい、ひと昔前には想像出来ないほどのバラエティー豊かな「おにぎりワールド」が全国に展開されている。これは「おでん」の事例と同様コンビニの商品開発合戦の貢献が大きい。白米（うるち米）、赤飯、まぜご飯、炊き込みご飯、焼き飯、ドライカレーなど〝ご飯〟本体の工夫。

梅干、削り節、昆布、鮭、魚卵（イクラ、筋子）、和え物（ツナマヨ、海老マヨ、肉味噌）、揚げ物（カツ、天ぷら、鶏の唐揚げ）、焼き物（肉、魚）、卵、そぼろ、漬物など〝餡になる具材〟のバラエティー化。海苔、昆布、ごま、ふりかけ、とろろ、薄焼き卵、ランチョンミートなどの〝外付け具材〟も新旧多彩だ。さらに「焼きおにぎり」や「ライスバーガー」などひと加工したものもあり、原材料の米、塩、調味料、具に〝ブランド〟が要求される時代でもある。

さて補足だが、オリジナル脚本ではハンストの代わりに兄が家に戻らず、行軍する兵隊と接触を持つのだが完成版にこの場面はない。この作品に兵隊は似合わないので結果は正解であった。またクレジットされていないが映写機を操作していたのは小津映画の名優、笠智衆である。撮影の茂原英朗（雄）は小津の無声映画の大半の撮影者だが、後に「茂原式トーキー」を完成し録音技師となった。夫人は女優の飯田蝶子である。ヴェームス・槇と燻屋鯨兵衛は小津のペンネームである。

ではここでトリビアとしてアイデア提供を！「商品開発」的には、おにぎり、サンドイッチ、バーガー、ピザ、肉まんの具材は基本的に相互で代替可能である。かつて「焼きおにぎり」の次の商材として、「おこげおにぎり」の製法についての実用新案を出したことがある（却下された）。香ばしくて美味しいお焦げのチップを混ぜたおにぎりで、大ヒット商品になること間違いない。

関係者に話すと「素晴らしい！ グッド・アイデアだ！」と言ってくれるが一向に商品化されない。「フライドおにぎり」なども先の先にあるのだが同様である。文章化して公表すれば〝誰か興味を持ってくれる〟ものと期待してここに記しておこう。まあ年寄りの戯言と、ものがモノだけに〝にぎり〟潰さないで欲しいものだがね。

ファーゴ

フランシス・マクドーマンド

ファーゴ（1996年：アメリカ）

監督・脚本：ジョエル・コーエン　脚本：イーサン・コーエン　撮影：ロジャー・ディーキンス
音楽：カーター・バーウェル　出演：フランシス・マクドーマンド、ウィリアム・H・メイシー、スティーヴ・ブシェミ、ピーター・ストーメア

脚本が抜群によくて、演者が見事で、演出が冴えわたると、実に見事な映画ができるというお手本のような作品である。その意味で「ちょっと凄い映画である！」。「赤ちゃん泥棒」（1987年）、「バートン・フィンク」（1991年）、「ノーカントリー」（2007年）などの異色作で知られるコーエン兄弟の傑作で、お馴染みの〝誘拐〟や〝笑いのあるスリラー〟といったキーワードが楽しめる。冒頭に「この映画は真実の話である」というコメントが出るが、実際にそのような事件はなく、いくつかの事件をミックスさせて作り上げたようだ。この辺がいかにもコーエン兄弟らしい。題名の「ファーゴ」は冒頭の舞台であるノースダコタ州の地名とのこと。

事件の主舞台はミネソタ州のミネアポリスやブレイナードである。車のディーラーの営業部長であるジュリー（ウィリアム・H・メイシー）は事情があって多額の金が必要であった。そこで仮出所中の整備工からカール（スティーヴ・ブシェミ）というチンピラを紹介してもらい、彼と仲間のゲア（ピーター・ストーメア）の二人に自分の妻の誘拐を依頼する。

妻の父親ウェイドはディーラーの社長であり金持ちなので、誘拐の身代金8万ドルを義父からせしめようという魂胆である。誘拐犯の二人の報酬は、身代金の半分4万ドルと誘拐の実行に際し使用す

る新車「シエラ」である。一方でジュリーは以前より義父に投資話を持ち掛けていたが、誘拐話と時を同じくして漸くOKの返事が出た。現金が手に入るのでもう誘拐の必要はなくなったわけだが「時すでに遅し！」で妻は誘拐されてしまう。

さて妻を誘拐したチンピラ二人だが、雪の夜道でパトカーに停車を命じられる。車が販売前の新車でナンバープレートがなかったのだ。後部座席には毛布（？）に包まれた妻がおり、警察官は車内の異変に気づくが、その瞬間！　ゲアに射殺される。加えてこの惨状を目撃したカップルも逃げる途中で車が転倒！　二人は殺されてしまう。狂言誘拐は三人の犠牲者を生むという思わぬ展開となる。

そこでこの事件の担当として登場するのが、ブレイナードの女性警察署長マージ（フランシス・マクドーマンド）である。彼女は妊娠中でお腹も目立ち始めている。おっとりとしたそろそろオバサンという感じの女性だが、この事件にどう立ち向かうのか？　後は観てのお楽しみというお話。

ペラペラしゃべるカールと無口なゲアだがともに狂気じみた不気味さを感じさせるところが心底怖い。色白で「ヘンな顔の男」と称されるカールには尋常でない狂気性を、大男のゲアには無口ゆえの何を考えているのか分からない恐怖がつきまとう。結局その後さらに四人の犠牲者が出るのだが、最後の一人はゲアに斧で殺害されるカールである。この映画は二人のチンピラが次々に引き起こす〝殺人〟という「非日常」と、女性署長マージと鴨のデザイン画を作成している彼女の夫との仲睦まじい「日常」とが、交互に映し出され〝対比効果〟を生みながら進んで行く。

〝やり手〟とは程遠い風貌と動きのマージだが、どっこい！　緻密な推理力の持ち主で、足跡から犯人は大男と小男であるとか、殺された警察官のメモから車がディーラーのものであることを突き止める。また対応に出たジュリーの発言や行動に不信を抱き。ポイントを押さえた行動で聞き込みを続け、犯人達に辿り着くのである。

つじつまの合わない行動だらけのジュリーの表情の変化が面白く、どうにもならないことの連続に苛立つ彼に、観客は少々同情を覚えつつも「自ら撒いた種だろう」とその軽薄な言動・行動にあきれ果てるのである。マージ、ジュリー、ゲア、カールを演じる役者達の個性的な顔とキャラが見事で、それぞれがある種の〝ズレ〟を持っていることが、話全体の大きな〝ズレ〟を引き起こし、物語の進行の面白さを次々と生み出す要因のようだ。

この映画は飲食物が多く出る作品である。冒頭誘拐の打ち合わせ場面ではビールが飲まれ、ジュリーの自宅ではセロリや人参がカットされ、ハンバーガーが夕食だ。息子がそれを食べ残し「マック（マクドナルド）」に行くのが可笑しい。マージの早朝の出動に際し夫が「卵を焼いてやるよ」と妊婦を気遣うのがいい。この朝食にはコーヒーがあり、コーヒーはその後殺人の検証現場やジュリー・義父・計理士の打ち合わせの場面にも登場する。

それにしてもハンバーガーがよく顔を出す映画である。ディーラーの社員が食べている傍には、ハンバーガーの〝ベストフレンド〟のドリンク、ケチャップ、マスタードがある。マージ夫妻もランチタイムはハンバーガー、ポテトフライ、コーラで済ませているし、気落ちしたマージが一人で食べる場面もあり、「ハンバーガー」がアメリカ人の「国民食」であることが再確認できる。

豊富なメニューの「カフェテリア」では、マージがフリカッセ・サラダなどボリュームたっぷりの食事をしているが、妊婦なので合点がいく。その他ダイエットコークやシャンパンも出る。ラスト近く隠れ小屋で、ゲアが冷蔵ホルダーに入ったビールを飲みながら食べているのは「TVディナー」だが、オーブンの壁に赤い線（血）が垂れ、その前に妻が転がっているのには戦慄を覚える。

さて「TVディナー」は3~5つに仕切られた容器に、ビーフ、チキン、魚などのアントレと、豆、コーン、ホウレン草などのガルニ、さらにデザートなどを配し凍結した調理済冷凍食品である。「TVを観ながら食べる」「TVを観ている間に出来る」などのコンセプトで、1953年にアメリカの「スワンソン」が発売し翌年から爆発的にヒットした。同社のゲリー・トーマスの発案といわれているが、類似の商品は既に存在していた。「ウィリアム・L・マックスソン」の機内食用「冷凍ディナー」(1944年)、さらに「ディナー・プレイツ」(1948年)、「クエーカー・ステイツ・フード」(1952年)などがその例である。

初期はアルミトレイ入りで25分程オーブンで加熱するタイプ。1986年に電子レンジ対応のプラスチック容器が開発され、さらに簡便性が増しアメリカでは冷凍食品の定番として定着している。映画の中ではプラスチック容器に、肉のアントレ、インゲンかホウレン草のガルニ、マッシュポテトが入っているようだ。「TVディナー」は冷凍庫、オーブン、電子レンジなどの普及率と相関があり、日本でも関連機器の普及率の上昇とともに期待された商品だが、現状はいまいちである(COOP、イオン〔レディー・ミール〕などのプライベートブランド商品あり)。

日本の台所(キッチン)では、欧米で不可欠な「オーブン」という調理器具があまり発達しなかった。代わりに独自に発達したのが「オーブントースター」である。TVディナーは当初アルミトレイ入りであったことから、スペースの狭いオーブントースターでは対応できなかったのである。プラスチック容器になり電子レンジ加熱が可能になって、日本でも冷食メーカーで本格的な検討が始まった。

しかし現状を見ると弁当、総菜、調理済冷凍食品(麺、パスタ、米飯)などの、美味しい競合品がバラエティー豊かな日本では難しい商品のようだ。また食材（メイン、サイドディッシュ）をあらかじめ組み合わせなくても、単品でチョイスすることが容易な環境にあり、それぞれを美味しく食べた方がよいという考えも根強い。また電子レンジ用の容器のコストが割高であるという難点もある。大手冷食メーカーが「ＴＶディナー」をあまり出さないのはこの辺の限界を知っているからで、〝日米の食文化の差〟が面白い。

さて映画の方は笑いのあるスリラーを得意とするコーエン兄弟らしく、本作ではカールの死体を木材粉砕機にかけるという凄まじい場面があるが、最後に足を押し込むところが〝恐怖場面〟なのに何ともおかしく、〝ブラック・ユーモア〟の極致といえる。

また本筋とは関係ない監督の趣味が散見される作品で、例えばＴＶを観ている場面が数多く登場する。要は警察官も殺人犯も、金持ちも主婦も娼婦も、ＴＶの前では皆同じというところが面白い。加えて味のある台詞が印象深い映画で、署長のマージが逮捕されたゲアに言う、「人生にはお金より大切なものがあるのよ」「そう思わない」「（殺人なんて）理解出来ないわ」はまさに箴言だ。

マージの夫の「鴨の絵」が、３セント切手に採用された際の夫婦の会話も傑作だ。夫が言う「誰が使う？」。彼女が答える「郵便代が値上げされた時に不足分を補うのに必要」。斬新で核心をついた回答だ！　消費税やコスト絡みで郵便代が値上がりした現状の日本では、極めて説得力がある話である。

そしてラストで「（誕生まで）あと2か月」という言葉に、沢山の死を観てきた観客は一転！　そこに〝生まれ出《いず》る命の輝き〟を見出し、愛のある平凡な日常こそ〝究極の幸せ〟なのだと再認識するのである。

「アラバマ物語」パンフレット

アラバマ物語（１９６２年：アメリカ）

監督：ロバート・マリガン　原作：ハーパー・リー　脚本：ホートン・フート　撮影：ラッセル・ハーラン　音楽：エルマー・バーンスタイン　出演：グレゴリー・ペック、メアリー・バダム、フィリップ・アルフォード、ロバート・デュバル

１９６０年に発表されピューリッツァー賞を受賞したハーパー・リーのベストセラー小説の映画化である。１９３０年代のアラバマ州の小さな町の出来事を描いた秀作で、恐らく１９６０年代にハリウッドが送り出した、「社会派ヒューマン映画」の最高傑作の一本と個人的には考えている。

１９３２年、不況下のアメリカ南部の町メイカムで、黒人男性による白人女性の暴行事件の弁護人となった男やもめの父親と、幼い兄妹の日常がノスタルジックに描かれる。人種差別に毅然と立ち向かう父親の姿を通して、子供達は偏見、貧困、社会正義などを学んで行く。子供の目線から撮られた日常は、遊び、喧嘩、度胸試しなど好奇心いっぱいの出来事の繰り返しで、終映後観客の心に何ともいえぬ〝懐かしい郷愁〟を伴った〝深い感動〟が、ジワリと沸き起こってくる。

母を亡くした6歳の妹スカウト（メアリー・バダム）と、10歳の兄ジェム（フィリップ・アルフォード）は、弁護士の父親アティカス・フィンチ（グレゴリー・ペック）と通いの黒人家政婦キャルと暮らしている。父親は町の人々の信頼も厚いようで、家には車もあり不況下とはいえそれなりの生活をしている。近所には小柄だが7歳になるディル（ジョン・メグナ）という子供が、夏休みを利用して伯母の家に遊びに来ている。

三人は人前に姿を見せたことのない隣の息子ブーの人物像を想像しては、おっかなビックリで隣家に近づいてみたりする。ジェムによればブーは「鎖でベッドに繋がれ家に閉じ込められているので、夜中しか出てこない。背丈は2ｍでリスや猫を捕まえてはそのまま食べる」ということだ。

おてんば娘のスカウトはいつもつなぎのジーンズだが、小学校に入ることになり女の子の服に着替えさせられる。どうも窮屈のようで登校初日も朝から大騒ぎである。早速学校ではウォルターという男児と取っ組み合いの喧嘩をする。ジェムが仲裁に入るが、原因は昼食を持参しなかった相手に「貧乏だから」と言って先生に怒られたとのこと。どうやら彼女は〝貧困〟の意味あいが正確にわからず、それを理解している兄は彼を夕食に招待する。招待されたウォルターは久しぶりの牛肉を食べ、たっぷりと甘いソースをかける。ソースのかけ過ぎをスカウトが指摘すると、家政婦が彼女の無神経さを叱る場面が良い意味でアメリカ的だ。

白人女性のメイエラが黒人男性のトムに暴行されるという事件が起き、アティカスが弁護人を引き受けるが、人種差別の激しい町では蔑視や妨害に遭う。裁判ではアティカスが片腕の不自由なトムでは犯行が不可能であることを立証し、彼女の狂言だとわかるが、陪審員は「有罪」の判決を下す。そして悲劇が起きる。トムを護送する途中で彼が逃亡を図り射殺されたのだ。

10月になりハロウィンの季節となった。スカウトは「ハム」の着ぐるみで仮装し祭りに行ったが、服と靴の置き場所を忘れたので結局着ぐるみを被ったまま、兄と一緒に暗い夜道を家路につくことになる。大変ユーモラスな場面だがここで事件が起きる。

さみしい雑木林の暗がりを歩いていた二人は突然何者かに襲われる。ジェムが暴行を受けあわやスカウトもという時、誰かがそれを阻止しもみ合った後、着ぐるみの窓から見えたのは男がジェムを抱きあげて家まで連れ帰ってくれた光景だった。襲ったのは暴行されたという娘の父親ユーウェルでナイフが刺さって死んでいた。助けてくれたのは何と隣家の〝ブー〟であった。子供達が知らなかっただけで彼は子供達のことを知っていたのだ。

さてこの映画の食べ物だが、朝食に出てくる大きな瓶に入った牛乳が印象深い。大きなビールピッチャーほどのガラス容器に入った牛乳は、モノクロ画面では特別にその〝濃厚な白さ〟が目立ち輝いていた。今では日本でも当たり前の風景になった飲乳場面だが、映画の作られた昭和37年当時、日本の牛乳の消費量は「食の洋風化現象」（昭和35〜45年頃）の波に乗って、ようやく増加し始めた時期であった。

これ以前、私のような団塊の世代にとり「牛乳」は、宅配の少々贅沢な飲み物であり、学校給食の乳飲料は戦勝国アメリカより支給された「脱脂粉乳」で、臭くてまずくて鼻をつまんで飲んだものである。映画を観た時、不況下の１９３０年代初頭に毎朝ガブガブと牛乳が飲めるアメリカ人の生活にも憧れたが、背丈の大きいアメリカ人を育んだのは栄養豊かな牛乳や肉なのだと確信もした。

人間の体格は人種的要因が大きいが環境要因も大きい。半世紀近く前の話だが、アメリカ在住の日系二世と日本在住の日本人の体格を比較した調査がある。それによれば、思春期までは環境要因（食べ物・住環境等）に支配され日系二世の方が日本人より体格はよいが、それを過ぎると遺伝的要因に支配され成長は鈍るとのことだ。

それから半世紀、日本人の体格はアメリカ型に近づいたのは確かで、良質な蛋白質、脂質、カルシウムなどが豊富な乳製品が果たした役割は大きい。ただ「ウドの大木」という言葉もあり、体格の良いことと敏捷性や丈夫なことは特に比例しない。念のため。

ちなみに供給ベースで見ると「飲用向け生乳」と「牛乳及び乳製品：括弧内」は、

※一人一年当たり、kg：農水省食料需給表

・昭和35年　一〇・七（二二・二）

・昭和37年　一二・六（二八・四）

・昭和45年　二五・三（五〇・一）

・平成元年　三九・八（八〇・六）

・平成28年　三一・〇（九一・三）

「飲用向け生乳」は平成6年の四一・六キログラム、「牛乳および乳製品」は平成12年の九四・二キログラムを最大に減少し始め現在に至っている。

日本人の体格向上に貢献した「飲用向け生乳」は映画の製作時（昭和37年）から32年で、また「牛乳及び乳製品」は38年で、その伸びがともに三・三倍で最大を迎えた。近年の牛乳の摂取量は著しく減少しているが、チーズ・ヨーグルトなどを含めた乳製品全体ではほぼ変わらずに推移している。バラエティー豊かな一般の飲料が牛乳の消費に影響したのであろう。

一般的に日本人は牛乳を飲むとお腹が緩む人が多い。これは「乳糖不耐症」と呼ばれるもので、牛乳の主成分である乳糖を、ガラクトースとブドウ糖に分解する酵素「ラクターゼ」の活性（分解する能力）が、日本人は低いためといわれている（遺伝的要因）。一方、赤ちゃんの時は問題ないのに大人になるとこのような症状になるのは、牛乳を飲み続けていないからだという説（環境的要因）もあり、現在は両方の要因が関係しているということで落ち着いている。このような見地から考察すると、生理学的に日本人の乳製品受容の収斂値がこの辺にあるのかもしれない。

そして映画のラストだが、ユーウェルはおそらくブーとの絡み合いで刺されたのだろうが、これは正当防衛であり、保安官は「ユーウェルは自分で転んで（ナイフの上に倒れ）死んだ」と断言する。このブーを印象深く演じたのが若き日の名優ロバート・デュバル（「ゴッドファーザー」）で、娘の弁護士役はＴＶドラマ「すてきなケティ」（インガー・スティーブンス共演）でお馴染みのウィリアム・ウィンダムである。ちなみにウォルト・ディズニーは家族で本作を鑑賞し、「凄い映画だ！　こんな作品が作れたらな」と言ったそうだ。

映画は成長したスカウトが幼き日を振り返る形（ナレーション）で進行するが、彼女のモデルは原作者〝ハーパー・リー〟で、近所に遊びに来ているディルのモデルは、作家のトルーマン・カポーティ（「冷血」「ティファニーで朝食を」）である。リーとカポーティーは実際に幼馴染で、リーはカポーティーの傑作「冷血」の取材で彼の助手を務めている。

原作由来だろうが実に味わい深い台詞の多い作品で、一例を紹介すると、就寝前にベッドで妹が兄に尋ねる会話がグッとくる。「母さんが死んだ時、私は何歳？」「2歳」「ジェムは？」「6歳」「今の私と同じね」「美人だった？」「優しかった？」「大好きだった？」「私もそうだった？」「会いたい？」」。二人の会話をじっと戸外で聴いているグレゴリー・ペックが最高だ！　そして「私はあの頃をよく思い出す」「ジェム、ディル、ブー、トム、彼等がいたあの頃を。そしてアティカス」というナレーションで映画の幕が閉じられた時、観客は自らの幼き日への〝ノスタルジー〟で、たまらなくなるほど胸がいっぱいになるのである。

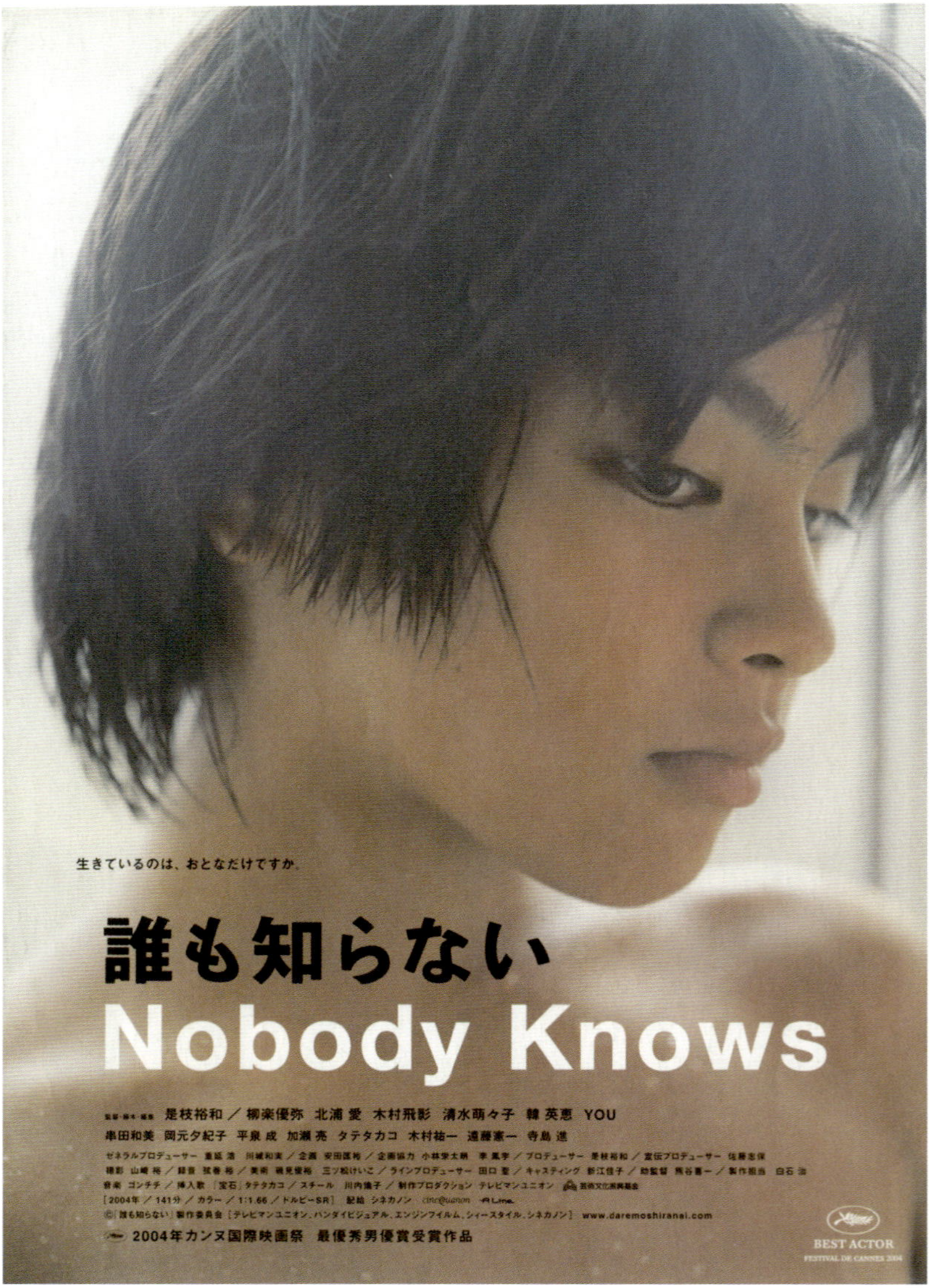
生きているのは、おとなだけですか。
誰も知らない
Nobody Knows
是枝裕和／柳楽優弥　北浦 愛　木村飛影　清水萌々子　韓 英恵　YOU
串田和美　岡元夕紀子　平泉 成　加瀬 亮　タテタカコ　木村祐一　遠藤憲一　寺島 進
www.daremoshiranai.com
2004年カンヌ国際映画祭　最優秀男優賞受賞作品
BEST ACTOR
FESTIVAL DE CANNES 2004

「誰も知らない」チラシ

誰も知らない（２００４年：シネカノン）

監督・脚本：是枝裕和　撮影：山崎裕　音楽：ゴンチチ　出演：柳楽優弥、北浦愛、木村飛影、清水萌々子、ＹＯＵ

「そして父になる」（２０１３年）、「海街 diary」（２０１５年）、「三度目の殺人」（２０１７年）など今や国際的な知名度を持つ〝是枝裕和監督〟が、製作・監督・脚本・編集を手掛けた渾身の秀作である。主演の柳楽優弥が第57回カンヌ国際映画祭で史上最年少かつ日本人として初めて、「主演男優賞」を受賞したことでも話題になった。

昨今世間を賑わしているいわゆるネグレクト（育児放棄）を扱った映画で、再見しその「テーマ」の先見性と「映像化力」の秀抜さに改めて感嘆させられた。１９８８年に東京の巣鴨で実際に起きた「子供置き去り事件」を題材に、是枝監督が15年の構想期間を経て映画化したとのことだ。

アパートに母親（ＹＯＵ）と息子（柳楽優弥）の二人が引っ越してくる。挨拶に出向いた大家には「父親は海外赴任中で、息子は12歳、二人暮らし」だと説明する。しかし実際はそれぞれ父親が異なる12歳の少年・明、それより少し年下の少女・京子、就学前？　の男児・茂とさらに5歳の幼女・ゆきと母親の５人家族であった。

幼い子供が多いとアパートの入居を断わられる可能性があり、表向きは母と息子の二人暮らしということにしたのだ。母親が働き、買い物・炊事は明、洗濯は京子という役割で、明以外の子供は外出厳禁である。

このいわくありげな親子、しばらくすると母親が明に言う「お母さん好きな人がいるの」「また？」。そしてある日「明へ　お母さんはしばらく留守にします。京子、茂、ゆきをよろしくね」というメモ書きを残して母親がいなくなる。明はメモ書きに添えられた金から家賃？　を振り込み、電気、電話、ガス代の支払いを自身に言い聞かす。

時が過ぎお金に困り始めた明は、子供達の父親と思しき二人の男性にお金を貰いに行くが、ともに小遣い程度しか渡してくれない。ようやく母親が帰宅するがそれも束の間で、また家を出て男の所に行ってしまう。さてこの子供達の行く末は？　というお話。

練り込まれた筋書き（脚本）をベースに大変丁寧に作られた映画である。子供達の演技が自然体なのは監督の演出術のなせる業か？　子供の世話を放棄し男のところに行ってしまう、いい加減な母親を演じるＹＯＵが絶品だ！　しかし極めつけは明を演じる柳楽優弥で、彼の醸し出す雰囲気が凄まじい。

観客はたちまち寡黙で何かにじっと耐えながら、幼い妹弟の面倒を見続ける彼の虜になってしまう。12歳の少年の忍耐はどこまで持つか？　カメラは淡々とドキュメンタリー映画を撮るように明と子供達を見続ける。

全編に印象深い場面が散りばめられた作品である。母に塗られたマニキュアが京子の爪から徐々になくなり、ゆきが使うクレパスが短くなり、子供達の髪が長くなることで、時の経過を一瞬で映し出す。京子がマニキュアをこぼした床の滲み跡を指でなぞり、母を思慕する場面なども実に巧い。

母親の帰宅を待ち焦がれるゆきを、明が外に連れ出す場面も印象的だ。「キュッキュッ」と鳴る小さな赤いサンダルを履き商店街を歩く幼子は、久しぶりの外の様子に目に入る野菜の名前を連呼し、

「お皿、コップ、お肉屋さん」と言い続ける。その帰路、明は暗い夜道を妹の手を引いて家路に着くのだが、ゆきは道路中央の白線上をサンダルを鳴らしながら歩く。

高架を走るモノレールの窓の光が行き交い、ギターが物悲しいメロディーを奏でる。「あれは羽田の空港まで行くんだよ」「いつかモノレールに乗って、飛行機を見に行こうね」、ゆきが言う「うん！見に行こう」。本作屈指の秀抜な場面だ。

さてこの映画の食べ物だが、まず引っ越してきた夜に食べているのが蕎麦で、いい加減な母親も「引っ越し蕎麦」は知っていたようだ。明が作る手作り「カレー」、コンビニで万引きと間違われたお詫びに貰う「中華まん」、安くなるのを待ち続けてようやく買った「クリスマスケーキ」、ゆきの大好きな「アポロチョコ」等が出てくる。

しかし最も頻繁に出てくるのは「カップ麺」に代表される「インスタント麺」である。「赤いきつね」「どん兵衛のそば」「カップヌードル」「ワンタンメン」「サッポロ一番」等々だが、茂がカップ麺の残ったスープにご飯を入れて食べるというアイデアには参った。

黙々と妹弟の面倒を見る明がついにキレる場面では「どん兵衛のそば」が引き金になる。怒られた茂は黙々とかやくの〝天麩羅〟をかじっているのが無邪気だ。カップヌードルの空容器は土を入れ、種を蒔かれてそれぞれの名前を書いた「インスタント・植木鉢」に変身する。お金が底をつき始め、空腹で生活も荒れて行く子供達の惨めな状況に呼応するように、空容器に芽生えた植物が枯れてしまうのが何とも切ない。安くて美味い「カップ麺」は彼等にとってご馳走になっていくわけだ。

昭和33年の「日清・チキンラーメン」の発売以来、「インスタント麺」の歴史は間もなく60年になる。当初はお湯を注ぐだけの「味付け袋麺」だったが、「スープ、かやく別添」を経て「袋入り煮込みタイプ」となり、「カップ麺」（カップヌードル）の発明に至る。

「インスタント麺」は、「麺、スープ（ソース）、具材（かやく）」の3素材で構成されている。麺を油で揚げ乾燥するわけだが、後に「ノンフライ」製法が生まれ結果コシの強い麺ができた。コシの強さは「明星・中華三昧」でひとつの完成を見たが、最近の「マルちゃん正麺」でさらにラーメン屋の生麺に近づいた。

スープについては畜肉・野菜・魚介類エキスとアミノ酸研究の賜物だが、メーカーの研究はほぼ究極まで行き着いており、この20～30年は「ご当地ラーメン」と「有名店」の味の再現に活路を見出してきた。具材についてはドライ乾燥・フリーズドライ乾燥を経て、レトルトパウチが登場しより本物の味と豪華さを競うようになった。

基本の味については長らく「醤油」「味噌」「塩」が代表であったが、この30年ほどで九州を中心に西日本でポピュラーな「とんこつ」味が加わった。さらに海外のメニューの焼き直しである「エスニック」「トムヤムクン」「チリトマト」「サンラータン」「フォー」や、ワンポイント素材の「トマト」「ミルク」「カレー」「シーフード」「ねぎ」「チャーシュー」「メンマ」などでコンセプトを強調し、売り場は今や百花繚乱といえる。

手軽さと味のコスパが抜群に良い「インスタント麺」は、カロリー補給には良いが栄養（バランス）面ではプアーな食品なので、家庭では具材を入れるなどのひと手間をかけて栄養面をカバーしたい。

面白いことに「パスタ・メニュー」はこのインスタント分野ではあまり伸びず、「冷凍スナック」の分野で定番となった。パスタの冷凍適性、電子レンジ解凍の簡便性、本物志向の点が評価されたのであろう。また「うどん」も冷食が味の点で高い評価を得ている。一方冷食ラーメンが少ないのは、味もコストも従来からの「インスタント麺」で十分満足できるからだろう。

さて子供達のその後だが、金がなくなり始め電気、ガス、水道が止められたので、近所の公園のトイレ、水道で用を足し飲料水を確保する。食料が底をつくとコンビニの店員から賞味期限切れのおにぎりを貰い飢えを凌《しの》ぐ。明が友達を作って家でゲームに興じ、野球に加えさせてもらうなどの〝息抜きのエピソード〟と、いじめにあっている中学生の少女、紗希と知り合い交流する話が並行して進む。

そして悲劇が起きる！　ゆきが踏み台から落ちて死んでしまうのである。明と紗希はゆきの亡骸《なきがら》をスーツケースに入れ、モノレールに乗って羽田まで行き、飛行場近くの空き地に埋める。ようやくゆきは「飛行機を見に来られた」わけだ。紗希とコンビニの従業員を除き、この兄弟のことは〝誰も知らない〟のが怖い。戦慄が走るような事実なのだが、このテーマを執拗に深く掘り下げた是枝監督の〝執着力と力量〟に脱帽である。

ラストは夏の明るい日差しの中を歩んで行く子供達の後姿で、これが〝絶望〟に終わらせていない暗示と読めるのがせめてもの救いだ。それにしても明を演じた柳楽優弥の「目力《めぢから》」が凄い。そう！これと同じ雰囲気の眼を35年前に我々は観ている。大島渚監督の「少年」（１９６９年）の主人公の少年の眼だ。さてさて二人の少年の行く末はどうなったのだろうか？

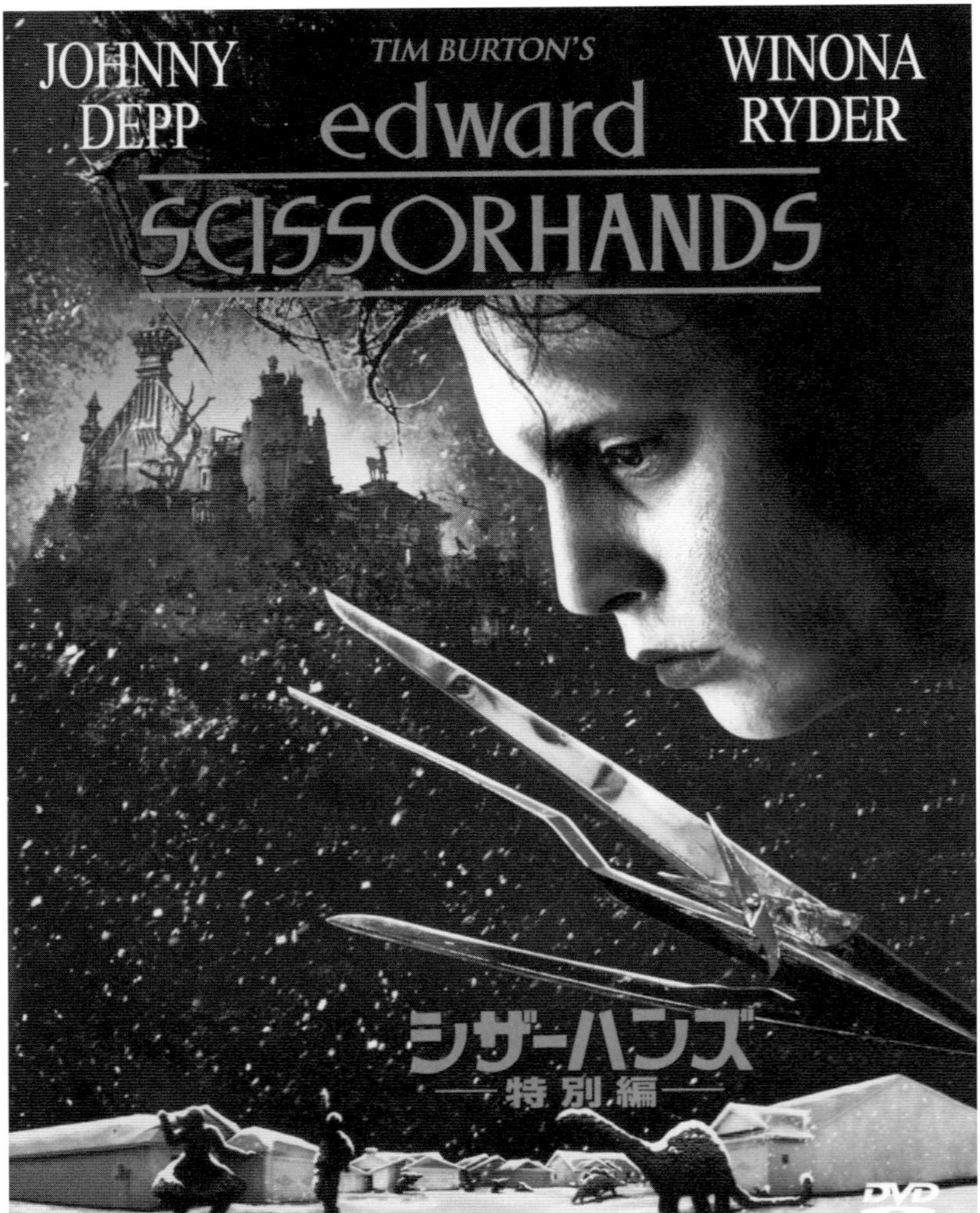

JOHNNY
DEPP
TIM BURTON'S
edward
SCISSORHANDS
WINONA
RYDER
シザーハンズ
特別編
DVD
VIDEO

「シザーハンズ」DVD

シザーハンズ（1990年：アメリカ）

監督：ティム・バートン　脚本：キャロライン・トンプソン　撮影：ステファン・チャプスキー
音楽：ダニー・エルフマン　出演：ジョニー・デップ、ウィノナ・ライダー、ダイアン・ウィースト、アラン・アーキン、キャシー・ベイカー、ヴィンセント・プライス

ハリウッドの一〇〇年を超える歴史の中で、名コンビといわれた監督と主演者の例は多い。創成期には映画の父デヴィッド・ワーク・グリフィスとリリアン・ギッシュの例があり、フランク・キャプラとジェームズ・スチュアート、ジョン・フォードとジョン・ウェインなどがお馴染みだ。そして近年最高のコンビといえば、奇才ティム・バートン監督と超人気俳優ジョニー・デップということになる。

「エド・ウッド」「チャーリーとチョコレート工場」「スウィーニー・トッド　フリート街の悪魔の理髪師」「アリス・イン・ワンダーランド」「ダーク・シャドウ」など、バートン&デップのコンビが作り出す、奇想天外なイマジネーションに溢れた映像とストーリーは、熱狂的なファンを世界中に産み続けている。本作はこのコンビがスタートした記念すべき作品である。

昔むかし、古城に住んでいた老発明家（ヴィンセント・プライス）が人造人間を作った。エドワード・シザーハンズ（エド：ジョニー・デップ、シザーはハサミの意）というその人造人間の心臓は大きなハート型クッキーで、両手はハサミでできていた。発明家からそれなりの教育も受けた彼は、人間と同じ手をプレゼントされたが取り付けの直前発明家が亡くなってしまった。

ある日化粧品のセールスレディ・ペグ（ダイアン・ウィースト）が訪問販売で古城を訪れた（「エイボン」という実名の社名が傑作だ）。心優しい彼女は一人古城で寂しく暮らしていたエドを憐れみ自宅に連れ帰った。彼はペグと彼女の人の良い夫ビル（アラン・アーキン）、娘のキム（ウィノナ・ライダー）、息子のケビンの四人家族の一員になったのである。

エドの顔は青白くハサミの傷跡がありいつももの悲しい表情をしているが、純粋無垢で繊細なアンドロイドであった。その彼が娘のキムに恋をするのだが、初めは嫌われてしまう。さてエドは人間の世界にうまく入り込めるのか？　二人の恋の行方は？　というお話である。

ペグの住む町の家々はパステルカラー、彼女の車も鮮やかな黄色、空も真っ青で町全体がおとぎ話のような色彩である。住人も派手目でご近所のネットワークは完璧。あっという間に井戸端会議が開かれる。当然エドは好奇の眼で見られるが、彼の手バサミは植木をゴジラや動物に変え、ご婦人方のヘアーカットに力を奮いたちまち町の人気者になる。

ハサミの手では食事が大変で悪戦苦闘の連続だが、バーベキューや〝カット作業〟では抜群の優れものに変身する。まさに「馬鹿？　とハサミは使いよう」である。しかし、よくこのようなバカバカしい話の展開を思いつくものだと、バートン監督の異才ぶりに惚れ惚れしてしまう。個人的には大好きな監督だが、このバカバカしさの極め付けである、史上最低の映画監督の話「エド・ウッド」と、火星人は「Ｅ・Ｔ」のような友好異星人ではなかったという話「マーズ・アタック」は、一人でも多くの方に観てもらいたい作品だ。

絶品はクリスマスの宵にエドが作る氷細工からまき散らされる氷片が、見事な雪になって夜空を舞う幻想的な場面である。まさに〝ファンタスティック〟以外の何物でもない。エドは恋するキムのために彼女の悪ガキボーイフレンドの窃盗を手伝い、誤解が誤解を生んで結局町に住めなくなり古巣の古城に戻ってしまう。そして悲劇が起きる……。真面目なエドをおとしめる身勝手な輩《やから》がいるかと思えば、お人好しのペグ夫妻もいる。そのような人々と関わり合いながらエドはキムの愛を勝ち得るのだが、ハサミが邪魔して彼女をしっかりと抱擁できないのが何とも悲しい。

監督のティム・バートンは、幼い頃からのホラー・SF映画の大ファンで、特にホラー映画の名優〝ヴィンセント・プライス〟や〝ゴジラ〟の熱狂的ファンだったようだ。その後ディズニーのアニメーターを経て映画監督になったとのこと。常人が思いつかないような登場人物（?）を創作し、ファンタジー豊かな世界を演出する腕前はこの経歴を見て納得できた。

左より　ウィノナ・ライダー
　　　　ジョニー・デップ

写真協力
公益財団法人川喜多記念映画文化財団

この映画で印象深い食べ物は、まずペグ家の夕食の「グリーンピース」。エドのハサミの手ではスプーンもフォークも持てないが、両手のハサミでようやく「グリーンピース」を一粒掴み、口に運ぶが途中で落としてしまう。観客はハラハラしながら「残念でした！」と相成る。ウイスキーを「レモネード」として飲まされ、それに懲りて本物を拒否するのもおかしかったが、最も印象深いのはエドの心臓（クッキー）である。

古城の製造ラインでは卵が割られて攪拌され、ロールで薄くなった生地に星・動物・ハート型が打ち抜かれて焼かれる。このラインは老発明家手製のロボットやマシンで構成されているが、それらの奇妙キテレツさには驚嘆するばかりだ。またクッキーの心臓では簡単に壊れそうだが、しっかり焼いたクッキーは堅いし、美味しい味わいはエドの優しい心を見事に代弁しているようであった。

「クッキー（ビスケット）」は小麦粉・砂糖・バター（ショートニング）・卵・牛乳・ベーキングパウダーなどで作る焼き菓子である。アメリカではクッキー、イギリスではビスケット、フランスではビスキュイ（biscuit）と呼ばれる。クッキーはオランダ語の koekje（クオキエ：小さなケーキ）が語源である。ビスケットはラテン語の biscoctum panem（ビスコクトウム・パネム：二度焼かれたパン）に由来するが、19世紀の初めビスケー湾に漂着した船員が作ったからという説もある。しかし年代的に新し過ぎて怪しい。

日本では基本的にクッキーもビスケットも同じものだが、業界では脂肪分が多い（脂肪と砂糖で40％以上）ものをクッキーと呼んでいるようである。アメリカでいう「ビスケット」はショートニングで作ったスコーンのようなもので、外はサクサクで中は柔らかい。

長期保存に耐えるので海外では航海や軍隊で使われた。日本には１５５０年代にポルトガル人により長崎の平戸にもたらされ「ビスカウト」と呼ばれた。1855年（安政2年）に水戸藩の医者・柴田方庵の「方庵日記」に、「長崎でビスケットの製法を習得し報告した」と記述されている。1875年（明治8年）には凮月堂の・米津松造が本格的な製造を始め、携帯用の保存食として日清・日露戦争で大活躍、ロシアからも大量注文が来たそうだ。

また同じようなものに「サブレー」があるが、これはフランスのノルマンディー地方の都市サブレー発祥のバタークッキーで、フランス語の「サーブル（砂で覆われた）」からきており、原料の卵黄の裏ごしした粗粒が砂のようなイメージであることによる。

さてホラー好きのバートン監督らしく、エドの風貌はドイツ表現主義の代表作「カリガリ博士」（1920年）の「眠り男・ツェザーレ」をイメージしている。また老発明家を演じた〝ヴィンセント・プライス〟はホラー映画の名優で、監督の処女作「ヴィンセント」でもナレーターを務めた。ちなみにクッキーの原料「ベーキングパウダー」は、プライスの祖父が発明したものである（Dr.プライス・ベーキング・パウダー）。ティム・バートンの映画は〝バカバカしさ〟の中に、イソップ童話の〝皮肉〟やグリム童話の〝残酷さ〟が共存しているのが心憎いところだが、この洒落《しゃれ》が理解されず低い評価を受けることもあり残念だ。

では最後にトリビアを。昔ティム・バートン監督の「マーズ・アタック！」を観に行った時の話。入場前に長蛇の列ができ子供が飽きて愚図っていた。そこで私が子供に一言「面白い映画だよ！」「ま〜ず、アタック！」。いや〜あ！　オソマツさま！　でした。

「映画に愛をこめて アメリカの夜」チラシ

映画に愛をこめて　アメリカの夜（1973年：フランス・イタリア）

監督・脚本・出演：フランソワ・トリュフォー　脚本：シュザンヌ・シフマン、ジャン・ルイ・リシャール　撮影：ピエール・ウィリアム・グレン　音楽：ジョルジュ・ドルリュー　出演：ジャクリーン・ビセット、ヴァレンティナ・コルテーゼ、ダニ、ジャン・ピエール・オーモン、ジャン・ピエール・レオ、ニケ・アリギ、ナタリー・バイ

フランス・ヌーヴェル・ヴァーグの旗手として数々の秀作を残し、52歳の若さでこの世を去ったフランソワ・トリュフォーが、映画製作の舞台裏を余すところなく描いた作品である。トリュフォー自身が演じる監督と多くの俳優・スタッフによって、映画がどのように作られていくのかが堪能できる。映画マニアが〝わくわくドキドキ〟狂喜する作品である。

冒頭「ムダ話は止めて」「集中しろ」などの声を背景に、フィルムのサウンドトラックが映っているクレジットタイトルが終わると、「リリアン&ドロシー・ギッシュに捧ぐ」と書かれた一枚のスチール写真が映し出される。これはハリウッドの黎明期から、映画の父〝D・W・グリフィス〟の数々の名作に出演したギッシュ姉妹へのオマージュで、このワンショットで古くからの映画ファンの涙腺は感激で緩んでしまう。写真はグリフィスが監督し、幼きギッシュ姉妹が映画に初出演した「An Unseen Enemy（見えざる敵）」（1912年）である。

続いて本編が始まり、メトロの階段を上がってきた若者が、歩いている男に立ちはだかり男の頬を平手で打つ。すると突然「カット！」と発せられた一声で歩いていた人々の動きが一斉に止まり、ク

レーンやサーチライトが映し出される。そう！　これは映画のロケーション場面なのだ！　実に見事なオープニングである。

ニースの映画スタジオ〝ラ・ヴィクトリーヌ〟で、「あなた方にパメラを紹介します」という映画が撮影されていた。息子の嫁と義父が恋に落ち駆け落ちをしてしまう話で、若妻パメラは主治医と結婚し神経症から復帰したハリウッド女優ジュリー（ジャクリーン・ビセット）で、息子は新米スクリプターにぞっこんのやや頼りない男優アルフォンス（ジャン・ピエール・レオ）である。

トリュフォー演じる監督フェランは撮影で使う花瓶や自動車を自ら選定し、女優のカツラや小道具の銃などの相談を受けて超多忙のうえ、プロデューサーから「7週間で仕上げろ」とプレッシャーを受けている。

現像中停電でフィルムが駄目になり撮り直しとなるが、保険が出るか心配だ。母親役の女優は台詞覚えが悪く、同じミスを続けた末キレてしまう。くたくたで床につくと夢にうなされ、監督稼業は実に大変である。さらに水着になる女優が妊娠していたり、ネコの演技がうまくいかなかったりとピンチが続くが、何とか乗り越えると組合との協定で撮影はひと休みとなる。

若妻の事故場面は〝アメリカの夜〟で撮影することになる。フランスでは昼間フィルターで撮って夜の場面にすることをこのようにいい、本作の題名はここからきている。即興で台詞を書きそれを主演女優が化粧を落としながら暗記するなど、監督も俳優も〝バカではできない〟過酷な仕事であることがよくわかる。一段落したので全員で記念写真を撮るが、そこで母親役の女優が言う「変な稼業ね！　皆で一緒に仕事をして意気投合し、気心が知れたころ誰もいなくなる」と、まさに箴言《しんげん》である。

このあとアルフォンスが恋人に逃げられ落ち込んで撮影を放り出すのを、ジュリーが慰め引き止めようとする中で、二人が結ばれてしまうというアクシデントが起きる。自分をさいなむジュリーだが、周りの機転でお医者様のご主人が到着一件落着となる。ところが父親役の俳優が自動車事故で急死！ だが撮影はほぼ終了していたので代役で映画は完成し、撮影チームのメンバーは各地に散る。

哀愁を帯びたセクシーなジャックリーン・ビセットが抜群によく、加えて芸達者な名優達の洒脱な名演があり、俳優、スタッフ達が次々と起こす恋愛模様を絡めながら、コミカルだが粛々《しゅくしゅく》と話は進む。まさにトリュフォーが「映画ファン」に遺してくれた傑作といえる。

さて映画の食べ物だが、落ち込んだジュリーが欲する〝ブール・アン・モット〟（バターの塊：カントリーバター）のお話。彼女の欲する特産バターがないので、市販バターを山型にこね合わせガーゼで包んで供している。これはジョセフ・ロージー監督の「エヴァの匂い」（１９６２年）の撮影中に、主演のジャンヌ・モローが同じ要求をしたそうで、〝我儘《わがまま》〟の象徴らしい。幼き日に食べていた、〝母親の優しさ〟をイメージする懐かしい食べ物なのであろう。

バターはその独特の風味が料理に広がりと奥行きを与える稀有《けう》な食材であり、マーガリンなどは足元にも及ばない。焦げやすいが〝焦がしバター〟は料理を一変させる力を持つ。脂肪分が80％強あり醤油との相性が良く、レーズン、レモン、アンチョビーなどを加えると見事に変身する。バターの脂肪酸は50％が飽和脂肪酸で、天然の抗酸化剤であるトコフェロール（ビタミンＥ）もあり、比較的酸化・変敗に強く保存性が良い。

しかし脂肪分が主体なので酸化を防ぐため容器に入れ、23℃で柔らかくなるので冷蔵保管が必要である。一度溶けたバターは風味と物性がもとに戻らないし、匂いを吸収しやすいので保存には注意が必要である。

バターは牛乳をクリームと脱脂乳に分離し、クリームを撹拌して乳脂肪を凝集させ、できた塊を練り上げたものである。専門的な解説を加えるとクリームは殺菌冷却してから熟成させ（8〜12時間、3〜10℃保管）、これを「チャーン」と呼ばれる金属性容器に〝ちゃんと〟（乳製品工場見学時に出る有名な駄洒落）入れ、上下に回転撹拌（チャーニング：クリームを上から下に何度も落とすと物理的に分離し、乳脂肪が凝集する）することで脂肪粒（バター粒）を作る。

クリームの脂肪以外の成分（バターミルク）を除去後、残ったバター粒を水洗（加塩）しワーキングという練り合わせ工程を経て、均一で滑らかなバターにする。日本では食塩を加えた加塩の発酵しないタイプが多いが、ヨーロッパでは無塩の発酵タイプが多い。

バター（ヨーグルト・チーズ）の原型にあたる「酥《そ》（蘇《そ》）」「酪《らく》」という乳製品の製法が日本に中国から伝わったのは7世紀ごろだが、仏教の肉食禁止令で消滅した。1727年（享保12年）に徳川吉宗がインドから乳牛3頭を輸入し、千葉の嶺岡牧場で「白牛酪」というバターのようなものを作ったという記述があり、薬用に供されたようだ。

日本のバターの本格生産は明治3年に築地の官営牛馬会社で始まり、当時福澤諭吉が「肉食の説」でバターのPRをしている。北海道では明治7年真駒内牧牛場でバターの試作が、明治33年にはトラピスト修道院でバターの製造が始まった。大正14年にはバター・チーズの製造販売のため北海道製酪販売組合が設立された。後の雪印乳業である。

さて本作は映画マニアへのサービスが抜群である。夢の中で少年にごっそりと「市民ケーン」のスチール写真を盗ませている（監督の少年期の体験？）。さらに届いた小包からカール・ドライヤー、ルイス・ブニュエル、エルンスト・ルビッチ、イングマール・ベルイマン、ジャン・リュック・ゴダール、アルフレッド・ヒッチコック、ロベルト・ロッセリーニ、ハワード・ホークス、ロベール・ブレッソンなど映画監督の本を垣間見せる。いずれもヌーヴェル・ヴァーグの連中が信奉した監督達だ。

さらに男優の事故死の保険屋として、何と！「第三の男」（1949年）の原作・脚本を書いたグレアム・グリーンをノンクレジットで出演させている。「第三の男」で名優オーソン・ウェルズが演じたハリー・ライムも、当初は車による事故死という設定であった。〝自動車事故〟は楽屋落ちのネタであり、まさに本作は全編に仕掛けられた映画に関するキーワードを解く、映画ファンのための〝謎解き映画〟でもある。

アートシアター
11
森田芳光監督作品
家中が
ビリビリ
鳴ってて
すごく
ウルサイんだ
THE FAMILY GAME
家族ゲーム

「家族ゲーム」チラシ

家族ゲーム（1983年：にっかつ、ニュー・センチュリー・プロデューサーズ、ATG）

監督・脚本：森田芳光　原作：本間洋平　撮影：前田米造　出演：松田優作、伊丹十三、由紀さおり、宮川一朗太、辻田順一、阿木燿子、戸川純、伊藤克信

喜劇、サスペンス、ホラー、恋愛、アイドル、文芸作品と幅広いジャンルの映画を撮り、2011年に61歳で亡くなった森田芳光監督の快作（怪作？）である。その表現方法において日本映画史上極めて特異なポジションに位置付けられる作品である。

シニカルでシュールな〝おかしみ〟に満ちた本作は、独特の間《ま》と人をくった演出方法で、およそ今までの日本映画になかったタッチを見事に引き出し、デビュー作「の・ようなもの」（1981年）で注目された森田芳光の評価を決定的なものにした。5回（含むSP等）TV化されているが、本作のような〝特異な感覚〟は出し切れていない。

ウォーターフロントのマンションに暮らす沼田家には、エリート高校に通う兄（辻田順一）と成績がクラスで後から9番目という弟（宮川一朗太）がいる。母（由紀さおり）は専業主婦で父（伊丹十三）はそれなりの会社のサラリーマンらしい。高校受験を控えた弟には過去何人かの家庭教師がついたが居着かず、そこで三流大学の7年生である吉本（松田優作）が雇われる。冒頭「家中がピリピリ鳴って凄《すご》くうるさいんだ！」という弟の独白があり、受験生を抱えた日本の典型的な家族を、ズバリと切り取った場面設定になっている。

吉本は上背のある屈強そうな青年で、常に植物図鑑を抱え渡し舟で沼田家にやってくる風変わりな

人物である。サボリ名人の弟と吉本は互いに丁々発止となるが、吉本は優しさと暴力を使い分けながら弟を指導し、いつしか弟の成績も上がり始め結果無事に兄と同じ名門校に入れるというお話。喧嘩の仕方も指導を受けいじめっ子を倒すオマケも付く。

バック音楽がない代わりに、メザシや漬物を喰う音、お茶を飲む音、シャーペンの芯を出す音などが強調され、強い印象を残す工夫がなされている。〝意味のない〟という効果を持つ〝意味不明のカット〟が挿入され、物語と関係ない会話や動作がひとつの場面に平行して現れ、意表をついた突発的・衝撃的な行動や登場人物の特異な習性が画面に〝ズレ〟を生み、形容し難い奇妙な効果を生む。大笑いする喜劇というより〝クスリ〟とか〝ニヤリ〟の乾いた皮肉な笑いを誘う映画である。「風呂で飲む豆乳」「マイカー内での会話」「川岸のマンション」「バスが通る空き地」「休み時間の校庭」などの場面が繰り返し挿入される。繰り返しのギャグでもあるが、エスカレートしそうな物語をもとに戻す効果もあるようだ。

吉本が父親の手に自分の手を重ねたり、喧嘩で寝込んだ弟の体を触ったりちょっと「ホモっぽい」・・・ヌメリとした感触の場面がある一方で、水商売と思われる恋人と吉本の戯れ場面が2回挿入される。これがまったくエロスも色っぽさも感じさせないのが面白く、逆に〝由紀さおり〟の妻、母、主婦としての行動や、異性である若者の吉本にお茶やお菓子を出す動作の中に、香るような色気を感じさせている演出が実に心憎い。好みの女優に自らの思いを込め演出する監督の心情を感じる。

子供に直接ぶつからない伊丹演じる父親の建前ぶりが巧く、弟の受験校をめぐる母親との会話が傑作だ。「じゃあお父さん言ってくださいよ」「俺があんまり深入りするとバット殺人が起こるんだよ、だからお前や家庭教師に代理させてるんじゃないか」という逃げぶりがいい。これは、本作が作られた3年前（昭和55年）の、受験生が両親を金属バットで殺害するという事件がもとネタである。「東京物語」に代表されるように〝家族〟というテーマは映画のお家芸で、本作の延長に「喜劇・家族同盟」「逆噴射家族」「木村家の人々」「家族はつらいよ」など、〝家族〟への憧れ、崩壊、再生をテーマにした喜劇が作られて行くことになる。この映画の最も特長的な場面は、横長のテーブルに横一列に並び正面を向いて沼田家の人々や吉本が一緒に食事を摂るところにある。何とも奇妙で印象深い場面は、対面を避けることで〝崩壊している家族〟を表現していると読める。

飲食物の登場する場面が多い作品で、お茶やコーヒー、タルト菓子、ケーキ、吉本と恋人の戯れ場面ではイチゴミルクとリンゴ、またスキヤキなどの具体的メニューも登場するが、食事時に必ず登場しているのがワインとサラダである。ワインは最初にロゼが、その後赤と白が出てくる。サラダの葉物はレタスだろうが食（具）材はよくわからない。サラダ調味料は初めにドレッシングで、ラストではマヨネーズも加わる。〝家族の崩壊〟を暗示する食事場面は、一方で同時にバラバラに勝手な行動をしている家族が一緒に集う重要な所でもある。スープ、メイン&サイドディッシュ、ワイン、サラダと専業主婦による心のこもった食卓は、家族をひとつに繋ぎ止めている効果があるのかも知れない。

ではここでサラダ用ドレッシングの薀蓄を。オリーブ油と酢に塩・胡椒を加え撹拌したものをフランス語で「sauce vinaigrette：ソース・ヴィネグレット」と呼び、これがドレッシングの基本である。欧米では元来ドレッシングは家庭の手作りが一般的で、ヨーロッパでは今もこの傾向が強い。ちなみに英語ではフレンチドレッシングまたはオイルアンドヴィネガー・ソースという。

市販用ドレッシングはアメリカで大きく発展したもので、日本では昭和33年にキユーピーより発売された「フレンチドレッシング（赤）」がその第一号である。その後「フレンチドレッシング（白）」、「サウザンアイランド」、「イタリアンドレッシング」などが続き、昭和40年代にはキユーピーに加え関西ではミツカンの「フレンチゴールド」が、関東ではセパレートタイプの「マコーミック・フレンチ」が人気アイテムとなった。

昭和46年、キユーピーはアメリカ企業と提携、ブルーチーズやアンチョビーを入れた「バーンステイン・ドレッシング」を発売したが時期尚早であった。昭和53年、キユーピーは日本で最初の醤油ベースドレッシング「オリエンタル」（昭和40年発売）をモデルに、「中華・和風」（醤油ベース）を発売、当初は苦戦をしたが昭和50年代後半より徐々に広がり始め、豆腐、練り製品、味付けたこ、海草、またモヤシなど葉物以外の野菜に幅広く合う調味料として認知され、ドレッシングはようやく本格的な時代を迎えた。

その後、キユーピーから「ノンオイル」が発売され、この分野でリケンの「青じそ」というヒット作が生まれた。現在は「深煎り胡麻」が隆盛であり、ドレッシングは日本人の根源的味覚である〝アミノ酸〟（具体的には醤油）をベースに、〝和の調味料・素材〟（味噌、昆布、鰹節、出汁、紫蘇、柚子、生姜、梅、辛子、山葵《わさび》・胡麻など）と結びつくことで日本に根付いたのである。

現在は玉葱やすりおろし大根などの具材が入った「具リッチタイプ」や、オリーブオイル、チーズ、バター、ガーリックなどの洋風素材に特長を持たせた「洋風タイプ」などが人気のようだ。加えて中華素材の入った「中華タイプ」、ナンプラー、パクチーなどが入った「エスニックタイプ」、亜麻仁油など油の機能を強調した「機能性タイプ」など売り場は百花繚乱である。

さて、映画はラスト近く弟の合格を祝う食卓で父親が長男に「これからはお前をビシビシやるぞ」

という言葉で急変する。この言葉を引き金に吉本がテーブルをメチャメチャにし始め兄弟もそれに協力。まるで〝キレた〟かのように吉本は沼田家の四人を打ちのめし去って行く。その後、家族が〝再生〟されたかのように、四人で協力し後片付けをする場面が救いのようだ。

ラストは日常が戻った沼田家の上を舞うヘリコプターの音と転寝《うたたね》をする母親の姿でエンドとなる。胸騒ぎを誘うヘリの音はイラつくような不安を残し、個人的には何か事件でも起きたのかと思ったほどだ。具体的には川面に吉本の死体が浮かんだか？　どこかでバット殺人が行われたか？　などの妄想が一瞬頭をよぎった。ジョーカーか神様か？　侵入者、松田優作の存在感と宮川一朗太の名演が長く記憶される〝優作！〟いや〝秀作！〟映画である。

「サンセット大通り」パンフレット

サンセット大通り（1950年：アメリカ）

監督・脚本：ビリー・ワイルダー　脚本：チャールズ・ブラケット、D・M・マーシュマンJr.
撮影：ジョン・F・サイツ　音楽：フランツ・ワクスマン　出演：ウィリアム・ホールデン、グロリア・スワンソン、エリッヒ・フォン・シュトロハイム、ナンシー・オルソン、セシル・B・デミル、バスター・キートン

名匠ビリー・ワイルダーが見事に描き出したハリウッドの内幕劇である。世間に忘れられた無声映画の大女優と、彼女の若いツバメで売れない脚本家との愛憎劇が、古色蒼然とした大豪邸とパラマウント撮影所を舞台に進行して行く。

観客は時代錯誤の大女優の壮絶な愛と狂気に圧倒され、外国人ワイルダーならではのハリウッドに対する辛辣な見方を堪能できる。物語にシンクロする音楽と格調ある映像のリズムが抜群で、無声映画時代からの監督や俳優のカメオ出演が、作品の映画史的価値をさらに高めているのも興味深い。

古びた屋敷に住む無声映画の大女優ノーマ・デズモンド（グロリア・スワンソン）は、執事のマックス（エリッヒ・フォン・シュトロハイム）にかしずかれて暮らしている。彼女の頭の中では時間は昔のまま止まっており、自ら書き下ろした「サロメ」で銀幕に復帰しようと目論んでいる。偶然その屋敷に自動車ローンの取立て屋から逃げてきた脚本家のジョー（ウィリアム・ホールデン）が迷い込む。彼が脚本家と知ったノーマは「サロメ」のリライトを頼み、ジョーは渡りに船とこれを引き受け屋敷の居候となる。

日が経つにつれ情熱的なノーマはジョーに〝妄執〟ともいえる愛情を注ぎ始め、自殺未遂までする。受け入れ側のジョーは日常の全てを束縛される〝深情け〟に辟易《へきえき》とし始める。ある日彼女はパラマウント撮影所にセシル・B・デミル監督を訪ねるが、旧友デミルは「サロメ」の凡作具合をやんわりと告げる。しかし彼女にはそれが分からない。

一方ジョーは撮影所の脚本部に所属する女性ベティ（ナンシー・オルソン）と、以前彼が書いた脚本をめぐり意気投合し、共作でそれを完成させようとする。そしてある夜悲劇が起きる。

古くからの映画ファンは、台詞の中に出てくるかつてのスターの名前を聞くだけで胸がときめき、古いブロマイドや撮影所の撮影風景を観るだけで高揚感を覚える。ダグラス・フェアバンクス、ルドルフ・ヴァレンチノ、メーベル・ノーマンド、ジョン・ギルバード、ヴィルマ・バンキー、グレタ・ガルボ、アドルフ・マンジュー、ビング・クロスビー、ベティ・ハットン、D・W・グリフィスなど、往年の大スターや監督の名前が続々と登場しファンを魅了する。

ノーマ・デズモンドを演じたグロリア・スワンソンは無声映画時代の大女優で、本作の撮影時は51歳であった。ジーナ・ローランズ演じる女傑が大活躍する、面白さ抜群でカルト的人気を持つ映画「グロリア」（1980年：監督ジョン・カサヴェテス）で、主人公の名前〝グロリア・スウェンソン〟は、この大女優からの拝借である。さらにハリウッドの歴史そのものであるセシル・B・デミル監督（「十戒」）が実名で出演し見事な監督ぶりを演じ、喜劇王バスター・キートンや映画コラムニストの女帝ヘッダ・ホッパーなどがゲスト出演している。

執事のマックスを演じたシュトロハイムは、ハリウッドに〝リアリズム〟を持ち込んだ監督で、彼の「グリード」（1924年）が長過ぎたため〝編集者〟という専門職が生まれた。ハリウッドの怪物と称された監督兼俳優で、グリフィスの「イントレランス」（１９１６年）では俳優兼助監督として活躍した。彼が監督し主役を演じた「愚かなる妻」や、ジャン・ルノワール監督の「大いなる幻影」で垣間見ることができるが、シュトロハイムほど軍服の似合う俳優も珍しい。あまりの完全主義者ゆえに映画の父グリフィス同様、ハリウッド資本によって葬り去られた伝説の監督でもある。

結局創世期よりハリウッドを生き延びたのはデミルだけであった。その彼がパラマウント撮影所で撮影していた映画は「サムソンとデリラ」（１９５０年）で、ノーマが自室のスクリーンで観ていたのは、スワンソン自身が主演し、シュトロハイムが監督した未完の作品「Queen Kelly」（１９２８年）である。ただこれにはスワンソンの手で完成された版があり、フィルムセンターで観た限りではそれなりのロマンス映画であった（これとは別の完成バージョンもあり）。

ノーマが撮影を見学中にマイクを払う場面は「映画は無声よ！」という彼女らしくて可笑しいし、突然照明で浮かび上がったかつての大スターに周りが気づく場面は秀抜で、観客も一瞬感極まる。

そして、虚構の中で暮らしていたノーマは現実の世界の軋轢《あつれき》に耐えられず発狂していくが、ラストでマスコミのカメラに向かって〝サロメのポーズ〟を取りつつ階段を下る場面では、その鬼気迫る演技に観る者は鳥肌が立つほどの戦慄と感動を覚えるのである。伝説の大女優〝グロリア・スワンソン〟一世一代の名場面であった。

さて話は変わって飲食物のお話。ジョーがノーマ邸で最初に出されるのが、キャビアとシャンパンである。場面を豪華に演出する食材の組み合わせでこれ以上のものはない。あの「カサブランカ」でも同様の組み合わせ場面があり、シャンパンはヴーヴ・クリコ（１９２６年）だったが、キャビアは大粒ベルーガか、中粒オショートラか、小粒のセブルーガか不明であった。本作ではシャンパンのブランドもキャビアの大きさもよく分からなかった。

印象深いのは、大晦日の夜ジョーが顔を出すパーティーで出されている「パンチ・ボウル」である。ボブ・ホープとジェーン・ラッセルの傑作コメディー「腰抜け二挺拳銃」（1948年）の主題歌〝ボタンとリボン〟が唄われる賑やかな会場で、ギュウギュウ詰めの若い男女が大きなパンチ・ボウル鉢にたっぷり入ったドリンクを、それぞれ一斉に直接カップですくって飲んでいた。

パンチ・ボウルは紅茶に砂糖やラム酒などの蒸留酒を入れ、レモンのゼスト（外皮のかたい部分）を加えたイギリスの飲み物である。オリジナルはインドの飲み物で、「panch」（パンチ）はヒンズー語で〝5〟を意味することから、5種類の材料が入るのが本来だが特に決まりはない。シナモンやナツメグなどのスパイス、ワインやブランデー、シャンパンなどを入れる場合もある。パンチ用の大きなガラス鉢の縁に、ぐるりと小さなカップを吊り下げレードルを使って供する。パーティーなどの人寄せをする時に、パンチ・ボウルを用意すると会場を豪華に演出できる。カラフルなうえ甘味がついたお酒なので男女ともに好まれ、アルコールのご利益で場をグッと盛り上げてくれる。

映画ではジョーとベティが、二人きりで芝居じみた台詞を言い合いながら親密度を増していく場面で、二人の仲を取り持つ重要な小道具の役割を果たしていた。「このパンチはのど飴をグレープジュースに溶かすの」というベティの言葉が印象深いが、のど飴の原材料にハーブやスパイスが入っているという意味だろうか？

さて、この映画の冒頭のクレジットタイトルは、文字がスクリーン上部中央を目指し流れる「スターウォーズ」のオープニングの逆で、上部中央を向いた文字は固定されたまま、背景の道路（サンセット大通り）が移動撮影で前に前に動く斬新な手法が取られている。

左より　グロリア・スワンソン　セシル・B・デミル

「スターウォーズ」の文字の流れは、もとネタの「フラッシュ・ゴードン」（1936年）のオープニングの借用で、翌年公開のセシル・B・デミル監督の「平原児」でも同じ手法が使われており、これは監督ワイルダーのデミルに対するひと捻りしたオマージュと見て取れる。

最後にトリビアだが、記憶が定かならこの映画がTVで初めて？　放映されたのは作曲家・芥川也寸志が解説者をしていた、東京12チャンネル（現テレビ東京）の「木曜洋画劇場」である。当日は特別ゲスト解説者として、何と！　我が映画の師匠、淀川長治先生が登場した。

ライバル番組「日曜洋画劇場」の解説者を他局が招いたわけだ。登場する俳優と映画の歴史的価値から、当時日本で最も適した解説者をわざわざ呼ぶという〝粋な計らい〟であった。芥川の発案か？　局のプロデューサーの考えか？　不明だが、「サンセット」というよりは「サンライズ」いや「サン（プ）ライズ！」というべきステキな話であった。

1993年カンヌ国際映画祭 パルムドール大賞・主演女優賞
ジェーン・カンピオン監督・脚本作品
ピアノ・レッスン
The PIANO
CIBY 2000 PRESENTS A JAN CHAPMAN PRODUCTION
ホリー・ハンター、ハーヴェイ・カイテル、サム・ニール
アンナ・パキン、ケリー・ウォーカー、ジュヌヴィエーヴ・レモン
衣裳＝ジャネット・パターソン／録音＝リー・スミス／音楽＝マイケル・ナイマン／編集＝ヴェロニカ・ジネット／美術＝アンドリュー・マッカルパイン／撮影＝スチュアート・ドライバラ／アソシエイト・プロデューサー＝マーク・ターンバル／エグゼキュティヴ・プロデューサー＝アラン・ドパルデュー／製作＝ジェーン・チャップマン／監督・脚本＝ジェーン・カンピオン ● DEVELOPED WITH ASSISTANCE OF THE AUSTRALIAN FILM COMMISSION, NEW SOUTH WALES FILM AND TELEVISION OFFICE ●ガイドブック＝新潮文庫刊、サントラ＝東芝EMI オーストラリア映画
©1993 JAN CHAPMAN PRODUCTIONS & CIBY 2000
提供＝フランス映画社、日本ビクター／配給＝フランス映画社 川喜多和子追悼、バウ・シリーズ作品
燃えあがる愛の……ピアノは私。
浜辺に置き去られた1台のピアノが
無言のエイダとふたりの男の
激しい愛のロマンを奏でだした……
●エロティックで、神秘的で、繊細さに
あふれた映像美＝米〈ニューズ・ウィーク〉
カンヌ映画祭で最高賞を一挙受賞
全世界で大ヒットの愛の名作です

「ピアノ・レッスン」チラシ

ピアノ・レッスン（１９９３年：フランス・ニュージーランド・オーストラリア）

監督・脚本：ジェーン・カンピオン　撮影：スチュアート・ドライバーグ　音楽：マイケル・ナイマン　出演：ホリー・ハンター、ハーヴェイ・カイテル、サム・ニール、アンナ・パキン

ニュージーランド出身の女性監督〝ジェーン・カンピオン〟の練り込まれた脚本と、女性ならではの繊細な演出が生んだ秀作である。時は19世紀の半ば、ニュージーランドの熱帯林と海岸を舞台に、〝愛情と欲望と官能〟の世界が感性豊かに描かれている。

スコットランドからこの地にやって来た女性を巡る愛の物語で、魅惑的なバック音楽と大胆なカメラワークが秀抜だ。ちなみに本作は第46回カンヌ国際映画祭でパルム・ドールと女優賞を受け、第66回米アカデミー賞主演女優賞・助演女優賞・脚本賞の栄誉に輝いた。

主人公の女性・エイダ（ホリー・ハンター）は毅然とした芯の強い個性的な美女である。彼女は口がきけないが常に10歳ほどの娘・フローラ（アンナ・パキン）が傍にいて、意思疎通の手伝いをしている。娘は未婚のまま生まれた子供だが、おしゃまで自我が強く空想と現実の世界を楽しんでいる。エイダは写真による見合いでニュージーランドのスチュアート（サム・ニール）に、娘とピアノを伴って嫁いで来た。

映画のオープニングは悪天候の海を乗り切って海岸に辿り着くエイダ一行の上陸場面である。屈強な男達の一団が荷役をしている。上陸早々娘は船酔いで嘔吐し、男達とエイダは海辺で小用を足す。荒々しさと生理的現象の場面で、印象深いというかショッキングな出だしである。母娘が一夜を海岸

で過ごすと翌日夫が迎えに来る。エイダは夫にピアノを運ぶよう頼むが、人手不足と悪路を理由にピアノは海岸の波打ち際に置き去りにされてしまう。

新婚生活が始まるがエイダ母娘はなかなか夫に心を開かない。彼女はピアノを運んでくれと夫に懇願するが無視される。そこで先住民と暮らす近所の白人ベインズ（ハーヴェイ・カイテル）に頼みに行くが断わられる。しかし根負けしたのか彼は母娘と海岸に出かける。

波打ち際でエイダがピアノを弾きフローラが周りで戯れる場面が微笑ましい。するとある日ベインズがスチュアートに自分の所有地とピアノとの交換を持ち出す。条件はエイダのレッスン付きであった。夫の指示でエイダはベインズにピアノを教え始めると、彼は「希望を聞けば鍵盤がひとつずつ君のものになる」と提案。彼女は「黒鍵（白鍵の半分）で」と答える。二人の奇妙なレッスンが始まるが、さてその行く末は？　というお話である。

冒頭にエイダの「6歳で話すことを止めた」「父はそれが私の〝暗い才能〟で、息を止める決心もしかねぬと嘆く」という独白があり、彼女が声を発しないのは自らの意志で、自殺もしかねない強靭な意志の持ち主だと暗示される。

彼女は未開のニュージーランドに嫁ぎ、夫を頑なに拒否しながら他の男との熱愛にのめり込んでいくのだが、ひとえにこの強固な意志の賜物？　といえる。物語はベインズのエイダに対する愛が「ピアノ・レッスン」を口実に徐々に彼女に伝わり始め、情交を重ねる仲となって進む。一方スチュアートは自らの思いに一向に応えないエイダに不満を溜めているが、ある日彼女の不倫現場を覗き見てしまう。

その後ベインズはピアノを彼女に返してくれるが、エイダは彼の所に行く口実がなくなる。紆余曲折があり漸く彼女が自分に心を開き始めたとスチュアートが思った時！　悲劇が起こる。ここからはネタバレだが、妻がベインズにまだ未練があることを知ったスチュアートは、残酷にも「裏切りは許さん！」と彼女の人差し指をナタで切断してしまうのである。

　さて話は変わって映画の中の飲食物のお話。本作では「紅茶」が最も印象深い。叔母？　宅でスチュアートが飲み、自宅ではエイダ、フローラ、夫の三人で飲み、そしてエイダが一人で飲む3場面で出てくる。未開の地での喫茶はイギリス人としての〝ステイタス行為〟になっている。叔母宅では白く濁っていたので「ミルクティー」であろうか？　自宅のものは澄んだ茶色であった。

　紅茶の原料となる茶葉はツバキ科の常緑樹である。原産地は中国で中国種とインド種（アッサム種：葉が大きい）に分かれる。日本茶も紅茶も両方から作ることができるが、お茶の違いは茶葉の「発酵度合い」にある。摘み取った生葉を揉んだ後、蒸したり炒ったりし発酵を止める不完全発酵茶（日本茶）、途中まで発酵させる半発酵茶（ウーロン茶）、黒くなるまで発酵させる完全発酵茶（紅茶）に大別できる。発酵は茶葉の持つ酵素によって行われる。

　紅茶は「一芯二葉」といって、先端の新芽と次の一枚目と二枚目までの三枚を摘む。この茶摘みだけは手作業で行われる。これを製茶するのだが、伝統的なオーソドックス製法（萎《しお》れたような茶葉）と、大量生産を前提にした機械式のＣＴＣ（Ｃｒｕｓｈ、Ｔｅａｒ、Ｃｕｒｌ：押し潰す、引きちぎる、丸める）製法（粒状の茶葉）がある。

　オーソドックス製法は、摘んだ茶葉を萎凋《いちょう》（水分を40～50％除きしおらせる）し、次に揉捻《じゅうねん》（圧力をかけてもみ、酸化発酵を促進）し、更にふるいにかけるＯＰ（オレンジペコ：そのまま形が残るタイプ）と、ＯＰをローターバンで小さく切り刻んでふるいにかけるＢＯＰ（ブロークン・オレンジ・

ペコ）に分かれる。

その後発酵工程に入るが、茶葉を広げて空気にさらし発酵させる。これとは別に熱源利用の短時間製法もある。最後は乾燥機による熱風で水分を3～4％までに落とす。この間およそ13時間ほどである。CTC製法は、萎凋（水分を30～40％除く）の後、ローターバンにかけた後、CTC機にかけ（ふるいなし）、発酵・乾燥工程となる。

紅茶は中国で生まれインドからスリランカさらに世界中に広まった。ダージリンとアッサムで有名なインドが世界の生産量の半分以上を供給している。1823年にイギリス人のR・ブルースがインドのアッサムの奥地で茶樹を発見し、後に弟のC・A・ブルースが栽培に成功したのが「アッサム」である。

1841年にはダージリン地区の長官キャンベル博士が中国種の茶樹の栽培に成功した。これが「ダージリン」である。インドではこの他に「ニルギリ」を加え3大産地という。スリランカでいう5大産地は標高の高い順（一八〇〇～一二〇〇m）にヌワラエリア、ウバ、ディンブラ、キャンディ、ルフナをいう。またダージリン、ウバ、キーマン（中国）を三大銘茶といい、他にジャワやケニアなどが有名な産地である。

以上は実際に私がスリランカで紅茶メーカーの方に聞いた話をもとに解説をしたが、「紅茶」は「珈琲」と同様実に奥が深く、「ワイン」「オリーブオイル」などとともに、「風味」以外にその背景の情報も求められることが多い。まさに〝蘊蓄好き〟の日本人には相性の良い食材だといえる。

さて映画の方はショッキングな悲劇の後、スチュアートがベインズに「エイダを連れてここを去れ」と言う。彼は彼女を愛しているがベインズに託したわけだ。そして母娘とベインズは帰国と相成る。ところが小舟を漕ぎ出すと、途中でエイダが「ピアノは海に捨てて！」と言う。ピアノは海に放り出されるが、ロープがエイダの足に絡んで彼女も海に放り出されピアノとともに沈んで行く。まるで自分の分身であるピアノが「見捨てるな！」と心中を強いているようだ。しかし彼女は必死でロープを解き海面に戻って来る。彼女の強い意志が〝生〟を選んだようだ。帰国したエイダは義指を付けピアノ教師として暮らし、発音の訓練も始める。まずは穏やかな日々が戻って来たというわけだ。ところが夜、彼女は沈んだピアノの夢を見る。何の暗示だろうか？

本作の原題は「THE PIANO」である。「ピアノ・レッスン」という邦題の内容は映画の一部であって、もう一人？　の主役の「ピアノ」の側から見ると興味深い。この映画は「エイダとピアノとの葛藤の物語」という見方もできる。過去のピアノを捨て去ることで彼女は真に自身から開放されたのかも知れない。ただ夢ではピアノは彼女を離さず、音のない沈黙の世界へ誘う。また女性監督から見た「男と女」が描かれているが、女性特有の思い込み的解釈が多少感じられる作品でもあった。ラストでトーマス・フッドの詩の一部が映し出されるが、この解釈がまた難しい。

最後にトリビアだが、15年ほど前にニュージーランドに調査に行った折、近くまで来たということで休日を利用して同僚とこの映画のロケ地「カレカレビーチ」を訪れた。広く長い海岸線には我々二人と現地人？　のたった三人しかいなかった。寄せては返す波の音と彼方に見える島、右手の切り立った崖、足跡のつく波打ち際、太陽が作り出す長い影。まばゆい陽光の中で、映画「ピアノ・レッスン」に思いを馳せたが、一瞬！　かすかに「ピアノ」の音が聞こえたのは錯覚だったのだろうか？

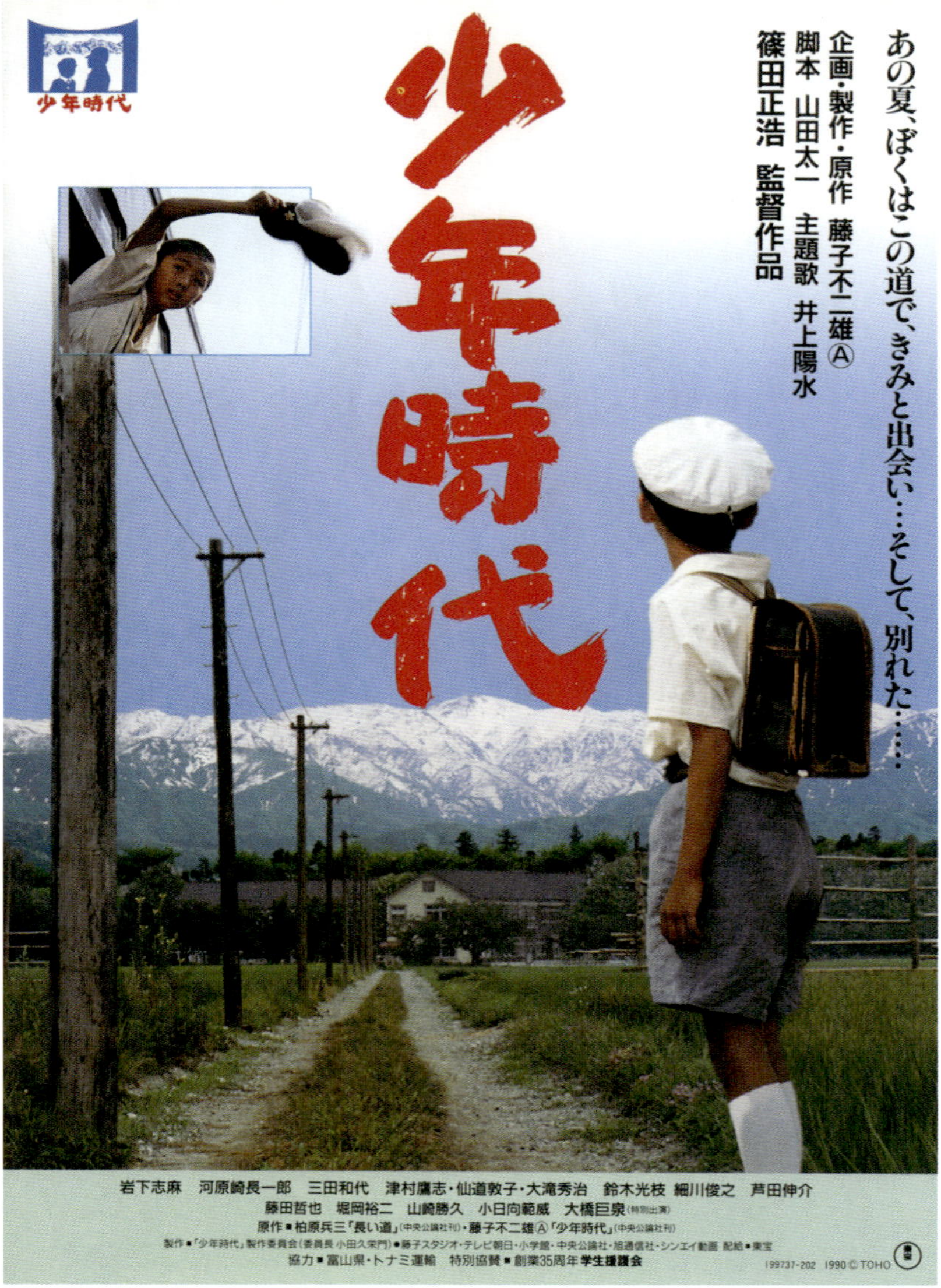
少年時代
あの夏、ぼくはこの道で、きみと出会い…そして、別れた……
企画・製作・原作　藤子不二雄Ⓐ
脚本　山田太一　主題歌　井上陽水
篠田正浩　監督作品
少年時代
岩下志麻　河原崎長一郎　三田和代　津村鷹志・仙道敦子・大滝秀治　鈴木光枝　細川俊之　芦田伸介
藤田哲也　堀岡裕二　山崎勝久　小日向範威　大橋巨泉(特別出演)
原作■柏原兵三「長い道」(中央公論社刊)・藤子不二雄Ⓐ「少年時代」(中央公論社刊)
製作■「少年時代」製作委員会(委員長 小田久栄門)●藤子スタジオ・テレビ朝日・小学館・中央公論社・旭通信社・シンエイ動画　配給■東宝
協力■富山県・トナミ運輸　特別協賛■創業35周年学生援護会
199737-202　1990©TOHO

「少年時代」チラシ

少年時代（1990年：東宝）

監督：篠田正浩　原作：柏原兵三、藤子不二雄Ａ（安孫子素雄）　脚本：山田太一　撮影：鈴木達夫　音楽：池辺晋一郎　出演：細川俊之、岩下志摩、藤田哲也、堀岡裕二、河原崎長一郎、三田和代、大滝秀治、仙道敦子、芦田伸介

藤子不二雄Ａが「週刊少年マガジン」に連載した漫画（原作は柏原兵三の「長い道」）を、藤子本人がプロデュースし篠田正浩が監督した作品である。特にそのテーマとラストの爽《さわ》やかな感動は特筆もので、もっと評価されてよい〝少年期を描いた映画〟の秀作である。

誰もが通ってきた少年期は、多くの未知の経験を積みながら大人に近づく通過点だが、楽しいことばかりではない。ひとりで悩み、苦しみ、自問自答をしながら必死でそれを乗り越える修練の場でもある。ただ大人になれば〝あれほど悩んだこと〟も〝ノスタルジックな思い出〟に変わってしまうのが不思議だ。

本作は少年期の映画に共通のこのようなテーマに、時代背景としての戦争や集団の中で起こる権力闘争を絡めながら、主人公達の揺れ動く微妙な心理や行動を見事に映像化した傑作である。

時は太平洋戦争下の昭和19年、運輸通信省の局長（細川俊之）の次男で小学5年生の風間進二（藤田哲也）は、父方の故郷である富山の田舎に一人で疎開することになる。都会から田舎に疎開すれば〝いじめ〟が想定されるわけだが、小柄ながら利発そうなこの主人公は特に気にする様子もなく環境に溶け込もうとする。

早速体格もよく腕力もありそうなクラスの級長、大原武（堀岡裕二）が遊びに来て友情を育む。貧乏でもが頭がよく手伝いもよくする武だが、実はクラスを牛耳る〝ボス〟で、腰巾着の級友を従え気に入らないと鉄拳制裁をする二面性をもっていた。進二と二人きりだと親身になって友情を示すが、人前では進二にも服従を強いて殴ることもあった。

デブで大柄な太は武に反逆を試みるが結局潰されてしまう。そのような状況下、ある日療養をしていた副級長の須藤が復帰をする。権謀術数に長けたこの少年は武の独裁体制を打倒すべく、ボスに不満な級友を組織しクーデターを成功させる。武を机で囲んで動けないようにし徹底的に殴り続けたのは太であり、その後その彼がボスとして君臨をし始める。

ところがトコロガである！　観客はある日痛めつけられる太を観ることになる。「お前が大将だと思ったら大間違いよ」「頭を使って力を合わした者が勝ちよ」との台詞を吐いているのはあの須藤である。大人社会の政治的な権力闘争の縮図がここに描かれ、物語に面白さと厚みが加わり、単純な少年モノ映画を乗り越えた独創性が見事であった。

暴力を伴う絶対的な権力にどう対処するのか、全面服従か？　殴られても自説を貫くのか？　大人でも難しい対応である。進二の場合は、疎開仲間の美那子に「ガキ大将に取り入って結構な羽振りやもんな、世渡り心得とるな〜！」と言われ、「俺は弱虫なんかじゃない！　取り入ってなんかない」と夜の海に絶叫する場面に、揺れ動く彼の本音が見えて切ない。

優等生が実は裏のボスという構図から、岩井俊二監督の「リリイシュシュのすべて」（2001年）が想起された。須藤の家で進二が「武、もういじめんでも平気、威張ったりせんと思う」と言うと、「そうはいかん、油断すると盛り返してくっから」と須藤が切り返すのにはゾクッとする。彼の家が田舎の豪邸で池の鯉に餌をやっている場面があり、昔の何処かの総理大臣が思い出されて思わず苦笑いである。

劇中当時のニュース映画が上映され、戦中の防空訓練や諸情勢が映し出されるのは興味深い。特に皇居が映ると「起立!」の掛け声で劇中の観客全員が起立するのには唖然とした。太の姉（仙道敦子）と村の青年との切羽詰った恋の場面に少年達が絡むのも微笑ましい。

この映画の食べ物では、美那子がお裾分けで持ってくる「かりんとう」や、取り巻きのひとりがボスに差し出す「ブドウ糖」など、戦時下で貴重な〝甘いもの〟が登場しリアルである。

また伯父（河原崎長一郎）が切った馬鈴薯に進二が何かつけている場面が出てくるが、これはカットした馬鈴薯の種芋に草木灰（木や草を燃やした灰でカリウムや石灰が主成分）をつけ、防腐処理をしているのである。馬鈴薯を作るには種芋をそのまま植えるか、小さく切りカット面を干すか、映画のように草木灰をつけて植えるという方法がありその一例である。

映画の舞台は半農半漁の村である。戦時下とはいえ都会に比べれば食糧は豊富のはずで、食事のメニューに期待したが場面も少なく不明瞭であった。ただ終戦の報が伝わる場面で、太がイカを処理していたのが印象深い。腸を取り「スルメ」を作る準備でもしていたのか?

さて富山といえば「ホタルイカ」をはじめ「イカ」が名物なので、ここで〝イカ談義〟を。イカは軟体動物の頭足類に属する。足が10本ありそのうちの2本は他より長く、餌をとる「触腕」である。イカは世界中に約五〇〇種類、日本近海には約一三〇種類が棲息し、日本人はそのうちの三〇種類ほどを食べている。日本は世界最大のイカ消費国であり、料理メニューの多彩さでは群を抜く食材である。

海外ではアングロサクソンやアラブ系の人々には喫食の習慣はなく、地中海のイタリア、スペイン、フランス、ギリシャとメキシコなどではよく食べられている。特にイカ墨を利用したパスタ、リゾット、パエリアなどは味にコクと深みが出るし、イカのフリット（フライ）はスペインのタパス（小皿料理）の代表で、レモンで食べると絶品であり、オリーブ油漬けやトマトで煮込んだイカの缶詰も多い。

「イカ」は干すと「スルメ」と名前が変わり、数え方も海中では「匹」、水揚げされると「杯」、干すと「枚」と変化していくのが面白い。最上級料理というより庶民的料理の食材として幅広く使われる。生なら刺身、寿司、イカ素麺、干してスルメ、イカ徳利、加工してさきイカ、のしイカ、燻製イカ、イカ天、切りイカ、塩辛、沖漬け、料理して煮付け、天ぷら、フライ、イカ飯、素材としてはパスタ、サラダ、ピザ、お好み焼き用にと多彩である。

消化が悪いと思われているが魚と変わりないし、コレステロールが多い分それを低下させるタウリンも多い。イカの旨味の本体はまだ未解明な部分もあるが、熟成中に発生するアデニル酸とグルタミン酸の味の相乗効果、さらにトリメチルアミンオキサイド（魚臭の素）やベタインと、グリシン・アラニン・プロリンなどのアミノ酸が関与しているらしい。

この映画で進二と武を演じた子役のもつ雰囲気と演技力は特筆もので、映画の成功に大いに貢献している。子役の自然な演技に対し母親（岩下志麻）をはじめ大人の演技が少々過激なのは、自分達の世界を淡々と過ごす子供と戦争に振り回される大人との対比効果を狙ったのであろう。

また写真館の親爺役で大橋巨泉がカメオ出演しているのも一興である。ちなみに彼の生家はカメラの製造販売をしていたので、それを背景にした洒落である。同じく生家がカメラ製造業の欽ちゃん

（萩本欽一）を加えたら、〝映像〟に関するリスペクトに洒落が加わった完璧な映画として、「歴史的価値はさらに高まった」と個人的には勝手な想像をしている。

そしてラスト、東京に帰る汽車を追いかけて武が農道をひたすら走る。「大原く〜ん！」進二が列車の窓越しに学帽を振る。井上陽水の唄うテーマ曲が流れ、「進二！」と叫んだ後に立ち止まった武がナチス式に片手を振り上げる。線路がカーブし列車がトンネルに入ると映像はワイプ（拭い去るような画面転換）し徐々に暗闇に消えて行く。

すると写真館で進二と武が二人で撮った写真が映し出され時の流れを暗示する。観客は自らの「少年・少女時代」をダブらせ、ジワリとくる感動と涙でしばし席が立てない。考えてみると、ラスト映像とこれほどフィットしたテーマ曲を私はほかに知らないことに気づいた。

美と旅情の大ロマンが
壮麗な水の都にきらめく！
大作曲家の心をとらえた
ギリシャ彫像のような美少年…
その愛と死を華麗に描く一大交響詩！
●カンヌ映画祭25周年記念特別賞受賞
映倫
巨匠ルキノ・ビスコンティ製作・監督作品
ベニスに死す
テクニカラー■パナビジョン
Luchino VISCONTI
DEATH IN VENICE
ワーナー・ブラザース映画
ダーク・ボガード■シルバーナ・マンガーノ
マーク・バーンズ■〈新人〉ビョルン・アンドレセン
製作総指揮マリオ・ガッロ■共同製作総指揮ロバート・ゴードン・エドワーズ

「ベニスに死す」ポスター

ベニスに死す（1971年：イタリア・フランス）

監督・脚本：ルキノ・ヴィスコンティ　原作：トーマス・マン　脚本：ニコラ・バダルッコ　撮影：パスクァーレ・デ・サンティス　音楽：グスタフ・マーラー　出演：ダーク・ボガード、ビヨルン・アンドレセン、シルヴァーナ・マンガーノ、マーク・バーンズ

巨匠ルキノ・ヴィスコンティが水の都ヴェニスを舞台に、美少年に魅かれていく初老の音楽家の心象風景を見事に描き切った名作である。「地獄に堕ちた勇者ども」（1969年）、「ルードウィヒ」（1972年）とともに彼の〝ドイツ三部作〟と称される作品の一本である。前作「地獄に堕ちた勇者ども」がナチの狂気と残虐さを血塗りの映像で表現したのに対し、本作はゆったりと時間をかけて初老の知識人が、〝理想の美〟を持つ少年に翻弄され堕ちて行く様を、主人公の独白のような形で映像化している。デリケート（繊細）でノスタルジック（郷愁）でそしてペシミスティック（悲観）な物語は、マーラーの音楽とともに観客の心にジワリと染み入り、深い余韻を残してフェードアウトする。さすが！　ヴィスコンティである。

保養のためヴェニスにやってきた主人公の音楽家、アッシェンバッハ教授（ダーク・ボガード）は、宿泊しているホテルで美少年、タジオ（ビョルン・アンドレセン）を見かけ思わず心を奪われる。美を追求してきた芸術家が、目の前にある現実の美に目覚めたわけだ。少年は母親（シルヴァーナ・マンガーノ）、家庭教師？　妹達と避暑を兼ねこの観光地にやって来たらしい。主人公は一度ミュンヘンへ帰りかけるが、荷物が誤送されたのでヴェニスに留まることにする。少年とまた会えるの

で、苛立ちが快《こころよ》さに変わる彼の表情が微笑ましい。

ホテル内の回廊、レストラン、エレベーター、街角、海辺など様々な場所で主人公は少年とすれ違うのだが、彼は少年に声をかけるのを躊躇し、ただじっと見つめるだけである。少年は主人公の視線に気づいており意識もしているのだが、二人の間にはそれ以上の進展はない。日々時は過ぎ、アジア・コレラがヴェニスの地にもやって来る。主人公は少年を意識し髪を染め若返りの美顔術を施してもらうが、皮肉にも少年がポーランドに帰る日に感染したコレラで亡くなる。染めた髪から額に汗が一筋〝血〟のように流れ出るのが印象深い。

原作はドイツの文豪〝トーマス・マン〟の短編小説だが、映画では主人公が小説家から音楽家に変わっている。小説のモデルはグスタフ・マーラーというのが定説で、映画化は色々な点で原作者の意図に原点回帰しているようだ。いわゆる古代のギリシャ・ローマ時代からある「少年愛」がテーマで、興味のある人にはより強く、無い人にはそれなりのインパクトを与えた。社会的地位のある者が〝美に溺れる〟という話では、原作者の兄〝ハインリヒ・マン〟の小説「ウンラート教授」（1905年）を映画化した、マレーネ・ディートリッヒ主演の「嘆きの天使」（1930年：ジョセフ・フォン・スタンバーグ監督）が想起される。謹厳実直な教師が踊り子にのめり込んで行く話だ。

この映画の成功は、マーラーに風貌の良く似た名優〝ダーク・ボガード〟の好演もあるが、美少年タジオを演じた〝ビョルン・アンドレセン〟の起用が最大の要因である。ギリシャ彫刻を思わせる深い彫りの顔（バスタオルを巻き彫刻像を想像させる場面あり）、白い肌、少年の色気、流し目など成人する前の少年の惚れ惚れする美しさが彼には備わっていた。

物語はホテル・浜辺などで物思いに耽るアッシェンバッハを、延々と撮り続けることで進んで行く。要は風景の中にポツンと存在する彼を、少年への〝渇愛〟という視点を絡ませながら淡々と描くわけだ。ここでは望遠レンズとズーム撮影で捉えた人物を、広角で捉えた風景と融合させる見事な効果が堪能できる。さらに主人公の女性体験、平和な家庭と幼子の死、同僚との論争などの回想場面を時折挿入することで、彼の全体像を浮き彫りにしている。監督のヴィスコンティはよく知られているように、ミラノを統治してきたヴィスコンティ一族の末裔で本物の貴族である。したがって登場人物の衣装やセットも完璧で豪華絢爛である。

さて映画の飲食物だが、ホテルのレストランで主人公は「スープと魚」を注文している。さらに「パン」や「オレンジジュース」などが映し出されているが、豪華メニューの中身はよく分からない。回想場面では紅茶とお菓子が出てくる。しかし最も印象深いのは浜辺で男達が売り歩く「イチゴ」「オレンジ」「レモン」などの果実である。現在でも同様に販売されているか不明だが、20世紀初頭のヴェニスの海水浴場で果実が売られているのが興味深い。

潮風を受けたり水遊びで疲れた体には、水分と糖分がたっぷりの「イチゴ」や、疲労回復効果のあるクエン酸が入った、甘くてジューシーな「柑橘類」は理に叶った食べ物である。緑色や褐色の飲み物も映し出されるが、これはホテルからのケータリングのようだ。

映画の中ではもっぱら海に入っているのは子供達で、大人の特にご婦人方は日傘を差し帽子をかぶり、日焼けをしないようにレースで顔を隠している。また日よけとテーブル・チェアーが用意されており、主人公もシロッコ（熱帯性の季節風）を受けながら作曲をしているようで、一段落し大きな「イチゴ」を頬張っている息抜き姿には、思わず親しみを覚える。

ところで映画では時折小道具として果物が登場することがある。果物は各々の色が鮮やかな色彩をもつため、特にカラー映画で画面全体を引き締める「ワンポイント」として利用されることが多い。果物は食用になる果実のことだが、その果実の色が鮮やかなのは鳥や動物に見つけて食べてもらい、「種子」の拡散を期待しているとの説がある。果実は熟す前は食べられないよう地味な色で過ごし、熟すと子孫を残すために、〝利己的な遺伝子〟の理論により目立つ色になるというわけだ。

これには鳥の〝色彩識別能力〟や〝嗜好〟の問題があるが、最近ネイチャー系のオンライン科学誌「Scientific Reports」に、「アジアの熱帯地方の鳥は赤色と黒色を好み緑色は好まない、この地方の果実に赤や黒が多いのは、果実が鳥の嗜好に合わせて色彩を進化させたからだ」という研究が掲載されており、果実の色の形成過程を考察する上で興味深い話だ。

果物の色について解説をしておくと、イチゴの赤色はアントシアン、オレンジの赤黄色はカロチノイドである。日本では一般に「オレンジ」というと「バレンシアオレンジ」をさすが、オレンジの仲間には「ネーブル（臍）オレンジ」、果汁にすると特別な美味しさが出る「ブラッドオレンジ」（果肉の暗赤色はアントシアニン）などもある。日本人の一人一日当たりの果物消費量は１４４グラムで、イタリア４２６グラム・イギリス３４３グラム・アメリカ３０３グラム（２００９年ＦＡＯ：ワイン原料を除く）などに比べ少ないが、日本は飲料水が手軽に飲めるためだろうか？（果物は水菓子といわれるほど水分が多いので、水分補給の役目もある）

本作は階級や家族の崩壊をテーマにすることが多いヴィスコンティらしく、老音楽家、少年、コレラに託して爛熟した文化の崩壊と来るべき戦争を暗示した傑作である。付け加えると冒頭主人公が乗船している船名「エスメラルダ」は彼が接触する娼婦の名前と同じで、下船する時絡んでくる化粧顔の男は、最後に化粧顔で死んで行く主人公を暗示している。

☆ベニスに死す

回想の中の若者アルフレッドはマーラーの論争仲間アルノルト・シェーンベルクがモデルである。またヴィスコンティは本作と相前後してトーマス・マンの「魔の山」（完成すれば「ドイツ4部作」）と、マルセル・プルーストの「失われた時を求めて」の映画化を模索していた。2作とも未完に終わったが、「失われた時」は再び戻ってこないのが残念だ！

「素晴らしき哉，人生！」パンフレット

素晴らしき哉、人生！（1946年：アメリカ）

監督・脚本：フランク・キャプラ　原作：フィリップ・ヴァン・ドレン・スターン　脚本：フランセス・グッドリッチ、アルバート・ハケット　撮影：ジョゼフ・ウォーカー　音楽：ディミトリ・ティオムキン　出演：ジェームズ・スチュアート、ドナ・リード、ライオネル・バリモア、トマス・ミッチェル

東日本大震災の被災地のニュースを見ていたら、被災者を元気づけようと一本の映画が巡回上映されていることを知った。そのタイトルが、何とフランク・キャプラの「素晴らしき哉《かな》、人生！」だということで、映画ファンの一人として上映会の企画者に、思わず〝感謝の拍手〟を贈ってしまった。アメリカではクリスマス時期になるとＴＶ放映され、大学の映画学科では授業に必ず使われるという伝説の名画である。

主人公のジョージ・ベイリー（ジェームズ・スチュアート）は、小さな田舎町で育った人の良い青年で、いつか町を出て世界旅行をし大学を出て建築家になるのが夢であった。彼の父親は小さな住宅金融会社を経営しており、高校を出た弟が会社を継ぎ彼は大学に進学する予定だった。進学資金も貯まったので欧州旅行と大学へ行くため町を出ようとした時、突然父親が他界する。結局弟が大学へ進学し彼は父の会社を継ぐことになった。その後、幼なじみのメアリーと結婚するのだが、新婚旅行の当日に〝取り付け騒動〟が勃発し、運悪く再び町を出ることができなかった。

四人の子供に恵まれそれなりに幸せだったジョージに、ある日突然不幸が襲う。叔父が悪徳銀行家

の陰謀にあって、銀行に預ける金を紛失したのだ。会社の倒産を防ぐため金策に奔走するが万策尽き、失意の彼は雪の降りしきるクリスマス・イヴの夜、橋の上から濁流の川に身を投げようとする。ところがトコロガである……。彼を助けたい多くの人々の祈りが神様に届き、神様は救済のために〝二級天使〟をこの世に遣わせたのである。

少々とぼけた二級天使は天使の羽根を貰う約束もあり、「生まれてこなければよかった」と叫ぶ主人公に、「君はこの世に存在しない」と本人が存在しない町を見せるのである。悪徳銀行家の名前がついたその町で、ジョージは自分がいなければ起こる数々の不幸を目にし、自分の存在価値に気づく。そこで「もとに戻してくれ！」「また生きたい！」と叫ぶ。そして感動のラスト！　現実に戻った彼に奇跡が起こり「めでたしメデタシ」となるのである。

「たわいもない寓話だ！」と言ってしまえばまさにその通りで、〝古めかしい、クソ真面目な、古き良きハリウッド時代のご都合主義の映画〟であることは間違いない。事実、第二次大戦終了の翌年に公開され興行的には大コケであった。

フランク・キャプラは「オペラ・ハット」（１９３６年）、「我が家の楽園」（１９３８年）、「スミス都へ行く」（１９３９年）などアメリカの理想主義を謳歌した作品で、世界中に多くのファンを持つ監督であった。しかし当時の大衆は「キャプラコーン」と呼ばれたキャプラの〝甘い理想主義映画〟より、同年に作られたウィリアム・ワイラーの、「我等の生涯の最良の年」（１９４６年）のような戦後のリアリズムを感じる作品を選んだのである。しかし、１９８０年代にこの映画の著作権が消失し、ＴＶで繰り返し放映されるようになると、時代背景もありキャプラの〝善意や良心〟が再び見直され、再評価につながったのである。

さて映画の食べ物の話。融資した新居に入る友人に主人公夫妻が贈るのが、パン（飢えることのないように）、塩（彩のある人生を）、ワイン（永遠の繁栄を）で実に含蓄が深い。アイスクリームにトッピング（ココナツパウダー）というのも、当時の日本人には想像もつかない食のスタイルだ。

しかし最も印象深いのは、結婚式当日にくたびれ果てて帰宅した主人公に、新妻が用意して待つ「ローストチキン」である。ボロ屋敷を改造し、友人の協力で装飾された新婚用の部屋には、記念すべき新婚第一夜のディナーを飾る「ローストチキン」が、明々と燃える暖炉の火を浴びながらローストされている。

左より　トマス・ミッチェル　（一人おいて）
ドナ・リード　ジェームズ・スチュアート

バックミュージックを奏でる蓄音機はベルトでチキンを焼くロースターに連結され、レコードの回転がチキンの回転にシンクロしているのが可笑しい。雨でずぶ濡れになり、寒々としたままの主人公が部屋に入ると、暖炉の炎の温かさとローストされるチキンの香り高い美味しさまでが、観客に伝わってくるから不思議だ。加えて新妻メアリーの癒しに満ちた美しさが、この場面に見事にマッチし深い感動を観客にもたらす。

チキンがらみで日本の家禽肉の話をすると、もともと日本では鶏を丸ごと供することはまれであった。欧米と異なり調理器具としてのオーブンの歴史が浅いこともあり、「ローストチキン」が一般化したのはここ30年ほどの話である。

アメリカでは昔からクリスマスに「ターキー」を食べる習慣があった。たまたま私が45年ほど前の新入社員時代、グループ会社が日本のターキーの7割を飼育していた関係で、クリスマス時期に「ローストターキー」（後に日持ちと味の関係でスモークに変更）をＶＩＰにお届けしていたが、当時スーパーの店頭に同様の商品はほとんどなかった。「ローストターキー」も「ローストチキン」も〝ハレの日〟の豪華料理で、日本でいえば「尾頭付きの鯛料理」ということになる。

映画の直火焼きはオーブンで蒸して焼くより美味しい味になるはずで、脂肪を含んだ皮で覆われている鶏を強火で短時間焼くと、蒸し焼きによる旨みの流失もなく、皮の表面で起きる「糖アミノ反応（メイラード反応）」による美味しい香りの発生と味のアップがあり、骨や腱などから溶出される成分によりコクや旨味が出る。

また、戦前は高価であった鶏肉が安価に入手可能となったのは、〝ブロイラー〟という飼料効率のよい鶏肉が供給されたお蔭である。それ以前の日本の鶏肉は、一部肉用品種もあったが、白色レグホンなどの採卵用品種の老廃雌鶏か、不要若雄（抜きオス）の肉が主体であった。昭和30年頃までは日本の鶏は採卵が主で肉の需要はあまりなく、近郊の多くの家庭では採卵用に鶏を飼っており、たまに鶏をひねって〝かしわ肉〟として食べたものである。

これはいわゆる地鶏なので脂も少なく硬いが深い味わいがあった。ブロイラー産業は、第二次大戦後のアメリカで発達したもので、日本独自のブロイラー養鶏は昭和30年頃から試みられたが、30年代半ば商社によりアメリカ型システムが導入され始め、40年代後期の「ケンタッキー・フライド・チキン」をはじめとしたファストフードが鶏肉需要に拍車をかけ、「美味しく、ヘルシー」ということで現在の隆盛を見せている。

ところでフランク・キャプラはシチリア移民で、苦学してカリフォルニア工科大学を卒業した監督である。もと喜劇のギャグ・ライターで、本作のような感動作とは別に、「或る夜の出来事」（1934年）や「毒薬と老嬢」（1944年）といった、一度は観て欲しい傑作喜劇映画も多い。最後にトリビアだが妻役のドナ・リードは、TV初期の名作「うちのママは世界一」のママ役として日本でも人気があった。当時の視聴者はこの作品や「パパは何でも知っている」などのアメリカ製TVドラマを観て、モダンなキッチンや〝アメリカの生活〟に憧れたものである。

また当時のハリウッド映画やアメリカのTVドラマを観て育った、我々団塊の世代とその前の世代（昭和20年代から30年代中頃に小・中学校を過ごした世代）にとり、アメリカは〝憧れの国〟で、「アメリカ文化」を吸収することが〝ステイタス〟の時代であった。そして〝憧れ〟を追う中で学んだアメリカ的「民主主義や理想主義」は、学園紛争時代の〝反米の叫び〟とは別に、間違いなく我々の体に浸み込んでいたわけだ。

本作は70年余り前の映画だが、リベラルなアメリカがもっていた「理想主義」を観客に訴求したものである。〝勇気をくれる映画〟というコンセプトとともに、監督フランク・キャプラの「アメリカ的理想主義」を、次世代に引き継いでいく重要な作品として今後もPRしていきたい。

転校生

左より　尾美としのり　小林聡美

転校生（１９８２年：日本テレビ＝ＡＴＧ）

監督：大林宣彦　原作：山中恒　脚本：剣持亘　撮影：阪本善尚　音楽：林昌平　出演：尾美としのり、小林聡美、佐藤允、樹木希林、宍戸錠、入江若葉、志穂美悦子

「時をかける少女」「さびしんぼう」とともに、大林宣彦監督が故郷・尾道を舞台にした「尾道三部作」の最初の作品である。男子と女子の中学生の体が入れ替わることで巻き起こる騒動を描いたコメディーだが、映像のリズムとテンポが抜群によく、無駄のない作りで大いに笑わせてくれる。しかし一方で妙に懐かしく心に残る映画でもある。

主人公達が中学生なので、思春期・性・恋愛などがテーマになっているが、二人が互いに取り替わった相手の体（本来の自分）を気遣うことで、しっかりと自分を見つめ相手を思いやり成長していく話でもある。

ラストは横浜に引っ越す男の子と尾道に留まる女の子との別離だが、離れて行く二人が互いにかつての自分の体だった相手に言う、「さよなら私」「さよなら俺」は、ちょっと類を見ないほど見事な台詞で、その切なさに言いようのない感動が走り、涙で頬が濡れてしまう。日本映画史に残るほどの優れたラストであり、思春期の若者達には共感できる思い出になり、大人達には過ぎ去った青春時代を懐かしく想起させる。

斉藤一夫（尾美としのり）は元気な悪ガキ中学生。グループの悪童達と女子更衣室に忍び込むなど悪戯の日々である。彼の趣味は８ミリで、家にはそれなりの道具と彼の名前「KAZUO.S」入りのデ

ィレクターズチェアがある。ある日一字違いの斉藤一美（小林聡美）という女子生徒が転校して来るが、何と二人は幼馴染であった。

一美は屈託なく一夫に接してくるが、彼はテレから彼女を避けるように振舞う。ある日神社の階段から転げ落ちた二人は体が入れ替わってしまう。入れ替わったことに気づかない一夫はそのまま帰宅、鏡を見て一美になっている自分に驚くわけだ。体を触って「無くなっている！」には大笑いだが、彼が自分の胸に驚くのは観ているこちらも赤面する。

一夫が入り込んだ一美は当然乱暴な女の子になるし、逆に一美の一夫はなよなよ・メソメソの男の子になってしまう。小林聡美の男っぽい演技と、オカマっぽい尾美としのりの演技が実に見事で、笑い転げながらその奮闘ぶりに感心する。

特に小林聡美の一夫は、中学生（実際の彼女は17歳ぐらい？）とはいえ何度も胸を直接見せるわけで、女優さんは勇気があるものだと感心した記憶がある。もっとも色っぽさは皆無の〝あっけらかん〟としたものであった。しかし中高生には少々刺激もあるので、ここは多少の話題性を想定し〝それなりのもの〟をサラリと配した、もとＣＦ界の巨匠・大林監督のマーケティングセンスがチラつく。

自転車の乗り方から始まりトイレの使い方まで男の子と女の子では違うわけで、このギャップに着眼した原作者のアイデアの捻り出し方に脱帽である。特に中学生という設定がもたらす、この時期の「男子の性衝動」や「女子特有の体の変化」は、真面目に論じれば論じるほど「プ～！」と吹き出す話になるので、結構笑いネタには困らない作品である。

簡単に体がもとに戻らない一美が悲観して一夫に言う、「私、自殺したくなっちゃった」「バカ言うなよ」「おめえが死んじまったら、俺どうなっちまうんだよ」「おめえの体は俺のもんなんだからな、勝手に殺したりしねえでくれよな」「私の体も大事にしてよ」本人たちはシリアスだが観客は大笑いである。

さらに、一夫の父が横浜に転勤することになり、このまま体がもとに戻らなければ自分の体に会えなくなってしまうことを悲観した一美の台詞、「裸を見ておきたい」「ちゃんと綺麗にしておきたい」「もう会えなくなっちゃう私の体にサヨナラを言わして」にはグッと込み上げてくるものがあった。

さてこの作品には実に多くの飲食物が登場する。学校帰りに悪ガキ達が食べているアイスクリーム、早弁用の弁当。一美の家の夕食では焼き?魚、サラダ、椎茸、こんにゃく?　サヤインゲンなどの煮物、巻きずし、蒲鉾、吸い物。その夜の団欒でバナナ、ブドウ、麦茶。同じ日一夫の家の夕食では父親の栄転祝いもあり、鯛の塩焼き?　茹でたエビ、シャコ、ハスと椎茸の煮物、トマト、サラダ、ビール。別の日の一夫宅では枝豆、ビール、トマト、揚げ物、吸い物。

水着を買いに来た一美と母親が喫茶店?　で食べる、ワッフルのフルーツ乗せ（バナナ、パイン、ブドウ、リンゴ?）、アイスコーヒー、オレンジジュース。向島の水泳教室ではバスの中でチョコやスティック菓子、夕食のカレー。一美一家が花火を見ながら食べるのが西瓜、その他アイスティー、カルピスなどが登場。福山城での憧れの人とのデイトで相手が買うのは「カルピスソーダ」で、瀬戸田に向かう船では桃、梨が出てくる。

特に印象深いのは「焼きおむすび」である。法事で家族が留守中に主人公の二人が食べるのだが、これは〝母の味〟なので一美の母に会いたいという思いがジワリと滲み出ていた。「焼きおむすび」は、「おむすび」に醬油や味噌を付けて焼いたものだが、これは西と東で呼び方が違う。一般に西の

「おむすび」に対し関東では「おにぎり」というので、関東では「焼きおにぎり」である。

尾道が舞台の本作では「焼きおむすび」と呼ばれていたが、「お前のお袋が焼いた〝にぎりめし〟だ」という別の表現もあった。冷凍食品やコンビニでポピュラーな商品だが、商品開発的には〝おにぎり〟の周りの味付けにもっとバラエティーを持たせるべきと考える。この先には究極の「お焦げおにぎり」があると個人的には考えている。

この場面では一緒に卵焼きと「さつま揚げ」も出てくる。魚介類（魚、エビ、貝など）の肉に食塩を加えて擂潰《らいかい》（すりつぶす）すると粘りが出てくる。これは蛋白質《たんぱく》が3次元網目構造を形成し水を抱き込んだもので、このすり身を蒸したり焼いたりしたものが、水産加工品の傑作「蒲鉾」である。油で揚げた「揚げ蒲鉾」は、関東でいう「さつま揚げ」で、広島をはじめ九州などでは「てんぷら」という。いわゆる「天麩羅」と混同する場合があり関東人にはややこしい。

映画の中に出てくる〝枝付き柿〟の形をした「さつま揚げ」は、尾道の蒲鉾の名店「桂馬」の「柿天」で、味はわずかに甘いが絶品である。一度賞味されることをお勧めする。「蒲鉾」は魚のすり身を細い竹につけて焼いた「竹輪」が原点で、形が「蒲の穂」に似ているので転じて「かまぼこ」になった。「アシ」「コシ」と呼ばれる弾性がポイントで、関東は蒸すが関西は焼きが多い。原料はサメなどが多かったが、関東ではグチやエソをもって最高の原料とし、関西ではハモになる。現在はスケトウダラのすり身が主体で、関東（小田原）ものはやや甘く、関西以西は味スッキリでアシ・コシが強い。

一夫の帽子が「20世紀フォックス（英字）」だったり、彼の家の塀の映画館用ポスターがジョン・ウェインで、彼の最初の傑作「駅馬車」（1939年）に始まり、「アパッチ砦」（1948年）を経て、彼の遺作「ラスト・シューティスト」（1976年）と変化して行くのが映画ファンには楽しい。二人が入れ替わるきっかけは缶詰の空き缶を蹴飛ばしたことだが、最初は「ミカン」でもとに戻る時は「人参」だった。何か意味があるのだろうか？　そしてラスト！　小さくなっていく8ミリのモノクロ画面に、引越しのトラックを追っていた小林聡美が背を向けてしょんぼり歩き出し、それがスキップに変わってクルリとこちらを振り向いてエンドとなる。この郷愁に満ちた切なさは何なのか？

「愛と青春の旅だち」チラシ

愛と青春の旅だち

（1982年：アメリカ）

監督：テイラー・ハックフォード　脚本：ダグラス・D・スチュアート　撮影：ドナルド・ソーリン　音楽：ジャック・ニッチェ　出演：リチャード・ギア、デブラ・ウィンガー、ルイス・ゴセットJr.、デヴィッド・キース、ロバート・ロッジア、リサ・ブロント

海軍航空士官候補生と製紙工場で働く女性の恋愛模様を描き、本国アメリカは勿論日本でも大ヒットしたロマンス映画である。大学を出てジェット機のパイロットを目指す主人公ザック・メイオ（リチャード・ギア）が、航空士官訓練学校で猛烈な特訓を受け成長を遂げていく話である。同期生とともに教官のしごきに耐えながら士官を目指す話が主軸である。これに主人公と地元の娘ポーラ（デブラ・ウィンガー）、同期のシド（デヴィッド・キース）とポーラの同僚リネット（リサ・ブロント）という、二組のカップルの〝ラヴ・アフェア〟を絡ませながら話は進んでいく。

女性観客はセクシーなリチャード・ギアに、男性観客は美人で魅力的なデブラ・ウィンガーにたちまち夢中になる。まるで絵に描いたようなというか、映画のような（ん？）美男美女が織りなすラブ・ストーリーである。TV出身の監督テイラー・ハックフォードは、無駄のないストーリー作りで、13週間？　という訓練期間の中で、〝厳しい特訓〟と〝恋愛の理想と現実〟を通し、若者達の「愛と青春の旅立ち」を見事に描いたのである。

ザックは幼い時に母親が自殺したのでフィリピンにいる父親に引き取られた。父親は海軍の兵役につく、飲んだくれで女性にだらしない男である。売春宿のような場所で育った彼はそれでも大学を卒

業する。すると彼は冷笑する父親の反対を押し切り、腕の刺青を隠し航空士官訓練学校に入学する。パイロットになることで、惨めだった過去を棄て希望の明日を自らの手で切り開こうとしたのだ。入学するとまず同期生一同は集合、点呼である。指導教官は黒人のフォーリー軍曹（ルイス・ゴセットJr.）で、新入生は徹底的に罵声を浴びながら、今までのぬるま湯生活を矯正させられるわけだ。ザック・メイオ（Mayo）はマヨネーズと呼ばれ、〝しごき・しごき〟の毎日が繰り返される。

彼等が目指すのは戦闘機のパイロットである。一瞬の判断ミスは死につながり、自分だけでなく全体の生死を左右するので〝徹底的なしごき〟は当然といえる。軍人&パイロットとしての基礎的な体力・身体能力、メカを動かすための航空力学などを解する脳力、加えて孤独や狭い閉所にも耐えられる強靭な精神力などが、訓練を通じチェックされ強化されていく。

能力に限界を感じたり、しごきに耐えられなかった者が脱落し学校を去るケースも多い。当初30人近くいた同期生は卒業時には20数人になっている。そのような中でザックはちゃっかりと調達屋をして小遣い稼ぎを始める。これはビリー・ワイルダー監督の名作「第十七捕虜収容所」（1953年）で、ウィリアム・ホールデンが演じた主人公からのアイデア拝借のようだ。

体力・運動能力が抜群のザックだが、理数系の授業は少し弱点があるようで、そちらの能力抜群のシドと仲良くなる。一方、学校周辺の若い娘達は、将来のパイロットを夫にすべくあの手この手で近寄ってくる。〝体を張って〟くるのは当然で、最後は〝妊娠〟という手を使う場合もあるとのことだ。

ザックとシドはそれぞれポーラとリネットという若い女性を引っ掛ける。女性二人は製紙工場の女工であり、当然引っ掛けられた可能性もある。ザックは「父親は第七艦隊の少将」と格好をつけるが、ポーラは素直に「自分は工場勤めだ」と言う。そして二組の〝恋人同士〟は、休日ごとに心身ともにエンジョイする仲になっていく。

ザックに対するポーラの愛情は、当初それほどではなかったが徐々に強くなっていく。一方、シドとリネットの仲は熱々ムードで進行していく。四人は各々人生に背負ってきたものがあり、それを乗り越えようとした時に悲劇が起きる。さて物語はどう展開していくのか？　ザックとポーラの愛のいく末は？　というお話である。

ではここで映画の飲食物を観てみよう。まずフィリピンの場面で、ジープニーの中で父親が飲むのが、フィリピンの№1ビール「サン・ミゲル」。父親の家では「西瓜?」、屋台では「串焼き」が出てくる。学校のパーティーでザックが飲むのが「パンチボウルのカクテル」で、招待されたポーラの家では「ビール、ワイン、サラダ、チキン、マッシュポテト」などが出てくる。

工場の食堂のテーブルにはスナック菓子やリンゴなどがある。シドの両親との会食場面もあるがメニューはよくわからない。バーではビール、ブランデーにカクテル用のオリーブ、チェリーなどが垣間見られる。訓練学校の食堂ではケチャップ、マスタード、塩、胡椒、タバスコが常備され、リンゴ、牛乳、グリーンサラダなどが確認できる。

特に印象深いのは、ザックとポーラが結ばれたモーテルで食べる朝食である。部屋のキッチンでポーラが手早く作る朝食は、ワンプレートに入ったスクランブルエッグ、カリカリベーコン、トーストした三角のパンである。紙コップのコーヒー、塩と黒胡椒？　もテーブルに置かれている。いかにもアメリカの朝を代表するメニューである。

アメリカの朝食というと、シリアル、パンケーキ、オートミール、フレンチトースト、ワッフル、ベーグルなどがイメージされるが、パンも含めこれらは基本的に麦類・穀類などを原料とした炭水化物の食品である。栄養バランスからは他の栄養素を補給する必要がある。

そのような意味合いで見るとスクランブルエッグの卵は最も優れた栄養素の塊であり、蛋白質は勿論のこと小麦に不足している必須アミノ酸の〝リジン〟の重要な供給源だ。またベーコンだが、これは豚肉を塩漬けにし燻製にしたもので、日本では通常バラ肉で作るが、肩ロース肉を使用したショルダーベーコンもある。

ソテーすると発生する独特の風味は食欲をそそり、脂の旨味が他の食材の味を補強する。その意味では「調味料」の要素を持つ食材ともいえる。栄養学的には原料の豚由来の蛋白質、脂質は勿論、豊富なビタミンB_1、その他B_2・鉄などが補給できる。ソーセージ（原料豚肉）もベーコンとともにアメリカの朝食用食材の代表アイテムだが、栄養学的にはベーコンに準じる。こちらは形・大きさ・味付けがバラエティー豊かであり、それぞれの楽しみ方ができる。

いずれにしても朝食のパターンは移民達の母国の食文化が影響しているのだろうが、入手できた食材や味・栄養などの点で、徐々にこのスタイルになったのであろう。朝の忙しい時に手早く作れるというのも組み合わせの重要な理由かもしれない。画面の中ではポーラの手際良さが「きっといいお嫁さんになれるよ！」という雰囲気を醸し出していた。

さて映画の方だが、生い立ちの状況から自己本位の傾向があるザックも、徐々に仲間との絆を深めていく。しかし体力適性のないことに気づいたシドが、あと2週間で卒業という時に自主退学しその後悲劇が起きる。

一方フォーリー軍曹のしごきは辟易《へきえき》とするほど厳しく、自分勝手なザックには徹底しており、両者の葛藤は凄まじいものがある。ある日ザックのうっ積が爆発し二人は空手の対決となる。軍曹を理解できないザックと、身を挺して彼にわからせようとする教官の気迫に満ちた闘いが見ものだ。

フォーリーを演じたルイス・ゴセット・ジュニアは本作の名演でアカデミー賞助演男優賞を受賞する。黒人の演技賞受賞者としては、シドニー・ポワチエの主演男優賞（野のユリ：１９６３年）以来19年ぶり、三人目の受賞者であった。１９２９年にスタートしたアカデミー賞だが、もともと「演技賞」は白人以外はめったに受賞できない賞であった。

日本人では早川雪洲（戦場にかける橋：１９５７年）、ナンシー梅木（サヨナラ：１９５７年）、マコ岩松（砲艦サンパブロ：１９６６年）、渡辺謙（ラストサムライ：２００３年）、菊地凛子（バベル：２００６年）の五名が過去に助演賞にノミネートされたが、受賞はナンシー梅木だけである。

黒人俳優の受賞者第一号は比較的早く、「風と共に去りぬ」（１９３９年）でメイドを演じたハティ・マクダニエルで助演女優賞だったが、その後ポワチエの受賞までに24年かかった。黒人の演技賞受賞者はその後徐々に増え、２０１７年現在では16名に達している。ちなみに本作の主題歌「Up Where We Belong」はアカデミー賞歌曲賞を受賞した。

そして無事卒業となるが、士官となった生徒にフォーリー軍曹が敬意をもって別れを告げる場面は大感動ものである。ラストは身勝手な考えでポーラを振ったザックが、バイクで学校を後にするとそのまま製紙工場に直行、ポーラと抱擁を交わし彼女を抱き上げる。彼の制帽を彼女が被ったところで画面は静止しエンドとなる。さわやかな感動が観る者の全身を襲い、この瞬間！「愛と青春の旅だち」は伝説の「青春映画」となったのである。

バグダッド・カフェ

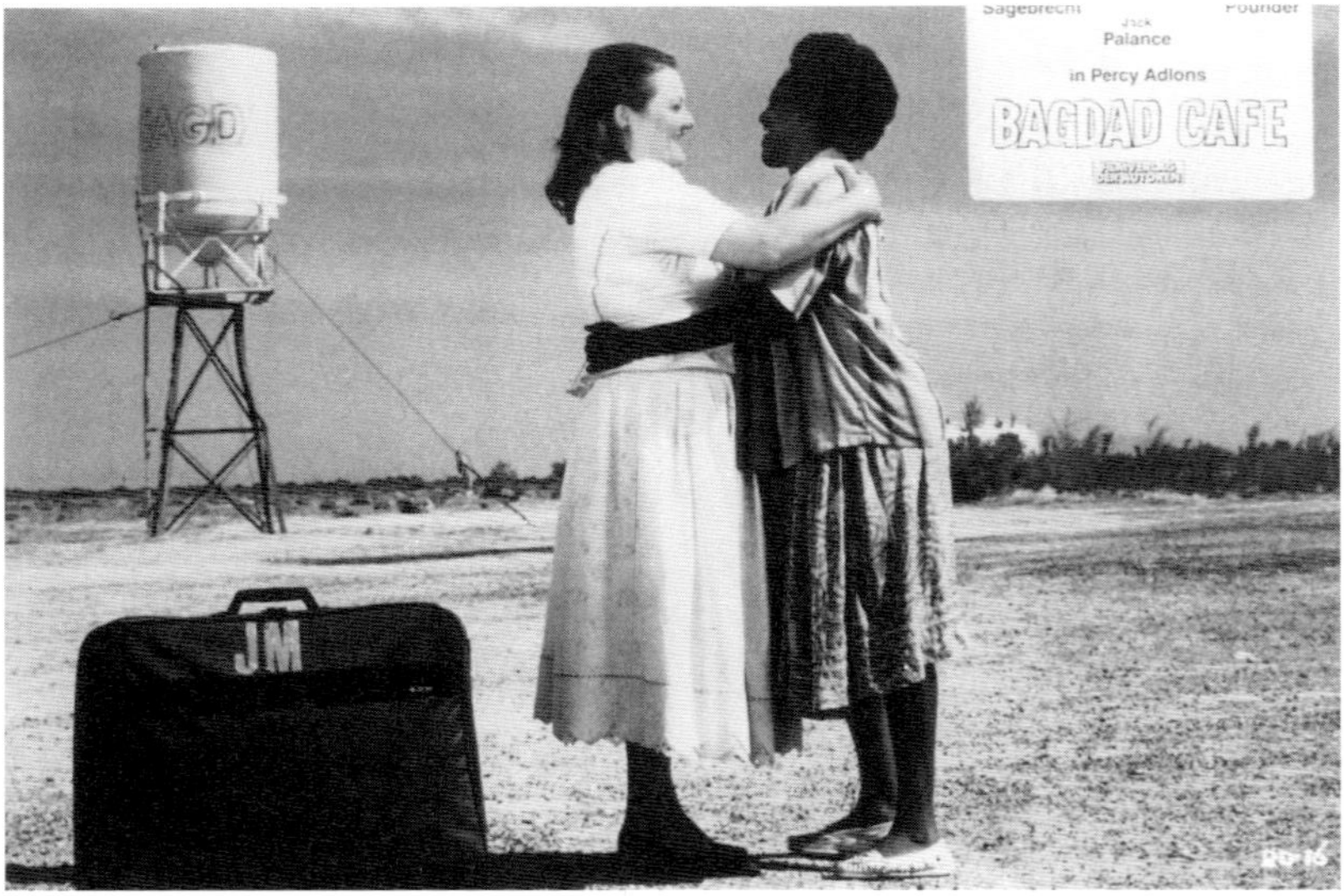

左より　マリアンネ・ゼーゲブレヒト　ＣＣＨ・パウンダー

写真協力　公益財団法人川喜多記念映画文化財団

バグダッド・カフェ（1987年：西ドイツ）

監督・脚本：パーシー・アドロン　脚本：エレオノーレ・アドロン　撮影：ベルント・ハインル
音楽：ボブ・テルソン　出演：マリアンネ・ゼーゲブレヒト、CCH・パウンダー、ジャック・パランス、クリスティーネ・カウフマン

当初ミニシアター（シネマライズ）で公開され、口コミによって大ヒットした作品である。大作ではないが〝チョット気になり〟心にいつまでも残る印象深い映画だ。舞台はラスベガスとロサンゼルスとを結ぶハイウェイ沿いのドライブインである。ここにやって来たドイツ人の中年女性が巻き起こす騒動を通じ、人種や性別そして年齢を超えた〝人間同士〟の心の触れ合いと、相互理解をじっくりと描いた作品である。観客は観終わった後、〝ほのぼのとした充実感〟で心が満たされること請け合いの、「拾いもの映画」だ！

ミュンヘン近郊・ローゼンハイムからアメリカ旅行に来たヤスミン（ジャスミン：マリアンネ・ゼーゲブレヒト）夫妻は、こともあろうにモハーヴェ砂漠で夫婦喧嘩。妻は荷物を持って夫にバイバイだが夫も車で立ち去ってしまう。彼女は太めの中年女性で、ふっくら可愛らしい顔立ちである。

彼女がスーツケースを引きながら辿り着いた先は、「バグダッド・カフェ」という名の寂れたドライブイン。ここには女主人のブレンダ（CCH・パウンダー）と、役立たずの亭主、ピアノに夢中になっている息子、跳ね返り娘、寝てばかりのバーテンがいる。レストラン、ガソリンスタンド、モーテルを経営しているが、ブレンダが一人で切り盛りしていることもあり、彼女はいつもイライラして

いる。

店の常連には画家のルーディ（ジャック・パランス）や刺青アーティストのデビー（クリスティーネ・カウフマン）がいる。折しも亭主の家出と入れ替えにヤスミンがやって来てモーテルに泊まることになる。

彼女は埃まみれの事務所や客室に呆れるが、一方、部屋の掃除に入室したブレンダは、ヤスミンの荷物に背広・ネクタイ・髭剃り用のブラシ・かみそりなど男性用品が多いことをいぶかる。怪しんだ末、保安官を呼ぶが特にお咎めはなかった。どうやら夫のスーツケースと取り違えたらしい。マメな性格と思える彼女はブレンダが買い物に出かけている間に事務所をすっかり片付けるが、戻って来たブレンダは勝手に掃除されたので怒り心頭！　しかしヤスミンはマイペースだ。

逗留が続くうちに彼女は息子や娘と仲良しになり、ルーディに絵のモデルを依頼され店の手伝いも始める。そして彼女が土産品のマジックキットで修得した芸を披露すると店は大繁盛となるのだが、さてその行く末は？　というお話である。

映画の冒頭は夫が道中で〝用を足している〟場面からスタートするが、車の陰の妻の動作を観ると彼女も同様だったようだ。〝冒頭の用足し〟というと、ヴァレリオ・ズルリーニ監督の「鞄を持った女」（１９６１年）のクラウディア・カルディナーレが思い起こされる。ともに観客を映画に引き込むためのインパクトを狙ったのだろう。

斜めにした画面を挿入することで人物の不安定な心理状態を表現したカメラワークも注目だが、色彩設計に凝った作品である。眼に沁みる特長的な黄色を始め、赤紫・緑・コバルト色、空の青さや、夕暮れのオレンジ色など一部にフィルターを使用した？　可能性を感じる。

ヤスミンはドイツ人だが英語はしゃべれる。ブレンダのマシンガンのような台詞回しに対し、ヤスミンのおっとりした言い回しが対照的で可笑しい。

彼女を描くルーディのカンバスには製作順に番号が付与されているが、最初は帽子をかぶり服をキチンと着ていた彼女が、次は下着の上に服を羽織り、さらに下着だけとなり、番号が増すと胸をはだけ最後はオールヌードとなっていくのには、観客もニンマリいやニヤリ（苦笑）である。最後は絵だけで観客に想像させており、全体に下品にならないエロスを感じさせる撮り方である。太めの女性の裸身はエロスもあるが、フェデリコ・フェリーニ監督の作品（「アマルコルド」）でも見られるように、〝母性〟の効果も狙っているようだ。

さてこの映画の飲食物だが、まずカフェの買い出し食品として「コーヒー、砂糖、牛乳、パン、卵、ひき肉、チリビーンズ、ベーコン、ピクルス、油、トマト、ピーナッツ、サラダ」という言葉が出てくる。一方絵を描く場面ではモデルの手に「キワノ」「メロン」「イチゴ」などが、その部屋には「西瓜」「瓜」などもある。ショーの場面では「チリバーガー、バナナパイ、目玉焼き、キジ肉のロースト、ドーナツ」などの台詞がある。

面白いのは「コーヒー」を巡るお国の違いだ。ヤスミンを探しに来店した彼女の夫がコーヒーをオーダーすると、機械の故障でコーヒーが出せない。そこでポットのコーヒーを提供したところ満足してもらえた。それもそのはずでコーヒー入りポットは、ヤスミンの夫が棄てたものをブレンダの夫が偶然拾ったのだ。その後常連客のルーディがそのコーヒーを飲み、その苦さに閉口する。ヤスミンがポットでコーヒーを作るバーテンに湯の入れ過ぎを注意したり、供されたコーヒーが薄過ぎて「茶色いお湯だわ」と言うのが、ドイツとアメリカのコーヒーに対する嗜好の差を的確に表現していて面白い。

よく知られているように一般に「アメリカ」のコーヒーは味が薄く、ドイツのコーヒーは逆に濃厚である。「アメリカン・コーヒー」の〝アメリカン〟は「薄い」という意味あいで使われてきた。お湯で薄めたイメージだが、ローストを浅くしたコーヒー豆から作る。ローストが弱いと酸味が出るし強いと苦味が出る。ドイツタイプは苦味が強調されているのでルーディが閉口したわけだ。

アメリカでは１７７３年のボストン茶会事件を発端に、１７７５年にアメリカ独立戦争が起こり紅茶の入手が困難になった。そこでブラジルから大量のコーヒーが輸入され、兵士の士気を鼓舞するため、砂糖やミルクなしのブラックコーヒーが戦場で盛んに飲まれ定着したという説がある。

コーヒーの入れ方にはボイルド式（熱浸法）、ドリップ式（透過法）、サイフォン式などがあるが、１９０８年にドイツのドレスデンの主婦メリタ・ベンツがドリップ用のペーパーを考案し、残渣を気にすることなく手軽にコーヒーが飲めるようになった。これでドイツ人がコーヒー好きな理由も納得がいく。また最近のアメリカでは「スターバックス（シアトルスタイル）」が発祥のエスプレッソをベースに苦味を乳製品でカバーした、ストロングタイプも好まれるようで嗜好変化が起きているようだ。

さて物語は続き、繁盛している店にある日保安官がやって来て、ヤスミンの観光ビザが切れていることを指摘。彼女はドイツに帰らざるを得なくなる。

ところでこの映画にはオールドファンにはたまらない二大スターが出演している。一人は画家のルーディ役の〝ジャック・パランス〟で、名作西部劇「シェーン」（１９５３年）の怖い殺し屋である。他の一人は〝クリスティーネ・カウフマン〟で、「隊長ブーリバ」（１９６２年）でお馴染みの美人女優だ。「シェーン」がらみもあり店のメンバーは「ヤスミン！　カム・バ〜ック！」と言いたかったであろう。時が過ぎ、ある日ヤスミンが店に戻って来る（若者がブーメランで遊ぶ暗示あり）。その後カフェの面々は一層磨きのかかったマジックショーを披露し、店は益々繁盛と相成る。

そしてある風の強い朝、砂ぼこりの舞う中をルーディがジャスミンの部屋の窓を叩く。「おはよう！　入っても？」、下着姿の彼女が言う「画家として？　紳士として？」、彼が返す「男として！」。「何か着るから待ってて」と言う彼女はそのままの姿でドアを開ける。ルーディが提案する。「アメリカ人と結婚すれば、グリーンカードもビザの問題も解決する」。彼のプロポーズにヤスミンが、「ブレンダと相談するわ」と言葉を返し映画は終映となる。

タイトルバックに哀愁に満ちた主題歌「コーリング・ユー」が流れ、観客は何ともいえない心地よい余韻に浸ることになる。これは国境を乗り越えて友情を作り出し、砂漠にオアシスを作ったドイツ女性の「太腕繁盛記」でもある。

斉藤耕一監督作品
(カラー作品)
約束
LE RENDEZ-VOUS
岸　恵子／萩原健一／三国連太郎
南　美江・姫　ゆり子・殿山　泰司／中山　仁
約束とは明日にかけるもの……
こわれないようにやさしく
逃がさないように激しく
行きずりの二人がむさぼりあった明日なき恋！
松竹・斉藤耕一プロダクション提携作品

「約束」ポスター

約束（１９７２年：斎藤耕一プロ＝松竹）

監督：斎藤耕一　原案：金志軒、斎藤耕一　脚本：石森史郎　撮影：坂本典隆　音楽：宮川泰
出演：岸恵子、萩原健一、南美江、三國連太郎、中山仁、殿山泰司

スチールカメラマン出身の斎藤耕一が監督し、日本を代表する女優である岸恵子と、グループサウンズ「ザ・テンプターズ」のボーカルとして一世を風靡した、ショーケンこと萩原健一が共演した傑作である。北陸を舞台に女囚とチンピラの〝行きずりの恋〟を、フランス映画を思わせるタッチで描いた心に沁みわたる映画である。

フランスの映画監督〝イヴ・シャンピ〟と結婚、フランス在住ながら日本映画にも定期的に出演し数々の名作（「おとうと」「細雪」）を残した岸は、当時39歳で映画では35歳の設定。萩原は実年齢が21歳で岸とは18歳の年齢差があった。

美貌と品性・知性の岸に対し、若さと不良っぽさが売り物の萩原でどのような映画が完成するのかと思ったが、結果は見事な出来栄えで、彼はこの演技で注目され以後ＴＶ（「太陽にほえろ！」「傷だらけの天使」「前略おふくろ様」）、映画（「青春の蹉跌」「居酒屋ゆうれい」）で活躍をすることになる。監督の斎藤はこの作品の延長に、「旅の重さ」（１９７２年）、「津軽じょんがら節」（１９７３年）など、地方を舞台にその風土を生かした秀作を撮り続けることになる。

夫を刺殺した女囚（岸恵子）が模範囚ということで特別許可がおり、母親の墓参りと同房の女囚の手紙を彼女の夫に届けることになる。女性の監視人（南美江）とともに列車で北陸地方のうえつ（羽

越？：架空の駅で撮影場所は敦賀らしい）に向かうのだが、途中で乗車したチンピラ（萩原健一）とひょんなことから心を通わせるようになる。

彼女は朝の8時までに刑務所に戻らねばならず、二人は互いに心を引かれたまま別れざるを得ない。刑務所の門を境に内と外で最後の激しい心情を吐露する会話が続く。「貴方の名前聞いてなかった」「中原朗って言うんだ」「2年経ったら出られるの、（二人が心を通わせた）あの公園で待ってて、2年後の今日」「約束して！」。そして2年後、女は約束の場所で男を待つが彼は強盗・傷害罪で収監されていた。女はそれを知らずに一人待ち続けるのである……、というお話。

オープニングは海である。海辺の公園で子供達がボール遊びをしている。小屋のベンチに座っている女性の足にボールが当たり、女性の顔がスクリーンの左半分にアップされ、右半分に「約束」のタイトルが映し出される。続いてカメラはスクリーンの右半分を使い女性の横顔を捉え、全身を映した後彼女の顔が中央でクローズアップされる。列車がトンネルに入り、暗闇にスタッフ・キャストのクレジット。列車は激しく波打つ海岸線に沿って走り、線路が映し出され、車窓から外を見つめる女性のアップ。白いタートルネックのニットの柔らかさが女っぽさを強調する。

トンネルに列車が入ることで観客は物語に引きずり込まれ、真っ直ぐ走る線路とそれが枝分かれしていくことに、人生とその岐路がダブる。気障とも思えるスタイリッシュな導入に、映画への期待で胸が高鳴る。カメラと脚本の巧さが生み出した見事な映像。さすがカメラを知り尽くした斎藤監督と、後に職人芸ともいえる数々の傑作を書くことになる石森史郎（「旅の重さ」「青春デンデケデケデケ」）の流麗な脚本捌《さば》きである。加えて哀調を帯びた宮川泰の音楽（時折演歌っぽい）が映像に膨らみを与える。

それにしても岸恵子という女優は美しい。クローズアップに耐えられる顔である。この映画にフランス映画の香りがするのは〝岸恵子＝パリ〟というイメージによるところも大きい。〝凛《りん》〟としたその表情はこれから円熟期に向かっていく女優に共通の雰囲気があった。そう「第三の男」の〝アリダ・ヴァリ〟を彷彿させる。

そして彼女のハスキーで艶のある独特の声が、無口だが強い意志を示す女性の雰囲気を見事に倍加させていた。地かと思える萩原健一のぶっきらぼうでチャラチャラで強引な〝動〟に対し、寡黙な岸恵子の〝静〟の対比が見事な効果を出していた。劇中彼女の発する二度の「ありがとう」が特別心に残る。

この作品の食べ物は列車の中で食べる駅弁の「釜飯」や、同じく列車内で二回出てくる「ミカン」、旅館の女将が飲んでいる「瓶入り牛乳」などがある。「釜飯」は糸魚川駅でチンピラが三人分を購入し一緒に食べるのだが、女囚と監視人の二人が律儀に弁当代を彼に手渡すのがおかしい。しかし何といっても本編の食べ物の見どころは「ラーメン」に尽きる。

ラーメンは映画の中で登場するもっとも頻度の高い食べ物のひとつで、庶民的で〝侘しい場面〟によく似合う。本作では〝心を和ませる温かさ〟を醸し出す重要な役割を果たしていた。刑務所（名古屋か？　三重か？）の門前まで帰ってきた女囚にチンピラが言う。「8時までに入ればいいんだろう」と、そして門前の屋台のラーメンを誘う。

躊躇する女囚に対し珍しく監視人のおばさんがスタスタと屋台の方に歩き出す。チンピラが言う「一番高いやつ3つくれ！」。強い寒風の中、麺を茹でる湯煙がもうもうと立ち込め、二人の心に流れる〝温かい情感〟を増幅させる。「ラーメン」を使った映画としては屈指の名場面だ。

チャーシューと葱が入ったこのラーメンは、場所柄「醤油ベース」と思ったらスープが白かった。屋台に「長崎」の文字が見えるので「豚骨ベース」のようだ。監視人はラーメンをしっかり食べるが、女囚とチンピラは無言のまま一口も食べず、彼女等は刑務所に戻って行く。〝感極まった切なさ〟と〝温かさ〟が交錯する名場面だ。

ここで屋台の看板には変体仮名で「中華そば代百四十円」とあるが、支払ったのは三人分三六〇円で計算が合わない。これとこのあたりは当時「醤油ラーメン圏」のはずなので、この2点は少々引っかかったが、そのようなことを凌駕するほど圧倒的に深い映画である。

ところで今や腕に自慢のラーメン店チェーンやご当地ラーメンなど、ラーメンは百花繚乱である。ただ何れも基本は麺、たれ（店独自の調味料）、スープ（出汁）、具材の組み合わせで、あとは塩、胡椒、旨味調味料等の基本調味料ということになる。

もっとも重要なのは出汁であり、鶏、豚、牛等の畜産物、煮干し、昆布、鰹節、貝柱等の水産物、ネギ、人参、生姜、ニンニク等の野菜をどう処理し組み合わせるかの勝負である。旨みはグルタミン酸（昆布）とイノシン酸（鰹節）、グアニル酸（椎茸）等の味の相乗効果や、コハク酸（貝類）の旨みなどに由来するが、コクをどの程度にするのかも重要だ。

またインスタントラーメンの偏食は栄養面が話題になるが、本来の「ラーメン屋のラーメン」は、飾りの具材も含め炭水化物、脂質、蛋白質ともに栄養豊かな食べ物で、両者のギャップが面白い。かつて私の故郷の横浜では具材のチャーシューは焼き豚（現在は煮豚が多い）で、支那竹（メンマ）、なると、ホウレン草、海苔が定番。ネギは後から加わったものである。「ラーメン作り」に関する決定版の映画に伊丹十三監督の「タンポポ」（１９８５年）がある。ぜひ鑑賞をお勧めしたい。

本作は「起承転結」の明瞭な映画で、女囚とチンピラの電車での出会いが「起」、〝うえつ〟で墓参りをし、翌日彼女が指定の宿で彼を待つまでが「承」で前半が終了。ここで岸恵子がアップしていた髪を下ろすのだが、一瞬男への期待を意識した芳《かぐわ》しい女性に変貌するのにドキっとする。以後彼女は髪を下ろしたままだが、帰りの電車のハプニングともいえるエピソードで「転」、そして刑務所前での「結」となる。なお本作は韓国映画「晩秋」（1966年：李晩煕監督）にヒントを得ているとのことだ。

それにしても最後に「貴方（君）の名は?」と聞き、2年後に〝すれ違う〟? のは、岸恵子主演の「君の名は」（1953・54年）を意識したものと思え、それに気づいた映画ファンが〝思わずニヤリ〟とする作術の見事さには感服する。岸恵子と萩原健一という異色のコンビの話題とともに、日本映画には珍しいタッチをもった作品として、映画ファンに長く語り継がれる作品である。

「現金に手を出すな」DVD

現金に手を出すな

（1954年：フランス・イタリア）

監督・脚本：ジャック・ベッケル　原作・脚本：アルベール・シモナン　脚本：モーリス・グリフ　撮影：ピエール・モンタゼル　音楽：ジャン・ウィエネル　出演：ジャン・ギャバン、ルネ・ダリー、ドラ・ドル、リノ・ヴァンチュラ、ポール・フランクール、ジャンヌ・モロー、ミシェル・ジュールダン

犯罪映画史に燦然と輝く「フレンチ・フィルム・ノワール」の出発点となった傑作である。「現金」は今時の若い方は〝げんきん〟と読みそうだが、〝げんなま〟と読む。映画のタイトルには本作と同様独特な読み方の例が散見される。例えばフレッド・ジンネマンの「地上より永遠に」は、〝ちじょうよりえいえんに〟ではなく〝ここよりとわに〟と読む（響きが良い）。小津安二郎の作品には「東京の合唱」（とうきょうのコーラス）、「宗像姉妹」（むねかたきょうだい）と読ませる作品があり、彼の「麦秋」（ばくしゅう）と同じタイトルのキング・ビダーの名作は、〝むぎのあき〟と読ませる。

溝口健二の傑作「祇園の姉妹」は〝ぎおんのきょうだい〟で、川島雄三の「しとやかな獣」は、〝けもの〟ではなく〝けだもの〟である。数年前にTVでチャップリンの名作「街の灯」（まちのひ）を、若い女性アナウンサーが〝まちのあかり〟と堂々と読んでいた例もあり、地名・人名同様、映画のタイトルもそれぞれ独自の読み方があり面白い。本作も「げんなま」の方が生々しくて結構だ。

映画に国ごとのテイストが感じられた時代の作品である。主演は名優ジャン・ギャバンで、円熟した彼の雰囲気が醸し出すフランス映画の香りが、スクリーンの隅々まで行き渡った大人の映画であ

る。冒頭タイトルに被さりサクレ・クール寺院やムーラン・ルージュが映る。まさにパリの話だ！もう若くはないマックス（ジャン・ギャバン）は、20年来の仲間であるリトン（ルネ・ダリー）と組んで、オルリー空港から五〇〇〇万フランの金塊を盗み出した。彼はこの仕事を最後に足を洗おうとしている。映画はマックスがリトンとそれぞれの彼女、ローラ（ドラ・ドル）とジョジィ（ジャンヌ・モロー）の四人で、レストラン「ブーシュ」で食事をしているところから始まる。

金塊強盗の記事が掲載された新聞を一瞥したマックスが、ジューク・ボックスにコインを入れると映画のテーマ曲「グリスビーのブルース」が流れる。実に巧い流れである。ほどなく彼が目をかけている青年マルコ（ミシェル・ジュールダン）が入って来る。

女性の二人は踊り子で、五人で彼女達が出演しているキャバレーへ行く。マックスはキャバレーのオーナー・ピエロ（ポール・フランクール）の部屋で、麻薬の売人？　アンジェロ（リノ・ヴァンチュラ）から若手が欲しいと相談を受けマルコを紹介する。ショーが終わったので彼が支度部屋に行くとアンジェロとジョジィがキスをしていた。

マックスがタクシーで家路に向かうと救急車がつけてくる。部屋から取り出した拳銃で追手を追い払った彼は、危険を察知し即リトンの家に電話、部屋にいたアンジェロとは外出するなと指示する。要はうっかりリトンが愛人のジョジィに金塊のことを話し、その話が彼女と関係をもったアンジェロの耳に入り、彼が金塊を狙い始めたのである。その後リトンがアンジェロ一味に誘拐され金塊との交換を要求される。義理人情に厚いマックスだが暗黒街での長き朋友か？　金塊か？　どちらを取るのか？　その行く末は？　というお話である。

ライティングが見事な映画である。光と影を巧みに使い陰影の中で凄まじい話が進行して行く。ギャバンの画面いっぱいのクローズアップや所作に、昨今のギャング映画では出せない〝重厚な凄み〟や〝繊細な感情〟が見事に表現されている。シャープで奥深い映像の作品だ。

結局マックスは長年の友を選んで金塊との交換交渉に応じる。ピエロとマルコを助っ人に機関銃を持った主人公達は指定の場所に到着、互いに銃を突き付けながら人質と金塊は交換される。この間の緊迫感は見ものである。しかし相手は卑劣で、待機していた別の子分達がオープンカーから手榴弾で襲ってくる。マルコが犠牲になりマックスが機関銃で子分どもをなぎ倒し、敵の車に乗り換え、疾走する車同士の壮絶な銃撃戦の末アンジェロを射殺する。淡々と進んできた話は最後に炸裂するのだが、燃え盛る車が強烈に脳裏に焼き付く。

ジャン・ギャバン

写真協力　公益財団法人川喜多記念映画文化財団

さてこの映画の飲食物だが、冒頭のレストランではテーブルに赤ワインが置かれ、主人公達は食事を終了しコーヒーを飲んでいる。マルコは食べ残しのケーキを振る舞われる。飲酒場面の多い映画で、キャバレーでは極上のシャンパン、金塊を紙幣に交換するため主人公が訪れる叔父の部屋ではスコッチ・ウイスキー?　の「MACKENZIE」（コルクタイプ）、主人公の愛人ベティの部屋ではサイフォンのコーヒーとともにコニャック?　が飲まれている。

マックスがリトンを別邸と思しき自室に招き、二人で酒を酌み交わしながら話し込む場面がいい。「肴はラスク（ビスコート：2度焼いたの意味）で我慢しな」と主人公が言い、栓をオープナーで叩きながら開ける酒は「ナントの酒」である。恐らくこの地方の特産白ワイン「ミュスカデ」と思われる。ラスクに盛っているのが「パテ（テリーヌ）」で、容器からナイフでタップリかき出される。「ワイン」「ラスク（ビスコート）」「パテ（テリーヌ）」と、いかにもフランスを代表する食材で雰囲気を醸し出し、カメラはこの飲食風景をじっくりと撮り続ける。この後パジャマを出して男二人が歯を磨き床につくのだが、マックスがソファに寝ようとするとリトンがベッドを譲る。この一連の日常的場面は実に味わい深い。

ではここで「パテとテリーヌ」についての蘊蓄を紹介しよう。パテはもともと魚、肉、野菜等をペースト状につぶし調味した材料を、パイ生地などで包んでオーブンで蒸し焼きにしたものである。冷製と温製がある。豚の背脂やバターを敷いたテリーヌ型に入れて焼いたものは特に「テリーヌ」と呼ばれる。生地で包まず耐熱容器で焼いた「テリーヌ」も実はパテなので、生地で包むタイプを厳密には「パテ・アン・クルート（殻の中のパテ）」と呼ぶこともある。

お菓子を作る職人を「パティシエ」と呼ぶが、もともとはパテ料理を作ることまたその料理人を意味した。「テリーヌ」は元来「耐熱陶製容器」の意味だが、これで作ったパテなどの料理もさすようになった。テリーヌ型は長方形が多いが、楕円形、円形などの形もあり、陶製、耐熱ガラス製、ほうろう製などがあり、蓋が付いている場合もある。

日本では「テリーヌ」は一人前に切り分けたオードブルのイメージが強く（デザート用もあるが）、パテはペースト状の塗るものというイメージである。しかし現在は本来の意味から逸脱し、シェフがそれなりに命名しているようである。「パテ」も「テリーヌ」も広義にはパテなので、「テリーヌ」と呼びたいときは何らかの容器に入れて作るのが本来であろう。

映画の方は、金塊を積んだ車が炎上しマックス達は金塊の回収を諦めざるを得なくなる。強奪した札束がプール一面に浮かんで終わる、ギャバンとアラン・ドロンとの傑作「地下室のメロディー」（１９６３年）を先取りした〝徒労の結末〟の映画であった。銃撃戦で傷ついたリトンも結局亡くなる。彼のアドバイスでベティを伴って「ブーシュ」にやって来たマックスは、ここで彼の死を知る。

電話を終え席に戻ったマックスの複雑な表情に、「グリスビーのブルース」が物悲しくだぶりエンドとなる。映画はレストラン「ブーシュ」で始まり同じ場所で終わる。このテーマ曲は、マックスが一人自室でリトンのヘマぶりや自身の後悔を〝独白〟する中でも流れるが、〝グリスビー〟はフランス語で〝現金《げんなま》〟の意味である。

マックスは女性に目がない。ピエロの秘書の胸を触りながら言う「重いだろう、俺が持ってやってもいいぜ」という台詞には思わず苦笑である。踊り子ローラ、本命らしき上品な美女のベティのほか叔父の秘書とも関係し、レストランの女主人とも怪しい？　このような一人のギャングの性癖も含めた平凡な日常を、細部にわたって丁寧に描いているところが本作のポイントである。

ジャン・ルノワールの助監督として活躍したジャック・ベッケル（「穴」「モンパルナスの灯」）は53歳で亡くなったが、ヌーヴェル・ヴァーグの若者達に敬愛された数少ないフランスの映画監督であった。長生きしていればさらに面白い犯罪映画を我々に見せてくれたはずである。

完全ニュープリント
日本最後の公開
男、もとナチ親衛隊員！
女、ゲットーに収容された美少女！
二度と会ってはならぬはずの二人が出会ったとき
絶望的な愛欲の嵐が吹きすさぶ——
ダーク・ボガード
シャーロット・ランプリング
フィリップ・ルロワ
ガブリエル・フェルゼッティ
監督　リリアーナ・カヴァーニ
撮影　アルフィオ・コンティーニ
音楽　ダニエレ・パリス
愛の嵐
THE NIGHT PORTER
俳優座シネマテン
配給　サン・エンタープライズ
パシフィック・シネマ・ジャパン
P.C.J

「愛の嵐」チラシ

愛の嵐（１９７３年：イタリア、アメリカ）

監督・原作・脚本：リリアーナ・カヴァーニ　原作：バルバラ・アルベルティ、アメディオ・パガーニ　脚本：イタロ・モスカーティ　撮影：アルフィオ・コンティーニ　音楽：ダニエレ・パリス　出演：ダーク・ボガード、シャーロット・ランプリング、フィリップ・ルロワ、イザ・ミランダ

イタリアの女性監督〝リリアーナ・カヴァーニ〟が描いた愛の物語である。狂気的で破滅的な筋書きと官能的で衝撃的なその映像は、公開当時世界中で物議をかもした。欧米の映画界が永遠のテーマとして背負う〝ナチズム〟がその背景にある。ユダヤ人収容所で出会った少女とナチ親衛隊の将校が、戦後再会したことで再燃する〝常軌を逸した愛〟を描いた秀作である。倒錯的かつ退廃的な映像描写に観客は釘付けになり、古今東西いまだに議論され続ける「男と女」の不可思議さにただただ圧倒されるばかりだ。

舞台は１９５７年のウィーン。第二次大戦の終結から12年が経ったところである。ナチ親衛隊の将校だったマックス（ダーク・ボガード）は世間から身を隠し、夜間勤務のホテルマンとして暮らしていた。ある日フロント業務をしていた彼は、宿泊客のアメリカ人指揮者の妻を見て驚く。彼女は戦中ナチの収容所で彼が弄んだ少女ルチア（シャーロット・ランプリング）だった。

一方彼の周囲には親衛隊時代の残党グループがおり、情報交換の場をもっていた。ナチの犯罪者を追う戦犯委員会への対策として、自ら査問会と呼ばれる疑似法廷？　を開き、罪悪感に取りつかれて

いる者がいればそれを正す。検察官役のクラウス（フィリップ・ルロワ）の質問をかわし、罪状の証拠書類を全て処分して旧悪を忘れ、恐怖心から解放され自身を正当化するのが目的だ。「文書による何千の証言より、たった一人の生き証人の方が説得力をもつ」ということで、彼等の過去を知る者は抹殺するのが鉄則である。

マックスに気づいたルチアは、当初「この地をすぐに離れたい」と夫に話すが、なぜかドイツで仕事のある夫を先に送り出し、自らはウィーンに留まる。物語は現在と過去の収容所時代が交錯しながら進み、マックスがルチアを弄びながら凌辱し続ける映像がフラッシュバックで挿入される。

顔を知られている彼が彼女を殺害するのか？　逆に彼女が彼の存在を当局に通報するのか？　観客はハラハラドキドキである。そして運命の幕は開く！　マックスが深夜ルチアの部屋を訪れる。さて二人の行く末は？　という話だが、結論をいえば「焼け木杭」に火がついたのだ。収容所の場面では彼が彼女を慰み者として弄んでいる。ピストルを撃ちながら全裸の彼女を部屋中追い回し、親衛隊将校と収容者との絶対的な主従関係の中で、彼女を〝性の奴隷〟としているのは明らかだ。

彼女は生き延びるために彼に従うしかない。しかしよく観るとマックスは当初からルチアに異常な興味を示しており、繊細で賢い彼女にもその情感は伝わり、二人の間には〝異常環境〟の中で〝異常な性愛感情〟が育まれていたようだ。人間の本質は恐ろしいほど奥深く不可解である。

監督のリリアーナ・カヴァーニは、ボローニャ大学で学んだ後、ローマの国立映画実験センターの監督コースで学び、ＴＶのドキュメンタリーで頭角を現した人物である。本作では男性顔負けのシャープで力強く、華麗で耽美的な映像を作り出し観客を魅了した。映画史や映画作りの基礎を勉強しているので多くの先人の影響が見て取れる。ホテルの階上からフロントのコーナーを俯瞰で撮ったシャープな映像や、車のトランク部分に人物の影を映し出す見事な技法には、ウィーンという場所柄「第三の男」（1949年）が彷彿される。

絶品はルチアを演じたシャーロット・ランプリングが、小さなマスク（お面）の付いたナチ親衛隊の帽子を被り、裸の上半身にサスペンダーのズボンと黒の長手袋で踊る極めて印象的な場面である。エロティックで退廃的でしかもカッコイイ姿は、類を見ないほどの衝撃を観客に与えたはずだ。

煙で霞んだような室内で、ピアノ・バイオリン・アコーディオンをバックに踊り唄う彼女は、退廃的で倒錯的で虚無的である。これはジョセフ・フォン・スタンバーグ監督、マレーネ・ディートリッヒ主演の「嘆きの天使」（1930年）が意識されていると思われる。

登場人物達が仮面を被り化粧をしているのは没個性の象徴で、ピエロやサーカス好きのフェデリコ・フェリーニが想起されるし、映画全体はルキノ・ヴィスコンティのテイストがする。カヴァーニ監督がどこまで意識したかは不明だが、体系的に「映画学」を勉強していれば過去の名作の影響を受けるのは当然であり、観客にとっては〝影響〟の謎解きが楽しい。

ここで本作の食べ物だが、まずルチア夫妻の朝食としてコーヒー、パン、イチゴジャム？ マーマレードが出てくる。これは欧州の大陸側に多いシンプルな「コンチネンタル・スタイルの朝食」である（これに卵、肉料理やジュース、フルーツなどがつくとイギリスのイングリッシュスタイル）。続いてマリオのレストランでは白ワインとケーキ（ウィーンはお菓子の本場）。ホテル住まいの老夫人の部屋ではリースリングワイン？ が、加えてマックスが2回飲むのはビールである。

そして物語は進みルチアの存在がナチの残党に知られ、マックスの部屋で持久戦に入るのだが、その際購入した食料はパスタ？ ソーセージ、パン、チョコレート、ジャム、缶詰（グリーンピース）

「嘆きの天使」マレーネ・ディートリッヒ

などである。その後持久戦は10日近くになり食料も底をつき始めるが、ここでは瓶入りのイチゴジャムが、小道具として極めて印象深い場面を創り出す。

ルチアが食べようとしたイチゴジャムの瓶が床に落ちる。割れたガラス瓶の中のジャムを彼女が必死で喰らいつくのだが、それはまさに血をイメージする〝赤〟で、割れた鋭利なガラス破片が口や喉元に近づくたびに、観客はガラスが突き刺さる恐怖にイラつくのである。この後二人は互いのジャムを舐め合い絡みつき、情を交わしながら精根尽き果てて行く。

ではここでジャムの話をひとつ。ジャムは果実を砂糖で煮込んだものである。果実には「ペクチン」という増粘多糖類があり、砂糖と酸がある状態で加熱すると「ゲル化（凝固）」する。この原理を応用したものがジャムである。ペクチンは食物繊維であり、リンゴや柑橘類に豊富に含まれる。ジャムを作る場合、果実によりペクチンの含有量が異なるので、少ない果実はペクチンを補う。

戦後甘味に飢えていた時代、ジャムはその欲求に応えていた食材であった。当時のジャムの糖度は65～70度以上あり、ジャムに求められるものは「煮込んだ美味しさ」であった。日本では昭和48年をピークに砂糖離れが起き、平成15年あたりまで続き今日に至っている。この傾向はジャムの世界にも「甘さ離れ」として起きた。日本で最初の「低糖度ジャム」(糖度55度以下)は、昭和45年に発売された「アヲハタ・55ジャム」で、当初その開発は困難を極めたそうだ。

ジャムは一般に糖度60度を分岐点に使用するペクチンが異なる。60度以上は「ハイメトキシルペクチン」で糖類と反応しゲル化する。一方それより糖度の低いものには「ローメトキシルペクチン」を使用、これはカルシウムイオンと反応してゲル化する。低糖度ジャムはカビが生えやすく、ゲルの構造が壊れやすい(水分が浮く)。

また売り場でキャップに内傷がつくと空気を吸い込んで微生物が混入、カビが生えたり酵母でシンナー臭くなる。これに対応するためキャップの周囲に〝凸凹〟を付け強度を増した「フルートキャップ」が開発された。「低糖度ジャム」は海外では少なく、日本で市場が確立された商品で、原料(ペクチン・糖の種類)、容器、製法に関する独自の研究の賜物である。

映画の方は、ルチアとマックスが彼のアパートで愛欲生活を始めるが、ほどなく親衛隊の仲間に発覚しアパートには見張りがつく。籠城を決め込んだマックスだが狙撃され手を傷める。傷口を包んだハンカチで拭くテーブルの埃が時の経過を示し、食料も電気も絶たれた二人は死を覚悟する。

白いセーターのルチアの白い顔が闇に浮かび上がり、まるでレンブラントの絵のようである。彼女は古着屋で買った収容所時代の服によく似たワンピースを着用し、マックスは親衛隊の制服制帽で身支度をする。雨上がりの早朝、車を降りた二人が橋の歩道を歩き出すと、突然2発の銃声が物語を締め括る。〝破滅の愛〟の行く末は、永遠の愛を求める〝新たな旅立ち〟でもあった。

おまえが殺ったことを憶えているか?
1986年-1991年、韓国のある農村で10人の女性が殺された。
3000人の容疑者が取り調べを受け、180万人の警官が動員されたが
たった1人の犯人はまだ捕まっていない…
殺人の追憶
MEMORIES OF MURDER
世界が絶賛した衝撃のリアル・サスペンス、遂に日本上陸!!
ソン・ガンホ(『シュリ』『JSA』)×キム・サンギョン(『気まぐれな唇』)
監督:ポン・ジュノ
www.cqn.co.jp/mom
★第40回大鐘賞[韓国アカデミー賞]作品賞、監督賞、主演男優賞、照明賞
★第51回サン・セバスチャン国際映画祭 最優秀監督賞、新人監督賞、国際批評家連盟賞
★第16回東京国際映画祭「アジアの風」公式参加作品／アジア映画賞

「殺人の追憶」チラシ

殺人の追憶（2003年：韓国）

監督・脚本：ポン・ジュノ　脚本：シム・ソンボ　撮影：キム・ヒョング　音楽：岩代太郎　出演：ソン・ガンホ、キム・サンギョン、キム・レハ、パク・ヘイル、パク・ノシク

軍事政権のもと民主化運動に揺れる韓国で、実際に起きた未解決連続殺人事件（1986～1991年）を題材にしたフィクションである。テーマは〝陰湿〟だが、適度なユーモアを交えながら、ひたすら突き進む刑事達の執念が描かれている。映画史に記憶される素晴らしいラストが映画の題名とリンクし、サスペンス映画の秀作として韓国では大ヒットした。

監督のポン・ジュノは、韓国で歴代動員数を塗り替えた大ヒット作「グエムル―漢江の怪物」（2006年）や、個人的に多くの人に観て欲しい傑作「母なる証明」（2009年）の監督でもある。

韓国のとある村で稲畑用の用水路の側溝から、両手首を縛られた若い女性の死体が発見される。ほどなく同じ手口の事件が起き、猟奇性をもつ連続強姦殺人事件に発展する。担当するのは主人公である大柄の直感型田舎刑事のパク、助手の小柄な暴力型刑事のチョ、さらにソウルからの応援者で科学的捜査を信条とするソ刑事の三人である。

パクとチョの両刑事は次々と関係者の尋問を始め、焼肉屋の少々頭の足りない息子に目星をつける。尋問は「これって許されるの？」という暴力や拷問の連続だが、警察の洗面所に「拷問禁止」の掲示があり笑ってしまう。結局、指の不自由な息子に犯行は不可能ということで釈放になるが、現場検証で録音した彼の話が後々の重要な布石となる。

ソ刑事の捜す行方不明者が3番目の犠牲者と判明し、「犯行日は雨の降る日」「赤い服を着用」という共通点が浮かび上がる。その後囮《おとり》捜査を行うが不発に終わり、4番目の犠牲者が出る。見落としやすいがここで夜間降りしきる雨の中、草むらから薄ボンヤリと犯人らしき人物が一瞬見え隠れする場面があり思わず戦慄が走る。

その後、未遂に終わった被害者から「犯人は手の柔らかい男」という手掛かりを得るが、事件は続き5番目の犠牲者では猟奇性がエスカレートする。そのような折、捜査班の婦人警官がラジオ番組で「憂鬱な手紙」という歌が放送された日に事件が起きることに気づく。

前半は、殺人現場の保全もできず、足跡の捏造や見当違いの調査など、田舎刑事達の少々ズレた捜査方法に観客は呆れながらつき合うのだが、リクエストの投稿者が判明したあたりから俄然話は面白くなっていく。犯人と思しき若者は、秀才タイプの優男《やさおとこ》で刑事達の尋問にも終始落ち着いて対応、何しろ物証がないのが致命傷で、「知らない、覚えていない」の一点張りで釈放となる。そしてソ刑事の知人の女子中学生が惨殺される悲劇が起きる。

学歴意識の強い韓国らしく、パク刑事が短大卒、チョ刑事が高校卒、ソ刑事が大学卒（英文書類が読める）という設定で、各々の行動に学歴が反映されている。「踊る大捜査線」「相棒」など日本のTVドラマもそうだが、キャリア、ノンキャリア的分類は「少々ステレオタイプでは？」と苦笑せざるを得ない。

後半の刑事達のエネルギッシュな追い込みは、これぞサスペンス映画という見事な出来映えで、気づくと〝理論捜査〟のソ刑事は完全に〝感情〟で突っ走る刑事に変身している。容疑者を張り込み中見失った自責の念と被害者が自分の知人だけに、終盤では容疑者を蹴飛ばし引きずりまわし、逆にパク刑事が冷静に制止するのである。結局、解放された容疑者は暗いトンネル内に消えて行き、その場面が暗示するように真犯人は不明のまま映画は終わる。

物語の進行途中に民間防衛本部による〝訓練空襲警報〟が鳴ったり、デモ学生と機動隊の衝突場面が挿入されたりで、軍事政権下の韓国の実情を知るわけだが、映画全体が実は〝殺人＝軍政の横暴〟という、軍政を意識した重層構造をもつ作品ともいえる。

冒頭の子供のパク刑事に対するオウム返しや、土手から畑へ滑り落ちるギャグ、耕運機による証拠の足跡の破壊など〝すっとぼけたギャグ〟も可笑しく、サスペンス性は追いつつも残酷さを極力抑えた努力が見られ、題名のイメージほど暗く怖い作品ではない。

この作品の食べ物では、警察署内で食堂の〝岡持ち〟から出される「店屋物」、TVの「捜査課長」という番組を見ながら食べている「焼きそば（?・）」などもあるが、特に印象深いのは3番目の犠牲者の死体検分の後、場面が一転して映し出される「焼肉」である。ジュウジュウ音をたてて焼けるシズル感たっぷりのショットは、ヒッチコックの「裏窓」で朝食の「ベーコンエッグ」を食べようとすると、バラバラ事件の話になる場面と同様で、〝ブラックユーモア〟の成功した事例である。

単独なら美味しい匂いが伝わってくる「焼肉」場面が、編集によって〝辟易《へきえき》〟とする場面になっている。「A」というショットと「B」というショットは個別に観ると「A」と「B」という効果だが、連続してみると「C」という別の効果を生むという、映画の基本理論「モンタージュ（編集）理論」が見事に実践されている。

ちなみにこの理論はソ連の映画監督〝レフ・クレショフ〟の「クレショフ効果」（ある画面が前後の画面の差で異なった効果を受ける）や、映画の父〝デヴィッド・ワーク・グリフィス〟の「イントレランンス」（1916年）などを徹底的に研究した、セルゲイ・M・エイゼンシュテイン（「戦艦ポチョムキン」）やフセヴォロド・プドフキン（「母」）といったソ連の監督達が理論化したものである。

「焼肉」は広い意味では「ステーキ」も含まれるが、ここではいわゆる朝鮮・韓国料理の「焼肉」に話を絞る。元来は家庭料理で下味をつけた肉を「風炉」と呼ばれる火鉢で焼いて食すものである。韓国では主として〝もみだれ〟と呼ばれるたれで下味をつけ焼いて食べるが、日本ではこれをさらに〝つけだれ〟に付けて食べる。

肉の種類はカルビ（バラ肉）、ロース、ミノ（胃）、タン（舌）などが代表で、日本ではこれに玉葱、長葱、椎茸、ピーマン、人参、かぼちゃ、キャベツなどの野菜を同時に供する。〝つけだれ〟は日本独自のもののようで、まずい肉を美味しく食べるための調味料と思っていたが、「焼いたばかりの熱い肉で火傷をしないように、一度冷やすためのものだ」という説得力のある話もある。

朝鮮料理屋は明治38年頃、韓国人、李人植が上野広小路に出した「韓山楼」や、麹町山王下の「明月館」が戦前では有名だが、いわゆる今様の焼肉はメニューになかったようである。戦前に労働者として来日した朝鮮半島の人々が豚や牛の臓物を焼いていたことや、終戦直後に広まった「ホルモン焼き」が「焼肉」につながったのだろうが、現在のような「焼肉」を戦後にメニューとして出し始めたのは、東は新宿の「明月館」、西は千日前の「食道園」（昭和22年開店、当初は鶏肉）といわれている。

「焼肉」という言葉が定着するのは、1965年の日韓条約締結が関係あるそうだ。韓国人が多数来日するようになると、「朝鮮料理店」ではなく「韓国料理店」ではないかという議論が起きた。そこで、朝鮮半島では火で焼く肉は〝プルゴギ〟なので、それを日本語に訳した「焼肉」が採用され、朝鮮半島料理を出す店を「焼肉店」と呼ぶことが広まったという説があるが、真偽のほどは定かでない。

日本独自の〝つけだれ〟は、「エバラ」（昭和43年）、「モランボン」（昭和53年）などの幅広い開発と宣伝の努力で、家庭や焼肉専門店にも広がり定着していった。焼肉の一番美味しい焼き方は「備長炭」によるものだが、これは〝鰻の蒲焼〟と同様で、糖（たれ）とアミノ酸（肉）の〝メイラード反応〟による好ましい味と香りの現出、さらに炭の薫煙効果である。なお焼肉メニューの普及には「無煙ロースター」の存在を忘れてはならない。

さて、ラストで揺れる稲穂の背景に大きく広がる空は、曇ったり晴れたりの繰り返しで、揺れ動く国政の将来を暗示しているようにも見える。稲穂は民衆だろうか？　未見の人のためにあえて詳しい結末は記さないが、ラストの思わず唸ってしまう一瞬のショットで、タイトル〝殺人の追憶〟は実に見事なネーミングであったことがわかるのである。

「Shall we ダンス？」パンフレット

Shall we ダンス？（１９９６年：東宝）

監督・原案・脚本：周防正行　撮影：栢野直樹　音楽：周防義和　出演：役所広司、草刈民代、竹中直人、渡辺えり子、柄本明、原日出子

「シコふんじゃった」（１９９２年）や「それでもボクはやってない」（２００８年）など、喜劇から問題作まで完成度の高い作品で多くのファンをもつ〝周防正行〟監督の傑作喜劇映画である。

順調に人生を歩んで来たサラリーマンが、ふとしたきっかけで〝社交ダンス〟を習うことを決意する。照れもあって妻には内緒である。ところが妻は洗濯しようとしたワイシャツに香水の匂いを嗅ぎ取る。毎週水曜日は同じ匂いで土日は特定できない。セオリー通り妻は〝夫の浮気〟を疑う。そして探偵事務所に相談し夫には尾行がつく。

一方、邪心でダンスを始めた夫は、憧れの女性教師から「不純な気持ちでダンスを踊って欲しくない！」と一喝される。当然の話である。物語は主人公が個性豊かなダンス教室の生徒や教師とともに、ダンス大会への出場を目指し精進していく話である。

観客は時にクスリと笑い時に大爆笑しながら、いつしか自分もスクリーンの人々と同じようにステップを踏み始め、笑った後に深い感動で今度は涙腺を緩ませることになる。極めてよくできた日本の喜劇映画史に残る秀作である。

周防監督は「変態家族　兄貴の嫁さん」というピンク映画からスタートした人物である。一般映画の一作目が「ファンシイダンス」（１９８９年）で、本木雅弘扮する寺の息子の修行僧ぶりをコミカ

ルに描き、コミックを原作としたコメディー映画では、「バタアシ金魚」（松岡錠司監督：1990年）とともに個人的に大好きな作品である。

周防監督の独特の笑いはあの巨匠ビリー・ワイルダーが、「ワイルダーならどうする？」（ワイルダーとキャメロン・クロウの対談集）という本で褒めている。「（Shall we ダンス？）ああ、大好きな映画だ。（熱っぽく）すばらしい映画。エレガントで、とてもよかった」と。

ワイルダーの師匠は洗練された艶笑喜劇映画の創始者〝エルンスト・ルビッチ〟である。本作はダンスがテーマなので当然男女が身を寄せる場面が多い。見方によるとこれは〝際どい場面〟ということになる。ピンク映画出身の監督らしく、周防監督は女優の〝胸や腰や太股〟を計算づくで強調している。しかしそれは笑いの中に包み込まれ、全体としては品位を保った〝艶笑喜劇〟になっている。これはまさにルビッチからワイルダーに受け継がれた〝タッチ〟で、ワイルダーは本作にそれを見たのであろう。ちなみに本が出版された当時（2001年）、三谷幸喜（脚本家&監督）のワイルダー訪問インタビューがTVで放映された。そこでも本作をワイルダーが褒めていたと記憶する。

では物語の詳細に触れてみよう。「アイリスボタン」の経理課長・杉山（役所広司）は28歳で結婚し、30歳で子供が生まれ40歳過ぎで家を買った。まさに順風満帆な人生である。その彼が帰宅の電車の窓越しに見える、ダンス教室の窓際に立っている女性（草刈民代）に興味を持つ。「見学自由」ということで躊躇しつつも教室を覗き結果入門と相成る。窓際の女性はこの教室の娘の舞でレッスンを手伝っていたのだ。彼は経費面もあり個人レッスンではなく、割安のグループレッスンを選ぶ（さすが経理課長）。レッスンは毎週水曜日午後8時から1時間で、服部（徳井優）と田中（田口浩正）の男性二名が仲間で、講師は優しいベテランのたま子先生（草村礼子）である。

教室には高橋（渡辺えり子）という〝太目〟の中年女性と、偶然杉山の会社の同僚青木（竹中直人）がおり、二人のダンスにのめり込む姿勢には〝狂気的〟なものがあった。物語は主人公達が「ダンス大会」を目指して猛特訓・猛練習を続ける話を軸に、世界的なダンス大会での失敗という挫折感から抜け出せない舞の話や、夫の行動に浮気を疑う杉山の妻（原日出子）の話が絡みつつ進んで行く。

さてこの映画の食べ物を覗いてみよう。まず杉山家では朝食にご飯、味噌汁、卵焼き、プチトマト、サケの切り身？　漬物？　牛乳が、夕食には煮物、肉巻き？　などが出てくる。練習帰りの居酒屋ではビール、焼き鳥、枝豆、シシャモ（レモン添え）、あたりめ（マヨネーズ添え）とつまみの定番が登場する。青木が5年のダンス歴を熱っぽく語りながら、「あたりめ」の2本の足を交互に動かしているのがダンスっぽくって可笑しい。

特に印象深いのは杉山の帰宅を待つ妻が作っておいた「サラダ」である。映画のそれは「ポテトサラダ」と思え、周りをサニーレタスで飾り食卓に〝彩り〟を添えていた。「サラダ」はラテン語の「SAL（塩）」からプロヴァンス語の「SALADA（塩を加えた）」が派生し語源となった。もともとは野菜に塩をかけて食べていたのが「サラダ」である。

古代ローマではサラダ菜がよく食べられていたようで、中世になりエンダイブやロメインレタスが登場し、ルイ14世が多彩な食べ方をしてフランスがサラダ先進国となった。19世紀にはベルギーで開発されたアンディーブ（チコリ）がパリで広まり、レストランで多くのサラダメニューが開発された。その後「サラダ」はヨーロッパからアメリカに伝わり現在のスタイルが完成された。

アメリカ人は「サラダ」を特に好み、そのため市販のサラダ用調味料（マヨネーズ、ドレッシング）はアメリカで発達を遂げた。日本では明治期のベストセラー料理小説「食道楽」（明治36、37年：村井弦斎著）に、サラダの素材として馬鈴薯、ハス、白菜、セロリ、ビーツ、玉葱、胡瓜、キャベツ、ちりめん（チリメンチシャ）、リンゴ、ミカン、干し柿、イチゴ、エビ、ワカメなどの記述があり、現在の素材の原型が出揃っている。これをマイナイソース（マヨネーズ）やフランチソース（フレンチソース：ビネグレット）で和えるとある。

日本でサラダが本格的に喫食されるのは戦後のことで、アメリカの進駐軍用に清浄野菜が供給されるようになり、生の葉物野菜でサラダを作ることが急速に広まった。しかしそれが本格化するのは昭和40年代に入ってからで、昭和30年代はリンゴ、ミカン缶詰、玉葱、胡瓜、マカロニなどを、マヨネーズで和えたポテトサラダが主流であった。

現在は各種野菜（葉物、根菜：生&加熱）を中心に、豆類、果実、ナッツ、肉製品、魚介類、海藻、パスタ、乳製品、卵、クルトン、食用花や、シーチキン（マグロ油漬け缶詰）、コーン缶詰、アンチョビーなどの加工品をバラエティー豊かにセンス良く飾り付けた、「主菜サラダ」が隆盛を極めている。

サラダは素材と〝かけたり和えたり〟する調味料（液体、粉末、顆粒、ペースト、ゼリー）の組み合わせの〝妙〟が楽しめるほか、冷製や温製など提供の仕方、食器や容器の工夫次第で千差万別に変化する。また「①素材の形と色彩を生かしたセンスある盛り付け、②美味しさ、③健康的な食品」と、喫食者には〝三つの満足感〟が期待出来る極めて優れた料理メニューである。

現在では「コールスロー」「シーザー」「トス」「コブ」「タラモ」などのサラダの知名度が上がって来たが、個人的には馬鈴薯、鶏肉（ツナ）、ピクルス、人参、玉葱（胡瓜）、ゆで卵などを角切りにし、マヨネーズで和えたロシアの「オリヴィエ・サラダ」を流行らせてみたい。ロシアに行った際に円柱状に盛られたその姿と美味しさに魅了されたからだ。

さて映画の方は、主人公が一度はダンスを諦めかけながら、紆余曲折を経て「ダンス大会」の出場を果たし、最後は感動のラストと相成る。本木雅弘が有名なダンサー木本役で、香川京子が写真の母親役でカメオ出演していたり、竹中直人の青木富夫と田口浩正の田中が「シコふんじゃった」と同じ役名であるのも楽屋落ちだ。

舞のパートナーの〝岡田時彦〟は女優岡田茉莉子の父（昭和初期の人気映画俳優）の名で、これも何かの洒落だろう。キモイ竹中直人や渡辺えり子の体を張った熱演は見事だが、草刈民代の素人っぽい〝タカピー（お高くとまっている）〟ぶりもなかなかよかった。

挿入歌「Shall We Dance?」は、ユル・ブリンナーとガートルード・ローレンスの劇場ミュージカル、「王様と私」（１９５１年）の主題歌である（１９５６年にユル・ブリンナーとデボラ・カーで映画化）。これと「ラストダンスは私に」が映画を大いに盛り上げていた。ちなみに本作は２００４年にリチャード・ギア主演でリメイクされている。また単に「Shall We Dance」だと、フレッド・アステア主演の「踊らん哉」（１９３７年）の原題である。念のため。

本作はダンスを通じ主人公・杉山や女性教師・舞が自身を変え成長して行く話でもあった。映画を再見し学生時代わずかな期間ダンス教室に通った身としては、「ダンスに再チャレンジするか？」と一瞬思ったが、私の場合は「洒落《しゃれ》・言う・ダンス？」で終わりそうなので諦めることにした。

「シンドラーのリスト」チラシ

シンドラーのリスト（1993年：アメリカ）

監督：スティーヴン・スピルバーグ　原作：トーマス・キニーリー　脚本：スティーブン・ザイリアン　撮影：ヤマス・カミンスキー　音楽：ジョン・ウィリアムズ　出演：リーアム・ニーソン、ベン・キングスレー、レイフ・ファインズ、キャロライン・グッドール

現在、世界でもっとも有名な監督の一人、〝スティーヴン・スピルバーグ〟渾身の傑作である。第二次大戦下のポーランドで、実在したドイツ人の実業家〝オスカー・シンドラー〟が、1000名以上ものユダヤ人をナチスの迫害から如何にして救ったかという壮絶な物語だ。構想10年、3時間15分という長尺の映画だが、シンドラー役のリーアム・ニーソンの堂々とした名演や、その語り口の上手さで一気に見せてしまう作品である。

1939年9月ドイツ軍がポーランドを制圧し、国内の1万人以上のユダヤ人が南ポーランドのクラクフに運ばれた。1941年3月20日、彼らはユダヤ人居住地（ゲットー）に押し込められた。一旗揚げようとこの地にやってきたドイツ人のシンドラー（リーアム・ニーソン）は、破綻したホーロー容器の工場を買い取り、それを再建し大儲けをする。SS（ナチ親衛隊）の幹部に金や貢物で取り入り、人手は安い賃金のユダヤ人を使った結果だ。

1943年3月13日ゲットーは解体され、そこに居住していたユダヤ人はプワシュフの強制収容所に入れられる。収容所長として赴任してきたアーモン・ゲート少尉（レイフ・ファインズ）は美食と美酒に溺れ、気まぐれで収容者を次々と射殺する残虐非道な人物であった。併せてメイド代わりのユ

ダヤ人収容者ヘレン・ヒルシュの精神と肉体を弄んでいた。彼こそ戦争が生んだ典型的な性格異常の軍人といえる。

自身もナチ党員であり、ＳＳ幹部やゲート少尉に金品をばら撒いたシンドラーだが、いつしかユダヤ人に対するナチの仕打ちに耐え難くなり、新たな工場の要員という口実で収容所内のユダヤ人１１００名ほどのリストを作成。彼らを列車に乗せてチェコに送り出し、強制収容所の虐殺（ホロコースト）から救ったが、さてその結末は？　というお話である。

娯楽性豊かな大ヒット映画作りの天才であるスピルバーグだが、本作はロシア系ユダヤ人である監督自らのルーツに絡む話だけに、彼の思いは画面の隅々にまで溢れ、従来の作品とは一線を画している。

かつてアカデミー賞を意識してか「カラーパープル」（１９８５年）でシリアス路線に挑戦し、10部門にノミネートされ無冠に終わったが、同じ路線の本作で念願のアカデミー賞・監督賞を初受賞した（「プライベート・ライアン」でも同賞受賞）。

テーマゆえに辟易《へきえき》とする場面が多く、観終わっても暗い気持ちがしばらく続くのは否めない。クソ真面目に取り組めば取り組むほど、気分の滅入る映画になってしまうが、そこは職人芸の天才監督！　シンドラー自身を〝絶望の淵〟にまで落とし込んで悩ませることはなく、比較的善人として〝淡々かつサラリ〟と描いている。この辺りに監督の〝シリアス度〟への匙《さじ》加減が効いており、味わいは少々軽くともその技巧ぶりには舌を巻くばかりだ。

オープニングとエンドをカラーで撮り、過去の話はモノクロ撮影なので残虐場面も強烈さが減じられ、ドキュメンタリーやニュース映画の感覚で淡々と観ることができる。秀抜なのは、大混乱の中で一人さ迷う幼い少女の服のみを赤の色彩で撮っている点である。反戦映画の名作「禁じられた遊び」（1952年）の少女・ポーレットが想起されるが、象徴的で極めて強いインパクトを観客に与える。後々この服の〝赤い色彩〟が彼女の亡骸《なきがら》を他と識別させ、この一瞬のショットで忘れかけていた少女への〝悲しみ〟が増幅されるわけだ。

ところで映画のシンドラーはペンを右手で使うが、食事の際フォークが右手でナイフは左手である。実際の本人の利き手は不明だが、私も同じなので妙なところで親しみを感じた。

さて映画の飲食物だが、ナチのSS幹部達の食事場面にスモークサーモン（?）やレモン添えのキャビアが出てくる。ワインの選定では、シャトー・ラトゥール（1928年）、シャトー・マルゴー（1929年）、ロマネ・コンティ（1937年）、リースリング（1937年）などの名前が続々登場し、ワイン好きは思わずニヤリである。

またSSの幹部への貢物として紅茶、コーヒー、パテ、ソーセージ、チーズ、キャビア（ベルーガ：一番大きなサイズ）、新鮮な果物としてオレンジ、レモン、パイナップル。さらにビターチョコレート、コニャック（ヘネシー）、シャンパン（ドン・ペリニョン）、加えてドイツタバコ、キューバ葉巻、ナイロンストッキングなどが出てくる。類型的なアイテムだがそれなりのブランドや等級がついているのは、グルメファンにはたまらない。モロッコ産で有名な〝L・ESPADON（レスパドン）〟の「オイルサーディン（イワシ油漬け缶詰）」が出てくるのも驚きだ。

「イワシの油漬け」は日本で初めて試作された缶詰で、明治4年（1871年：明治2年の説有）に長崎の松田雅典が、フランス人レオン・ジュリーからその手ほどきを受けたというのが定説である。松田は使用する油に苦労したが菜種油・胡麻油など色々試し、ツバキ油がもっとも良いという結果を得た。フランスものにも引けをとらなかったようだ。

イワシの頭をカットし内臓を除去したものを処理して油漬けにした缶詰が「オイルサーディン」で、これは缶詰を巻き締めた後殺菌をする。一方塩蔵したイワシを三枚におろし、一定期間熟成後、瓶や缶に油漬けしたものを「アンチョビー」というが、これは塩の力で病原菌が増殖できず後殺菌をする必要がない。

アンチョビーは日本で言う「カタクチイワシ（ヒシコイワシ、セグロイワシのこと）」を原料とするが、オイルサーディンは日本ではカタクチイワシも使うが「マイワシ」が本来の原料である。海外産は日本産に比べ魚体が大きく、オリーブ油、ひまわり油、サラダ油などに漬けたり、ワイン、ピクルス、トマト、ピメント、バジル、レモン、マスタード、バター、各種スパイスなど多彩な味付けがある。

「オイルサーディン」はノルウェーの「キングオスカー」が有名だが、使用する魚種も製法も日本とは異なる。北欧の魚種はブリスリング種（*Sprattus sprattus*）で、ヨーロッパ・スプラットとかブリスリング・スキッパーと呼ばれるニシンの類の小魚である。頭と内臓を処理したのち樫などのスモークをかけて油漬けする。日本製は魚体の処理後軽く油で揚げるし、古くは綿実油に漬けた。フランスの製法に近く、魚種はマイワシがもっとも美味しい。開缶し缶ごと火で温めレモンを絞ると最高のオードブルで、カクテルバーのカウンターによく似合う。そのままでもサラダやバゲットに添えても美味しくて便利だ。

アラン・レネの「夜と霧」、フリッツ・ラングの「死刑執行人もまた死す」など、ナチの残虐性と恐怖を描いた名作映画は多いが、収容所内の男・女の狂気的な愛憎劇を描いた作品も多い。特にリリアーナ・カバーニの「愛の嵐」、アンジェイ・ムンクの「パサジェルカ」はその代表で、本作にもこれらの作品と類似の場面がある。

本作はロマン・ポランスキーにもオファーされたが断られた。母親を強制収容所で亡くした彼は、当事者ゆえに心の整理ができずにいたのだろう。その彼が歴史の証言者として「戦場のピアニスト」（2002年）で、戦争の狂気とそれを凌駕する人間のヒューマニズムを描くのは、終戦後半世紀以上経った68歳の時であった。〝ナチ（ナチス）〟はユダヤ系の多いハリウッド映画人達の永遠のテーマなのだ！

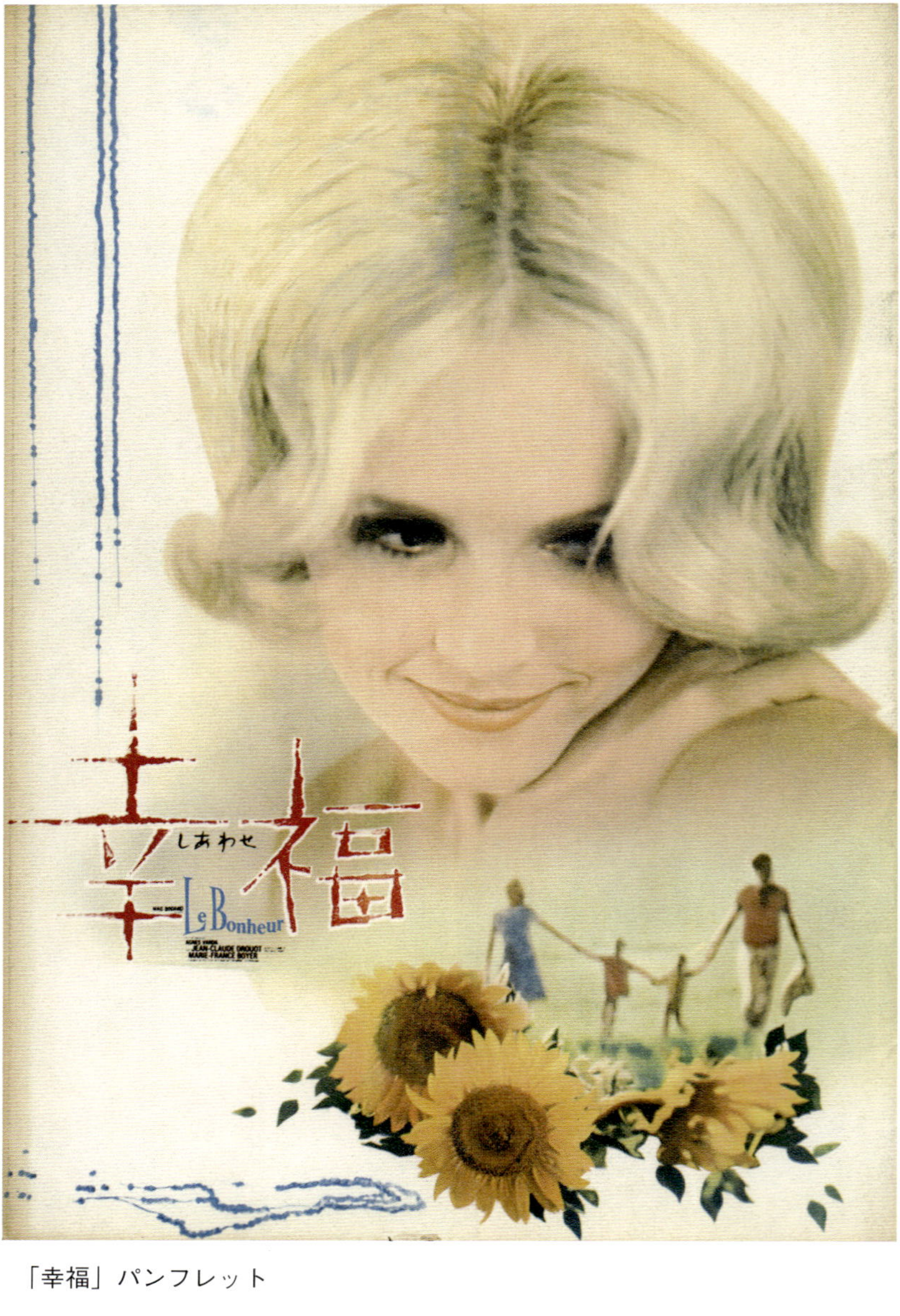

「幸福」パンフレット

幸福（しあわせ　1965年：フランス）

監督・脚本：アニエス・ヴァルダ　撮影：ジャン・ラビダ　音楽：W・A・モーツァルト　出演：ジャン・クロード・ドルオー、クレール・ドルオー、マリー・フランス・ボワイエ

今でこそ多くの女性が映画を撮っているが、30年ほど前までは女性の映画監督は珍しい存在だった。映画史上初めての女性監督はフランスの〝アリス・ギー・ブラシェ〟というのが定説で、映画が発明された翌年の1896年に「キャベツの妖精」という作品を撮っている。

彼女はフランスとアメリカで130～150本の作品を撮ったようだが、映画史からは忘れ去られた（1951年？　に再評価）。一般に女性監督というとナチスの全面協力のもと、第6回ナチス全国党大会の記録映画「意志の勝利」（1935年）や、ベルリンオリンピックの記録映画「オリンピア（民族の祭典、美の祭典）」（1938年）を撮った、レニ・リーフェンシュタールが最初に想起され、次に本作の監督〝アニエス・ヴァルダ〟を思いつく。

彼女達の切り開いた女性の手による映画作りは、後輩の女性監督達に引き継がれ数々の秀作・話題作を生み出している。リリアーナ・カヴァーニ「愛の嵐」（1973年）、リナ・ウェルトミューラー「流されて」（1974年）、ヘルマ・サンダース＝ブラームス「ドイツ・青ざめた母」（1980年）、スーザン・シーデルマン「マドンナのスーザンを探して」（1985年）、ペニー・マーシャル「レナードの朝」（1990年）、ジェーン・カンピオン「ピアノ・レッスン」（1993年）、ノーラ・エフロン「めぐり逢えたら」（1993年）などが思い浮かぶ。

女優が監督する例もあり、海外ではジャンヌ・モローやバーブラ・ストライサンド、日本では田中絹代、左幸子、宮城まり子などがいる。現在では河瀬直美（「萌の朱雀」：１９９７年）や西川美和（「ディア・ドクター」：２００９年）などが有名で、最近では安藤桃子（「０・５ミリ」：２０１４年）などが話題になった。

さて本論である。内装の仕事をしているフランソワ（ジャン・クロード・ドルオー）には、家で洋服の仕立てをしている優しい妻テレーズ（クレール・ドルオー）と、幼い娘ジズーによちよち歩きの息子ピエロがおり、一家は絵に描いたような「幸福」な家族である。夫婦は相思相愛だが、夫が郵便局の窓口の女性エミリと親しくなり男女の関係になる。ある日ピクニックに出かけた折、彼は妻にエミリとの関係を話してしまう。彼の身勝手な論理によれば「テレーズもエミリも同様に愛している」ということで、今まで通り妻と愛人との〝愛し合う関係〟を続けることの承諾を妻から得る。その後二人は草むらで激しく愛を交わす。

しばし時が過ぎ、夫が眠りから覚めると妻の姿が見えない。彼女を探したところ、水死体となって発見される。彼女が自ら命を絶ったのか事故なのか明瞭ではないが（溺れながら手を挙げる妻の姿が一瞬挿入されるので事故？）、「幸福」な家庭は一瞬にして崩壊してしまったのだ。ところが！　ところが！　である。ある日、観客は秋めいた陽光の中でピクニックを楽しむ四人の家族の姿をスクリーンに見出す。以前と何も変わらない〝幸せな家族の風景〟だが、ただひとつ違うのはテレーズがエミリに代わっていたというお話である。

いかにもフランス映画らしい作品である。ハリウッド映画のように単純明快な終幕にならないところがファンにはたまらない。「自殺か事故か？」はっきり分からない消化不良のまま、〝妻が代わっただけ〟のドシンと腹に響くどんでん返しのような結末なので、観客はその意味合いについて考察せざるを得ない。このため作品に深み・厚み・膨らみが出て話は俄然面白くなるが、このフランス映画特有の〝曖昧さ〟が嫌いだという映画ファンも多い。

通常監督が女性か男性か？　映画を観ただけではわからないことが多い。女傑、リーフェンシュタールの作品は、事前の知識がなければ男性監督の作品だと思うだろう。一方、本作には女性監督ならではの感性豊かな場面が散見される。特にヴァルダは写真家だったので、印象派の絵を連想させる見事な色彩の画面を創り出し、各ショットはそのまま一枚の素晴らしい写真のようだ。さらに耳触りのよいモーツァルトの曲が映像と見事なハーモニーを奏でている。

また「ひまわり」が〝幸福〟の象徴になっており、オープニングで交互に映し出される2つのひまわりで、背景に人物（家族）を伴うものは内側の「筒状花」に蜂がまとわりつき、もう片方は「筒状花」が広く損傷を受けている。これは幸福を失う家族の暗示と思える。夫と恋人の恋愛場面では、ユニークな角度から撮った大写しのカットが連続で映し出されるが、この技法はクロード・ルルーシュの「男と女」に影響を与えた可能性がある。

この映画の食べ物だが、麺棒で伸ばしているパン生地や、キッチンのレモン、フランスパン、ワイン、シャンパン、コーヒー、オートミール（？）などが出てくる。テレーズがエミリと偶然すれ違う場面は「まつりの市」で、彼女の買い物かごには「トマト」「長ネギ」「カリフラワー」などが、店頭には「リンゴ」「オレンジ」「バナナ」などが垣間見られる。フランソワがエミリと昼食をとる時や仕事の途中でワインを飲む場面がある。日本では昼食や仕事中に飲酒をする習慣はなかったので、公開当時は抵抗があったかもしれない。まさに食文化の違いだ。

特に印象深いのはピクニックで焼かれるバーベキューである。大人に加え子供達も手伝いをしながら、全員で食べる準備をするところが「野外の食事の美味しさ」につながっていて、「幸福感」が画面に溢れ出ている。

串に刺されたバーベキューの食材は明瞭ではないが、「肉」「タマネギ」「ピーマン」などのようだ。スパイスを振りかけて焼いているが、「遠火や煙が重要なのだ」と言っている。これは燻煙によって風味を付けるので当を得た言葉だ。

肉類・魚介類・野菜類などを火で焼く「バーベキュー」は、アメリカで発達した野外料理である。スペイン系のハイチの原住民が使う木製のグリル台「BARBACOA（バルバコア）」が語源で英語の「BARBECUE」になり、「ＢＢＱ」と略称されている。

17世紀にスペイン人により、メキシコやアメリカの南部に伝わり、アメリカでは南部は豚肉、北西部は牛肉を使うことが多い。トマトケチャップ、ウスターソース、チリソース、マスタード、ビネガーなどで作る「バーベキューソース」で食べることが多いが、日本では「焼肉のたれ」が多い。

直火、燻製、ロースト、遠火など焼き方も多種であり、燃料も薪、木炭、固形燃料など多彩である。以前キャンプ場でバーベキューをした時の話だが、堅炭（質の堅い長時間燃える炭）に直接火をつける若者が多くビックリした。「消し炭（途中で燃やすのを止めた軟質の火種用の炭）を使え」と言っても、「おっさんが何を言ってるの？」という感じで、つくづく世代のギャップを実感した。

ところでこの映画はまるでオーギュスト・ルノワールの絵を連想するような、柔らかな光が強調されている。実は彼の絵を意識して作られたそうで、ＴＶに映っている映画は息子の名匠ジャン・ルノワール監督の、「草の上の昼食」（１９５９年）であるというオチがついている。物語の主人公の家族

4人は、実際の家族だそうで自然な演技に納得がいった。

本作は〝幸福〟な家族に〝悲劇〟が襲う話だが、不倫相手の恋人が新たな妻になるということで、外目には「幸せな家庭」が継続されて行く話でもある。〝幸福〟を巡って多方面から考察できる作品であり、〝誕生・結婚・死〟が出てくることで、人生の〝幸不幸〟についても考えさせられる映画だ。

夫フランソワから見れば妻を失った悲劇は一時的なもので、不倫相手のエミリと新たな家庭を築くことで幸福は戻ってくる。子供達にしても実母を失った悲しみは、時間の経過で癒され、新たな母と〝幸福な家族〟を作れればそれでよい。一番損をしたのは妻のテレーズで、夫に不倫をされての事故死なら〝犬死〟だ。ただ、自殺なら夫に一生負い目を与えて復讐はできた。しかし一矢は報いても〝死んでしまう〟代償は大きい。

〝幸福〟か〝不幸〟かは見方により変わる。話は横道にそれるが、本作の監督アニエス・ヴァルダの夫君ジャック・ドゥミは、「シェルブールの雨傘」（1964年）で戦争に引き裂かれたカップルの話を描いている。ラストで二人は偶然再会するが、「元気？」「元気だよ！」と、それ以上交わす言葉も見つからないまま見つめ合い、そのまま別れるという話である。過ぎ去った時間はもとに戻らないので悲劇（不幸）だが、各々〝幸福な家族〟が築かれているので、ハッピーエンドともいえる。

話を戻すと、この映画は日常に潜む残酷さや怖さを描きつつ、「幸福」は揺るがず淡々と続く映画にも見える。ただ「幸福はさらに持続するか？」と問えば、それは不確かである。ご都合主義の主人公は、しばらくすればまた愛人をもつ可能性があるからだ。身勝手な主人公フランソワの、「幸福の行方」を覗《のぞ》いてみたいと思うのは、私だけではないだろう。

汗ばんだビニールが眩しかった。
よく見れば微少な水滴一粒一粒が虹を含んでいた。
ふくれて重みが支えきれなくなると、
水滴は涙のように流れ落ちた。
そこから陽光が鋭く射してきた。
大地の彼方に
急速に流されていく雲が
瞬間仄明るくなり、
間をおいて
雷鳴が聞こえた。
遠雷
根岸吉太郎監督作品 原作＝立松和平
野間文芸新人賞 河出書房新社刊
製作 樋口弘美 岡田裕 佐々木史朗
企画 多賀祥介
製作補 成田尚哉
脚本 荒井晴彦
撮影 安藤庄平
編集 鈴木晄
音楽 井上堯之
永島敏行
ジョニー大倉
石田えり
横山リエ・原泉
七尾伶子
蟹江敬三
根岸明美
森本レオ
鹿沼えり・江藤潤
藤田弓子
ケーシー高峰
にっかつ撮影所・ニューセンチュリープロデューサーズ・日本アートシアターギルド提携作品

「遠雷」ポスター

遠雷

（1981年：にっかつ＝ニューセンチュリー・プロデューサーズ＝ATG）

監督：根岸吉太郎　原作：立松和平　脚本：荒井晴彦　撮影：安藤庄平　音楽：井上堯之　出演：永島敏行、ジョニー大倉、石田えり、横山リエ、ケーシー高峰、藤田弓子

立松和平の原作を「探偵物語」の根岸吉太郎が監督した秀作映画である。地方都市である宇都宮でトマト栽培を営む青年の日常を通し、都市化という時代の波に飲み込まれて行く農村地帯と、そこに暮らす人々の生活や心の変化が骨太のタッチで映し出されている。

ポルノ作品を手掛けてきた根岸監督がATGと組んだ作品だが、芸術性や実験的な表現手法を追ったものではなく、春先から夏の終わりにかけての田園やトマトハウスの風景が坦々と活写されている。宇都宮出身の原作者が描く〝田舎っぽい土の香り〟に、ポルノ作品の凄腕脚本家の荒井晴彦（「赫い髪の女」「ヴァイブレータ」）と根岸監督の、〝ネアカのポルノチック感〟が加わり、豊かで魅力的な作品に仕上がっている。

満夫（永島敏行）はビニールハウスでトマトを栽培している農家の青年である。父親（ケーシー高峰）は田畑を売りその金でバーを開いて女と同棲中、兄は東京でサラリーマン生活を送っている。家には祖母と母親がいるが、ご多分に漏れずこの二人は折り合いが悪い。親友の広次（ジョニー大倉）は米作農家だが、暇な時は満夫の母と同様に道路工事の作業員をしている。おそらく現金収入のためだろう。

満夫と広次は団地の人妻カエデがママを務めるスナックに出入りし、まず満夫がカエデと関係をも

つ。しばらくすると今度は広次が浮気性の彼女と泊まりがけで旅行をする関係になる。そのような折、満夫に見合い話が舞い込む。相手は農業高校の後輩あや子（石田えり）で、ガソリンスタンドに勤めている溌剌とした可愛い娘である。彼は見合いの後に彼女をモーテルに誘い、当初は抵抗されるが結婚を前提に二人はすんなりと結ばれる。満夫はともかく〝あっけらかん〟と求めに応じるあや子に新しい時代を感じる。あや子を演じた石田えりの見事な肢体に圧倒されるが、明るい彼女のキャラと監督の手慣れた演出は、健康的なエロティシズムに加え絡みにも微笑ましい雰囲気を創り出している。

トマトの高騰、暴落、虫による葉枯れなど環境は刻々と変化し、農作物を作ることの大変さと充実感を観客は同時体験することになる。くじけそうになる気持ちを母親の「(トマトが）安くなったぐらいでおたおたしてどうすんの！」というひと声で救われる主人公は、再度〝トマト作り〟に立ち向かって行く。この間広次が１００万円を持ち出しカエデと出奔《しゅっぽん》してしまうなど満夫の周りは騒がしいが、さてその結末は？　というお話。

トマトハウスの前に団地があり、都市化の波が目前まで押し寄せていることがよくわかる。主人公は車を乗り回し夜な夜な飲み歩いているが、実は好青年でありことトマト作りと農業経営には誇りをもって精勤している。一見ぶっきらぼうだが祖母を思いやるし、友情に熱く恋人へもそれなりの誠意を見せる。この主人公を永島敏行が好演している。

また父親を演じたケーシー高峰と情婦・藤田弓子の怪演。おばあさん女優・原泉の名演。夫に未練がある母親・七尾怜子の巧演。さらに役者より役者っぽかった〝キャロル〟のジョニー大倉や、カエデの夫を不気味に演じた蟹江敬三など、名脇役陣が作品に深みと厚みをもたらしている。

さてこの映画は食べ物が比較的よく登場する。最初に映る夕食には「サバの塩焼き」と「胡瓜」。スナックのランチは「カレー」、お見合いの席は「中華のフルコース」だ。満夫の家ではビールのつまみは「さきイカ」で、お茶請けは「せんべい」だ。手伝いがてら遊びに来たあや子が腕を振るう「天麩羅」や、久しぶりに帰宅した父親に母親が用意する「スキ焼」も美味しそうだ。

満夫がお詫びを兼ねてあや子と食べるのがステーキで、この場所は当時宇都宮を代表する「ステーキハウス・宮」と思える。「味塩」をなめた後、満夫が祖母に作る「とろろ昆布の吸い物」もリアルで印象深い。食材としては「鯉」「ザリガニ」なども登場する。そしてもっとも豪華なのは結婚式のご馳走であることはいうまでもない。

しかし本作の主役食材はやはり「トマト」ということになる。トマトが日本で知られるようになったのは明治の末期だが、広く普及するのは戦後である。日本のトマトは長い間、桃色・大果のイメージが強かった。その理由は昭和初期にアメリカから導入された〝ポンデローザ〟という品種が、甘味が強くトマト臭が少なく桃色・大果で日本人の嗜好に合い、これを品種改良して行ったからである。

トマトの色は赤、桃、白、黄、橙、緑と多彩で、形も丸（扁平、豊円）、洋ナシ、スモモ型、大きさも大、中、小、ミニ（プチ・チェリー）とあるが、欧米では味が濃厚で果汁が多く、強い酸味とトマト臭のする赤色・小果種が主流である。

日本では長らくトマトは生食が中心であり、トマトがメイン食材の欧米では加工用が多く、かつてはイタリアのトマト缶詰といえば洋ナシ型の〝サン・マルツァーノ〟がその代表で、パスタや煮込み料理に使うと実に美味しかった。現在はこの品種改良種の〝ローマ〟などに取って代わられ、ほとんど生産されていない。

一方日本では長らく丸玉系が主流で、中央部が突き出た〝ファースト〟などは、肉厚で甘味が強く圧倒的な美味しさを誇った。しかし最近のトマト市場は甘くて適度な酸味のある、〝桃太郎〟（昭和60年発売）に席巻されている。これは従来の青いまま未熟で収穫し輸送・保管時に色づけするタイプと異なり、株上で完熟する丸・桃色型のトマトである。変質のスピードが遅いことと、予冷、保冷、輸送技術の向上と相まって急速に普及した。最近はミニ、プチ、フルーツ、チェリーなど可愛いサイズのトマトが店頭を飾り、眼と舌を楽しませてくれるが、大果トマトは〝桃太郎〟ばかりなので面白みに欠ける。

トマトはグルタミン酸が多く、肉・魚などのイノシン酸との味の相乗効果が期待できるので、欧米のように調味料としての使用法を探求する必要がある。〝サンドライトマト〟は調味料的使用の好例だ。また主成分のペクチンが油を吸収するのでトマトは機能性からも面白い食材だ（油っぽい料理にトマトが合う理由）。

ところで出奔した広次はその後どうなっただろうか？　結果は結婚式の最中広次から満夫に電話が入り、駆け付けると「カエデを絞殺した！」とのこと、結局満夫が付き添って自首し一件落着となる。この話一歩間違えば広次は満夫だったわけだ。そしてラストである。

若夫婦が枯れたトマトの枝葉を焼いていると、「土地を売ってくれ」と不動産屋が来る。これを満夫が追い払うので、彼が「地に足をつけ土地と生きる」決意をしていることがよくわかる。続いて遠くで雷が鳴り始め、満夫とあや子が長い竹の棒でふざけあう場面で終映となる。「遠雷」は夏の終わりの予告であり、ひとつの時代が過ぎ去って行く比喩である。雷を聞きながら観客は、次の時代を担う清々しい若夫婦に〝明日への希望〟を見るのである。

ここでトリビアだが、本作品が作られたころ私は仕事で4年間宇都宮にいた。当時書店に行くと「郷土・宇都宮の作家」ということで〝立松和平〟の本が平積みされていた。「遠雷」を観るたびに、独身最後の地でカクテルバーの名店「パイプのけむり」に28本の「キリンシーグラム」をキープし、伝説のバーテンダー〝大塚徹（？）さん〟のカクテルを飲み、仕事はハードだったが多くの思い出作りができた宇都宮を思い起こし、涙腺を緩ませてしまうのである。

☆遠雷

オスカルの
太鼓が鳴り響く時
喜びが 怒りが
悲しみが やさしさが
世界中に爆発する!
1979年度
カンヌ映画祭
グランプリ受賞
1980年度アカデミー賞
外国語映画賞受賞
ダーヴィット・ベネント
マリオ・アドルフ
アンゲラ・ヴィンクラー
ダニエル・オルブリフスキ
カタリーナ・タールバッハ
シャルル・アズナヴール
原作・台詞ギュンター・グラス
脚本ジャン・クロード・カリエール
フォルカー・シュレンドルフ
フランツ・ザイツ
監督フォルカー・シュレンドルフ
撮影イゴール・ルター
音楽モーリス・ジャール
製作フランツ・ザイツ＋アナトール・ドーマン
Die Blechtrommel
イーストマンカラー・西ドイツ＋フランス合作
傑作を世界からはこぶ パウ・シリーズ作品 フランス映画社提供
ブリキの太鼓
監督フォルカー・シュレンドルフ 原作ギュンター・グラス 集英社刊
Eine deutsch＋französische Gemeinschaftsproduktion der Franz Seitz Film＋Bioskop-Film＋Artemis Film＋Argos Films

「ブリキの太鼓」チラシ

ブリキの太鼓（1979年：西ドイツ・フランス）

監督・脚本：フォルカー・シュレンドルフ　原作：ギュンター・グラス　脚本：ジャン・クロード・カリエール、フランツ・ザイツ　撮影：イーゴル・ルター　音楽：モーリス・ジャール　出演：ダーフィット・ベンネント、マリオ・アドルフ、アンゲラ・ヴィンクラー、ダニエル・オルブリフスキー、カタリナ・タールバッハ、シャルル・アズナブール

1960年代後半から1980年代にかけて、ドイツで〝ニュー・ジャーマンシネマ〟と呼ばれる映画が多数制作された。フランスの〝ヌーヴェル・ヴァーグ〟に相当するこの映画の流れは、戦前からのしがらみから抜けて出て新たな視点で「ドイツ」を考察した作品が多い。ライナー・ヴェルナー・ファスビンダー（「リリー・マルレーン」：1981年）、ヴェルナー・ヘルツォーク（「フィツカラルド」：1982年）、ヴィム・ベンダース（「ベルリン・天使の詩」：1987年）などがよく知られているが、この流れを代表する監督の一人が本作の監督〝フォルカー・シュレンドルフ〟である。

ドイツを代表する小説家ギュンター・グラスの同名の小説の映画化で、バルト海沿岸のダンツィヒ（現在はポーランドのグダニスク）を舞台に、1899年から1945年頃までを描く。それは主人公オスカル（ダーフィット・ベンネント）の視点で見た、ナチスの台頭からユダヤ人迫害を経て第二次大戦が終結した頃までの歴史の断片であり、運命に弄ばれた人々が織りなす寓話の見事な映像化で、特に主人公の眼に圧倒される。

オスカルは生まれる時点から既に思考力、記憶力、意志のコントロールが成人並みにできる子供であった。大人達を観察した結果3歳の時に自らの意志で身体の成長を止め、同時に金切り声を上げるとガラスを粉々に割る超能力を授かる。

話は1899年彼の祖母の時代からスタートする。ジャガイモ畑が広がる農地で娘がジャガイモを焼いて頬ばっていると、警察に追われた放火の常習犯が逃げてきたので、スカートの下にかくまう。その折できたのがオスカルの母親アグネス（アンゲラ・ヴィンクラー）である。

成人したアグネスは従兄のヤンと関係をもちながら料理上手なアルフレートと結婚し、オスカルを授かる。当然夫の実の子かは怪しい。3歳になったオスカルはブリキの太鼓を貰うと、片時もそれを離さなかった。

時が過ぎ食料雑貨店を営んでいた一家の周りにも、ナチスの影響が色濃くなる。夫もナチスの協力者となり近くで党大会も開催される。一方でアグネスは郵便局員となったヤンとの不倫の末に、彼の子を身ごもり自責の念で自ら命を絶つ。ナチスの勢いは益々増大し、新しい太鼓をくれるユダヤ人の玩具屋マルクス（シャルル・アズナヴール）が、ナチスの襲撃を受け自殺する。その後郵便局が襲撃されヤンが銃殺される。

アグネスの亡くなった家に16歳のお手伝いの少女マリア（カタリナ・タールバッハ）がやって来る。同じ年のオスカルは彼女に恋心を抱くが、マリアは彼の父親との子を宿し弟が誕生する。ある日オスカルは旧知の小人でサーカスの団長ベブラと再会する。彼はナチスの宣伝省の依頼で前線を慰問し厚遇されている。ベブラに誘われたオスカルは慰問団に参加し、そこで小人の女性ラグーナと恋仲になる。慰問団はナチス占領下のフランスに行くが、戦況は厳しくなりラグーナは爆死する。オスカルは我が家に戻るが、ある日ソ連兵の襲撃を受け父親が射殺される。21歳のオスカルは父の墓に太鼓とバチを投げ入れ、「止めていた身体の成長」を解く。そして店も失った一家はわずかな希望を託し西方の地へ移る。

基本的な筋はわかりやすい話だが、伏線や象徴的な事柄が多い極めて重層的な作品になっている。祖母はカシュバイという少数民族でポーランド人でもドイツ人でもない。その娘はドイツの象徴であるアルフレートとポーランドの象徴であるヤンの両者と関係をもつ。娘の子供の父親が明瞭でないのは、カシュバイという民族とダンツィヒという土地の置かれている状況を見事に象徴している。

歴史の流れや大人達に翻弄されるオスカルのうっ積は、金切り声となってガラスを砕く。穿《うが》った見方だが、団長のベブラがドイツでラグーナがイタリアの象徴とすると、オスカルを加えてこれは日独伊三国同盟の暗喩で、ラグーナの死は最初に両手を挙げたイタリアの比喩とも思える。

原作者の〝グラス〟は〝ポルノグラス〟と称されるほど猥雑場面の多い作家のようで、本作も際どい場面が多い。ただ監督シュレンドルフの映像化の力量が抜群なので、想像力を強いる濃厚で刺激的なエロ・グロ場面も、物語の進む中では自然で許容範囲といえる。各エピソードも簡潔で無駄がなく、「アイリスアウト：無声映画でよく使用されたレンズを絞る場面転換」が使われているのも、映画ファンには嬉しい限りだ。

さて本作には食べ物が多数出てくるが、欧州を舞台にしている映画には珍しく魚が多く登場する。自転車でこけた青年が持っていたのは干し魚と鰻の干物だ。自殺につき進む母親のアグネスは小魚・イワシを食べ続け、缶詰の「オイルサーディン」を食べ、最後は氷漬けのニシン（生？）を口にしている。これは何の比喩だろうか？

不気味で超グロテスクなのは、海から引き揚げた牛の頭にまとわりつく何匹もの「鰻」で、チョット耐えがたい。これを安く買った夫が調理してアグネスに食べるよう無理強いをするのだが、カットした3匹の鰻の頭が動くのでグロテスクさが強調される。ぶつ切りにし（海外での鰻の一般的調理法）茹でた？　鰻をローリエとレモンの味が効いたフェンネルのソースで食べるのだが食欲がわくとは言い難い。鰻はやはり日本の〝蒲焼〟に限る。

ノルマンディーのトーチカの上で小人慰問団の連中がピクニック気分で食べるのが、ハンガリーのサラミ、オランダのチョコレート、スターリングラードのキャビアである。戦時下での「キャビア喫食」は特権階級であることを一層際立たせている。珍しかったのは「粉末のソーダ水の素」である。オスカルが海水浴場やベッドの上でマリアと戯れる場面の小道具として使われている。日本ではエノケン（榎本健一）のＣＭが懐かしい「渡辺のジュースの素」である。旅立つマリアが新たな店の主人に貰うのが「マーガリン」と「蜂蜜」である。

そして最も印象深いのは「ジャガイモ」で、日本では「焼き芋」はサツマイモと相場が決まっているが、「焼きジャガ」は珍しい。ジャガイモが主食に近いヨーロッパならではの光景で、焼くと美味過ぎるサツマイモのある日本ではあまり流行らない。冬場に生野菜が不足するヨーロッパは、ビタミン補給の重要な食材として保存の効くジャガイモが普及した。そのためか経験的にベルギーやフランスのジャガイモは抜群に美味しい。ドイツをはじめポテトを大量消費する欧州各国では大袋の一俵で販売されており、本作に出てくるマッシュポテトをはじめポテト料理は多彩だ。

ヨーロッパのポテト・メニューでは、個人的にベルギーの「フリッツ：フライドポテト」、スイス近辺の「ロ（ル）スティ：拍子木切りポテトのお好み焼風」、スウェーデンの「ヤンソンの誘惑：ポテトとアンチョビーのグラタン」、またロシアの「オリヴィエ・サラダ：鶏肉、ポテト、ゆで卵、胡瓜、人参、ピクルスなどのマヨネーズ和え」などが好きなので、これらはもっと普及させたいメニューだ。

さてオスカルは、マリア、八百屋の妻、ラグーナの3人から添い寝を受けるが、実は3人と関係のあることが推測でき、弟は自分の子供の可能性もある。深く読み込むほど不可思議さの残る映画だ！そして列車の別れ場面では、ダンツィヒに残る祖母のクローズアップと、「おばあちゃん！」と叫ぶオスカルの声に、観客はジワリと込み上げるものを感じる。

ラストは冒頭と同じジャガイモ畑で、脇の線路を一直線に走る列車がスクリーンの彼方につき進んで行く。モーリス・ジャールの印象深い民族風音楽のテーマ曲がタイトルに被さり、名作「刑事ジョン・ブック／目撃者」のラストが思い出された（音楽：モーリス・ジャール）。自ら再び身も心も成長をすることを再開させたオスカルである。彼の未来がかかる線路の先は、当然！〝明るい希望への道〟と信じたい。

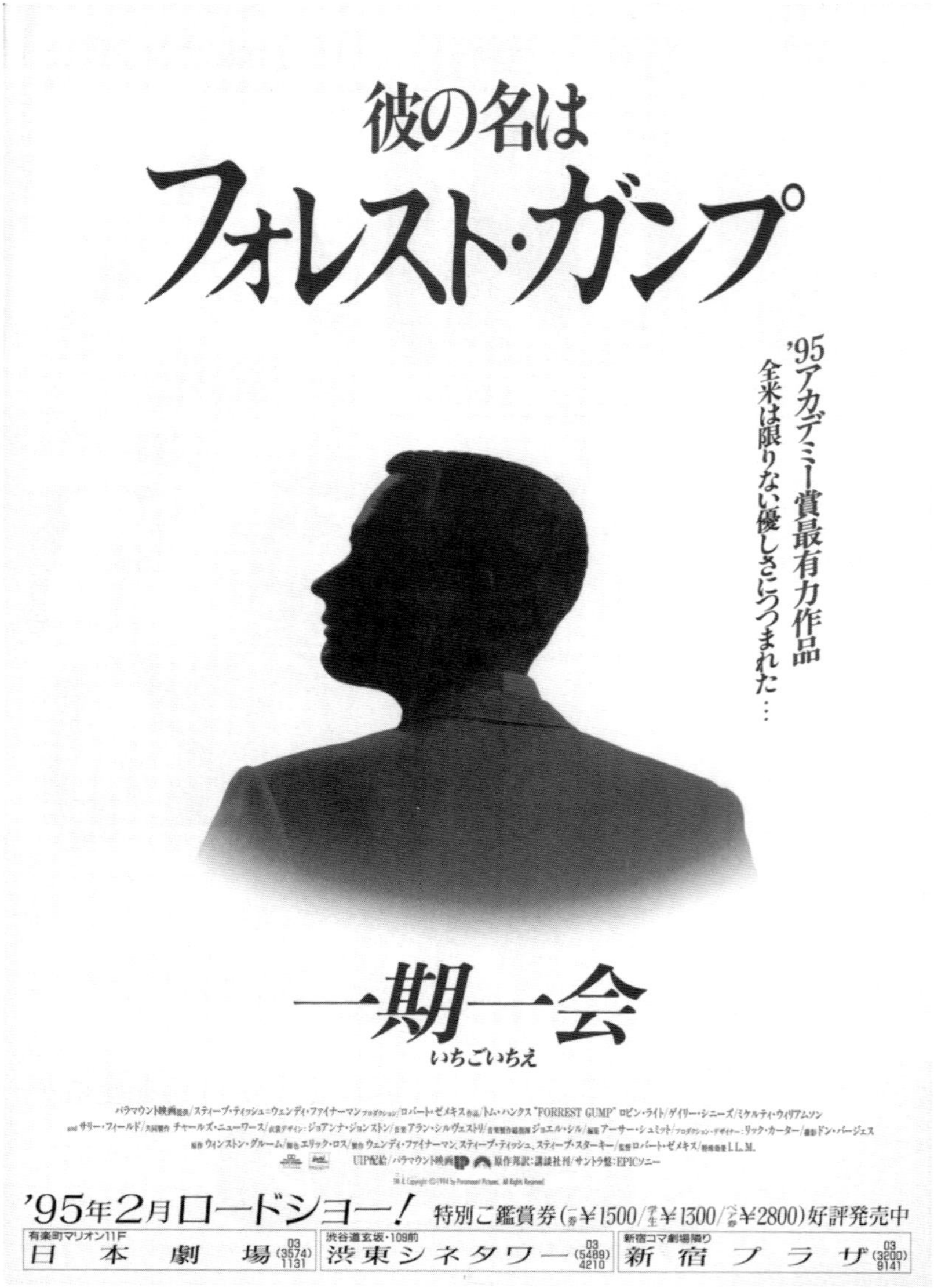

「フォレスト・ガンプ/一期一会」チラシ

フォレスト・ガンプ／一期一会（1994年：アメリカ）

監督：ロバート・ゼメキス　原作：ウィンストン・グルーム　脚本：エリック・ロス　撮影：ドン・バージェス　音楽：アラン・シルヴェストリ　出演：トム・ハンクス、サリー・フィールド、ロビン・ライト、ゲイリー・シニーズ、ミケルティ・ウィリアムスン

「映画」で元気づけられた経験をお持ちの方は沢山おられると思う。フランク・キャプラ監督の「素晴らしき哉、人生！」（1946年）などがこの代表で、東日本大震災の被災地で巡回上映され多くの方を励ましたと聞く。本作は「勇気を貰える映画」の代表作で、第67回アカデミー賞で作品・監督・脚本・主演男優など6部門の賞に輝いた傑作である。

知能指数の低い少年が、ある日自分の人並み外れた「走る」能力に気づき、自分の意思とは関係ない形でトントン拍子に成功。やがて自分の意志で始めた仕事に失敗し続けるが、後にこれも見事に成功し〝人生を走り続けて行く〟という話である。肩に力の入った超大作ではないが、主人公の誠実な生き方を淡々と描くハートウォーミングな映画である。軽く描く笑いの中に、一瞬！〝人生への深い洞察〟が張り巡らされた不思議な映画でもある。

主人公のフォレスト・ガンプは知能指数が75の少年である（普通は80以上）。その名前は先祖で南北戦争の英雄〝ネイサン・フォレスト将軍〟に由来するそうだ。フォレスト将軍はあの有名な人種差別集団〝K・K・K（クー・クラックス・クラン）〟の創設者だが、母親が戒めの意味も込めて付けたようだ。

母親は彼を普通の小学校に入れるため校長と掛け合い「たった5点足りないだけよ！」と主張し、自らの身を賄賂《わいろ》にし、ちゃっかりとフォレストを入学させてしまう。母親を演じたサリー・フィールドはアカデミー賞主演女優賞2回受賞の名女優だが、団塊世代の我々にはTVドラマ「いたずら天使」が懐かしい。

背骨が「？」型に曲がっているとのことで両足に矯正具を着けている主人公は、悪童にからかわれるが、彼のたった一人の味方である少女ジェニーの「走るのよ、フォレスト！」の掛け声で、実は俊足の持ち主であることに気づく。ここから彼の人生が切り開け、アラバマ大学では5年間フットボールをして全米代表となり、続いて軍隊に入るとこれが彼にフィットした場所で、ベトナム戦線では多くの戦友を救出し負傷するが勲章を受ける。

軍隊では卓球の能力が開花し「全米代表卓球チーム」の一員として、「ピンポン外交」に貢献する。自分の意思とは関係なく幸運な道を歩むフォレストだが、その後自らの意志で、軍隊時代の亡き親友・ババとの約束を果たすため、彼の故郷で〝エビ漁〟を始める。

当初は不漁続きだったが、ベトナム戦線の上官・テイラー中尉の協力もあり、ある日突然豊漁となり以後豊漁に次ぐ豊漁で、結果「ババ・ガンプ・シュリンプ・カンパニー」を創立し大成功を収める。その上中尉が「林檎マークのフルーツ会社」（実はアップル・コンピューター）に投資してくれていたので、一生困らない大金持ちになる。

あきれるほど物事がトントン拍子に進む〝お伽噺〟だが、要は少々ハンディがあっても誠実に人生を生きれば、神様がそれに応えてくれるという寓話なのである。古臭いクソ真面目な話だが、ハリウッド映画の根底に脈々と流れ続けてきた重要なテーマの復活である。

新しい技術好きのゼメキス監督らしく、CGを駆使して主人公がケネディ・ジョンソンなどの大統領に会ったり、ニクソン・フォード・レーガンなど歴代の大統領が遭遇した事件を垣間見たり、エルヴィス・プレスリーやジョン・レノンとも実際に出会うので、思わず「え〜！」と叫んでしまう場面がたくさんあり、苦笑いだ。

さて映画の飲食物だが、まず主人公がケネディ大統領のパーティーに招かれた際、15本も飲んでしまう「ドクター・ペッパー」が懐かしい。1885年テキサス州のウェイコで薬局の経営者ウェード・モリソンと薬剤師チャールズ・アルダートン（配合を考案）が売り出した飲料である。ネーミングはモリソンの義父〝チャールズ・ペッパー博士〟に由来する。米国で最も古い炭酸飲料といわれている。日本では1973年に「コカ・コーラ」が発売したが、その独特な風味が万人向きとはいえず広く普及しなかった。個人的には結構ハマった飲料である。

しかしこの映画の食べ物はやはり「エビ」ということになる。主人公が獲っているのは「シュリンプ」で日本でいう小エビである。エビは世界中に約3000種類いるが、大別すると車エビ・小エビのような体型の「遊泳型」と、伊勢エビ・ザリガニのような体型の「歩行型」に分類される。遊泳型の小エビ類は1700種類と多いが商業捕獲されるのは30種類ほどである。車エビ類は120種類中110種類ほどが獲られている。エビを「海老」と書くのは背中が丸まっているので〝海の老人〟の意味である。

日本人はおそらく世界一の〝エビ好き民族〟で、まさに「エビアン！　トレビアン！」である。「伊勢エビ」によく似た大型のエビは海外産では、「アメリカ・ヨーロッパ・南・オーストラリア伊勢エビ」などがあり、英名には lobster の文字が入っている。フランス料理で有名な「オマールエビ」

（ロブスター）は大きなハサミが特長で、「アメリカンとヨーロピアン」の2種類がいる。「アメリカザリガニ」は日本ではあまり食べられないが海外ではよく食される。ただ寄生虫がいるので生食は避けたい。

中型の「車エビ」は最も高級なエビで、アミノ酸のグリシンが多く刺し身はとろけるような甘味がある。天麩羅用のエビとしては最高級の素材である。〝車エビの養殖〟は東京帝大出身の水産学者藤永元作博士が完成させたもので、世界中に広まったエビ養殖の基礎となった。このサイズには「ブラックタイガー」「バナメイエビ」「タイショウエビ」「バナナエビ」などがあり、英語では「prawn」があてられる。「シバエビ」もこの範疇だが、名前は東京の芝周辺で多く獲れたことに由来する（英名はshrimp）。小型のエビは「shrimp」があてられ「ボタンエビ」「アマエビ」「テナガエビ」「サクラエビ」「ザコエビ」などがある。

エビは低脂肪・高蛋白でエキス分にはベタイン・アルギニンなどが多い。エビの殻を茹でると赤くなるのは、約70℃で蛋白質と結合しているカロチノイドのアスタキサンチンが壊れ、本来の赤い色になるからである。

エビは料理法が多彩で、映画の中でババが「焼く・茹でる・煮る・炒める」「カレー・うま煮・ガンボ・フライ・から揚げ・衣揚げ・パイナップル味・レモン味・ココナッツ味・ペッパー味・スープ・シチュー・サラダ・ポテト・バーガーサンド」などと解説する場面は、爆笑ものだ。

プリッとした触感と旨味を楽しむエビだが、マヨネーズとの相性が良いのは淡泊な身に油のコクと味がつき、卵のアミノ酸の旨味とお酢の酸味が、エビの旨み（アミノ酸・ヌクレオチド）と絶妙なハーモニーを奏でるからである。またカクテルソース（トマト・ホースラディッシュ・レモン・ウスターソース又はタバスコ）も同様で、トマトのコク・酸味、レモンの酸味、ホースラディッシュやタバスコの刺激味に加え、トマトに含まれるグルタミン酸とエビの旨み（ヌクレオチドの一種イノシン酸）が味の相乗効果を発揮するからである。

母親の言葉が印象深い映画で、「死を怖がらないで！　生の一部なんだから、誰も逃げられない運命なの」「人生はチョコレートの箱、食べるまで中身はわからない」などのフレーズは、個人的にも感銘を受けた。ジェニーとのすれ違いや両足を失ったテイラー中尉のわだかまりなど、紆余曲折も最後にどうなるかお楽しみで、象徴的に風に舞う〝白い羽〟の意味も後でわかる。

その後この映画をヒントに「ババ・ガンプ・シュリンプ」というシーフード・レストランがアメリカで生まれ、現在は東京・大阪にもある。人生はまさに〝一期一会〟で、お伽噺は現実となったのだ！

おくりびと

左より　本木雅弘　山崎努

おくりびと（2008年：松竹）

監督：滝田洋二郎　脚本：小山薫堂　撮影：浜田毅　音楽：久石譲　出演：本木雅弘、広末涼子、山崎努、峰岸徹、余貴美子、吉行和子、笹野高史

ここ10年で作られた日本映画の中でもっとも優れた一本と評価できる秀作である。もともとは青木新門原作の「納棺夫日記」に感銘した本木雅弘が、青木に直接交渉して映画化の許諾を得た。しかし脚本の内容（舞台・宗教観等）に納得してもらえず、結局青木の原作には基づかない形で映画化がなされた。結果、第81回米アカデミー賞外国語映画賞、第32回モントリオール世界映画祭グランプリなど、国内外の映画賞を総なめにした作品である。

所属する楽団が潰れたため田舎に帰ってきたチェリスト小林（本木雅弘）が、生活のため職を探す。ところが「旅のお手伝い」というキャッチコピーで、旅行関係の仕事と思い面接に行ったところ、実は脱字で「旅立ちのお手伝い」であった。結局社長（山崎努）に説得されて、遺体を綺麗に化粧し納棺する「納棺師」という仕事に就くことになった。

ＩＴ関係の仕事をしていた妻・美香（広末涼子）は夫から「冠婚葬祭関係に就職した」と言われたので、〝お目出度い方〟だと勘違いする。仕事は思わぬ出来事の連続で戸惑い続ける主人公だったが、いつしかこの崇高な仕事に喜びを見出すようになる。しかしある日妻に仕事内容がばれ「汚らわしい！」と言われ、彼女は実家に帰ってしまう。一人残された彼の行く末は？　というお話。

「ファンシイダンス」（１９８９年：周防正行監督）以来、生真面目さとコミカルさを共存して演じ

られる才人・本木が実にいい。透明感溢れる爽《さわ》やかさで彼を優しく支える妻役の広末がこれまた期待以上にいい。脇の役者は日本を代表する名優達である。そしてよく探したなという葬儀社の建物や雄大な庄内地方の風景が何ともいい。ロケハンの勝利である。この風景に同化しつつ主人公は、「納棺師」という仕事を通じ成長して行くのである。

「父」との幼き日の記憶がエピソードとして語られるが、それは父親探しであると同時に自分探しの旅である。庄内ということもあり、切腹した父の遺体を大八車に乗せ、セミの鳴き声の中を黙々と歩んで行く若き武士の心の成長を描いた、藤沢周平の最高傑作「蝉しぐれ」を感じさせる部分がある。「男の子」はもうこれだけで父を感じ十分泣けてくるのだ。

脚本の小山薫堂は「料理の鉄人」の構成などを手掛けた人物だけに、本作では多くの食べ物が登場する。まずは主人公の妻・美香が貰った「たこ」。妻の悲鳴で映し出されたのはにょろりと足（手？）を動かす〝生きているたこ〟。二人はたこを東京湾に戻すが死んでしまう。まるで映画のテーマが暗示されているようだ。

続いて夫が買ってきたのが、妻が「(山形へ) 引っ越したら食べたい」と言っていた、すき焼き用の肉「米沢牛の特上サーロイン」である。私も昔は山形へ出張がよくあり、新幹線の駅弁は必ず「牛肉どまん中」だったので、「米沢牛」と聞いて思わずお腹がグーである。

さらに死後だいぶ経過した遺体を納棺した日、夕食に出てくるのが鍋用の〝今朝潰したばかりの鶏〟一羽分で、鶏冠《とさか》付きの頭や内臓までありそれを見た主人公は嘔吐する。ヒッチコックが好みそうなブラック・ユーモアの極致だ。

「仕事を辞めたら迎えに来て」と妻に去られた小林は、会社を辞めるつもりで出社し、食事中の社長に勧められるのが「フグの白子」である。それを〝チュウチュウ〟とすすりながら社長が言う、「これだって遺体だ、生き物は生き物を喰って生きている」「死ぬ気になれなきゃ喰うしかない」「喰うなら美味い方がいい。美味いんだなあ！　困ったことに」。〝食べ物〟と〝食べる行為〟の関係の神髄をついた名セリフだ。傍らにはトマトとキノコが垣間見られる。

そしてクリスマスがやってくる。ツリーが飾られた葬儀社で小林・社長・事務員の上村（余貴美子）の3人が食べているのは「フライドチキン」。傍らには「グリーンサラダ」や「クリスマス用の苺ケーキ」。石油ストーブの上では鍋に入った「竹輪・ロールキャベツ？　などのおでん」が煮込まれ、おでん種には何本か串が刺さっている。演奏を所望された小林がチェロを弾き、シャンパンを飲みながら静かなクリスマスを過ごす3人だが、考えてみると葬儀社で〝キリストの誕生〟を祝うのであるから何とも皮肉な場面だ。

傑作は、妻に去られ独り身の小林が食べる朝食？　で、長いままの「フランスパン」に醤油につけた「まぐろの刺身」をのせ、マヨネーズをかけてかぶりつく姿である。傍らにはイカとまぐろの刺身、魚肉ソーセージ、胡瓜、梅干し、ソーダ水、マヨネーズ、醤油、スパイス用ミルなどがある。画面が一転すると「海苔のおにぎり」を主人公がパクつく姿が映し出される。何しろ食べ物が続々登場するので、まるで「食べ物」も出演者のようだ。感動作であると同時に作り手の「食のレベル」が極めて高い、「食べ物映画」の名作でもある。

ところで、フランスパンにまぐろの刺し身には、〝さかなクン〟的には一瞬「ギョッ！　ギョッ！　ギョッ！」かもしれないが、冷静に見るとそれほど違和感のある食べ方ではない。まぐろとマヨネーズは相性の良い食材である。よく知られているように「シーチキン」に代表される「まぐろ油漬け缶詰」をマヨネーズで和えたものは、おにぎりやサンドイッチの具〝ツナマヨ〟として極めて嗜好性の高い食材である。ちなみに「ツナマヨのおにぎり」は、コンビニエンスストアのおにぎりでは売れ行き№1アイテムである。

〝缶詰〟と〝生〟では違うという意見もあろうが、「ネギトロ」だと思えばよい。「ネギトロ」はもともとまぐろの皮の裏の脂身部分「すき身」や、骨の間にある赤身肉「中落ち」などをペースト状に混ぜ、ネギをあしらったものである。寿司屋の賄い料理（従業員の食事）から生まれたそうだ。ただ美味しいが材料の部位の量は限られている。

そこで水産加工メーカーが創作したのが「ネギトロもどき」である。ビンナガやキハダまぐろのような安価なまぐろを原料に、魚油（まぐろ）や植物油（ショートニング：マーガリンから水分を抜いたもの）を加えて、〝とろみ〟や〝コク〟を出したものである。

原料的には脂身のないまぐろを酢抜きのマヨネーズで和えたと思えばよい。イメージ的には「もどき」だが、これはこれで安価で美味しい傑作水産加工品である。今や回転寿司やスーパーで販売されそれなりの評価を受けている。「ツナマヨ」も醤油をわずかに加えると味が抜群によくなるので、映画の食べ方は理に叶っているし、「生ツナマヨ」のオープンサンドだと思えばよいわけだ。

さて、映画の方は「やっぱり私がいなきゃだめね」と妻が戻り、「報告もあるし」と赤ちゃんができたことを主人公に告げる。その後彼の幼馴染・山下（杉本哲太）の母である銭湯のおばさん（吉行和子）が亡くなり、火葬場の場面となる。驚いたことにいつも銭湯にいる不思議な親爺がここの職員であった。親爺が言う「（奥さんから）一緒に銭湯をやってくれないか？」と、「私、燃やすの上手だから」「死ぬということは終わりではなく、そこを潜り抜けて次に向かう〝門〟です」。厳粛な場での笑いと箴言《しんげん》だ。演じているのが、昨今売れっ子の名脇役〝笹野高史〟なので可笑しさは倍増する。

というわけで、「納棺師」という職業を通じながら、観客は親・兄弟姉妹といった肉親から友人・恋人まで、生まれてから今まで出会った人々、特に記憶のかなたに消えかかっている「懐かしい人々」を思い出すのである。やるせなくなった主人公が、甘えるように妻・美香の体を求めるシーンは出色の出来映えだし。女性従業員の余貴美子もいい味を出していた。

さてこの物語には向田邦子の「石文」という話がキーワードとして使われている。人間が文字を知らなかった時代、人は「自分の気持ち」に似た石を探して相手に送り、貰った方は石の感触や重さから「相手の心」を読み解いたという寓話だ。

主人公は幼き日に父親と河原で互いに石を探し交換をしていた。そしてラスト！　行方不明だった主人公の父親が死んだとの連絡が入る。亡き父に会いに行くことをためらう主人公に、妻や事務員の上村が行けと促す。そして〝その石〟が重要な鍵になって映画は幕を閉じる。

個人的には自分の父や母・長兄など身内の死を思い出し、歳による涙腺の弱さも重なって流れ落ちる涙を禁じ得なかったが、劇場内には嗚咽が聞こえていた。本作はそれほどの感動作であり、本稿作成のために再見しても、涙！　また涙！　であった。

「L.A.コンフィデンシャル」パンフレット

L.A.コンフィデンシャル（1997年：アメリカ）

監督・脚本：カーティス・ハンソン　原作：ジェイムズ・エルロイ　脚本：ブライアン・ヘルゲランド　撮影：ダンテ・スピノッティ　音楽：ジェリー・ゴールドスミス　出演：ケヴィン・スペイシー、ラッセル・クロウ、ガイ・ピアース、ジェームズ・クロムウェル、キム・ベイシンガー

ジェイムズ・エルロイの「L.A.（ロサンゼルス）4部作」の第3部「L.A.コンフィデンシャル（秘密）」の映画化で、1950年代のロサンゼルスの警察署を舞台にした傑作ミステリー映画である。ちなみに第1部「ブラック・ダリア」は、ブライアン・デ・パルマ監督で2005年に同名のタイトルで映画化されている。

個性的な3人の刑事がカフェショップで起こった6人の惨殺事件を追う中で、次々とアクシデントに遭遇しながら事件の核心に迫っていく話である。スピーディーな場面展開と多岐にわたるエピソードが観る者を画面に釘付けにし、ラスト近くで思わぬどんでん返しが起きたとき、周到に張られたいくつかの伏線がひとつに収斂し真実が判明する。

よく練られた脚本で多くのエピソードが手際よくまとめられている。ただプロットが複雑な上に、無駄な説明がなく場面展開が速いので、注意深く観ていないと話を正確に理解しないまま物語が進行してしまう懸念がある。しかし「何しろ面白い！」。1990年代にハリウッドが生んだ「フィルム・ノワール」の傑作の一本といえる。

目の前で母親を父親に殺されたことがトラウマになり、〝女性に対する暴力〟を絶対に許せないバド・ホワイト（ラッセル・クロウ）は、腕っ節が強い現場タイプの刑事である。一方エド・エクスリー（ガイ・ピアース）は、秀才・官僚タイプの刑事で2人は相容れない部分が多いが、事件解決に絶妙なコンビぶりを発揮する。

この2人にTVドラマ「名誉のバッジ」の監修者として要領よく立ち回る刑事ジャック・ヴィンセンス（ケヴィン・スペイシー）が絡むのだが、彼はゴシップ誌の編集長に情報を流し賄賂《わいろ》を取っているチョイ悪刑事である。ただ3人の正義感は本物で彼等の上司に老獪なスミス警部がいる。

舞台はロサンゼルス、この地を牛耳っていたマフィアのボス・コーエンが逮捕されたあと、後継者をめぐって血生臭い殺人事件が多発している。そのような折、カフェショップ「ナイト・アウル」で6人が射殺される猟奇事件が起こる。その犯人として3人の黒人が逮捕されるが3人ともに脱獄し、結局エド達によって射殺される。事件はいったん解決したかに見えたが、その後「見えない巨大な力」が巧妙に仕組んだ〝想像を絶するからくり〟が露呈してくる。

物語は「ナイト・アウル」事件を軸に進むが、平行して描かれる高級売春婦の組織や麻薬取引、警察組織の闇、男色検事と殺人などのエピソードが話を膨らませている。新聞のフロントページを効果的に使い、ドキュメンタリータッチで話が進行するさまは、まさにハードボイルド映画である。やや説明不足とも思える豊富なエピソードが話を複雑にし、脚本が破綻寸前な点でもこの分野の傑作「三つ数えろ」（1946年）と酷似していて面白い。

台詞はスラングが多く字幕の説明も完璧さを欠くので、意味が正確に伝わる本国アメリカでは日本以上に高評価を得たと推測できる。事件発生でエドがカフェに踏み込むとテーブルに2つのコーヒーカップがあり、妙に印象深いがこれも見事な伏線で、殺された6人の一人がバドの相棒刑事だったことが判明するあたりから、話は俄然面白くなって行く。

売春婦の一人に1940年代に活躍した女優〝ヴェロニカ・レイク〟似の女性リンがおり、直情型で無骨に見えるが実は心優しいバド刑事との絡みが、殺伐とした話に潤いを与えている。彼女を演じたキム・ベイシンガーはこの好演でアカデミー賞・助演女優賞を獲得した。

冒頭にマリリン・モンロー、ジェーン・ラッセル、フランク・シナトラなどのスナップ写真を映したり、劇中で映画を流すなど映画マニアには嬉しいおまけがついている。TV放映されていたのはアラン・ラッドとヴェロニカ・レイク共演の「This Gun for Hire（拳銃貸します）」（1942年）で、映画館で上映されていたのは「ローマの休日」（1953年）である。

この映画で印象深い食べ物は、カフェショップにエドが踏み込んだときに映し出されるカウンターやテーブル上にある調味料群である。赤いチューブのトマトケチャップ、黄色いチューブのマスタード、さらに塩と胡椒というアメリカのレストランの定番品がずらりと並んでいた。

日本人にとってトマトケチャップとマスタードは、ハンバーガーやホットドッグショップ、またダイナーなどでお馴染みの、いかにも〝アメリカっぽい〟調味料である。カメラは静まり返った店内を移動して行くが、その先に映し出された赤と黄色の容器は妙に印象深く、アメリカ的な日常風景とそこで起きた異常さとのギャップを強調し、まるで虐殺現場の目撃者として佇んでいるように見えた。

さて一般庶民が利用するレストランのテーブルに置かれている調味料は、国柄を反映して面白い。日本なら醤油・ソース・塩・胡椒（中華では＋酢とラー油）が、タイではナンプラー、ヴェトナムではニョクマムなどが定番品である。もともとはキッチンユースだった調味料が、客の好みに応じて裁量がきくようテーブルに置かれ始めたのであろう。

ヨーロッパのレストランのテーブルは、オリーブオイル、ワインビネガー、塩、胡椒（まれにマスタード）が定番で、これはサラダ用のドレッシングを作る調味料が主体である。これに対しアメリカでは肉やパンの関連調味料が中心となる。

トマトケチャップもマスタードもホットドッグのソーセージやハンバーガーのパティ（肉）、サンドイッチのハム、ベーコンなどの肉類にベストマッチだが、同時にバンズ（パン）にも合い、ポテトに代表されるフライものにもよく合う。アメリカは市販のマヨネーズやドレッシングが最初に発達した国柄だけに、サラダ関連調味料は客の手作りではなくキッチンで用意され、あらかじめ料理に和えたりかけられたり別添で出てくることが多い。

トマトケチャップもマスタードも酸味と旨味という共通の味に加え、それぞれ甘味、辛味を有するが、共通の酸味が脂肪のしつこさを抑えると同時に、新たな風味と旨味を付与する効果がある。なお、マスタードは原料の種の種類で色が異なるが（黒、茶、緑がかった黄色）、アメリカのマスタードはウコンで黄色くしたものが多く、フランスでは自然色の緑がかった黄色が多い。日本では〝辛い〟イメージだが本来は〝辛くて旨い〟のである。

外食がらみの調味料としてはトマトケチャップ・マスタードのほかに、いわゆるソース（ウスターなど）やタバスコ（ホットソース）、マヨネーズ・ドレッシングなどがあげられる。マヨネーズの使用大国はアメリカや日本と思われがちだが、ロシア（消費量№1）やベルギー（フリッツというフライドポテトに使用）なども膨大な消費国であることをＰＲしておきたい。

そして映画は巨悪が暴かれて行くどんでん返しとなり面白さは頂点に達する。筋が複雑過ぎるので少々理解不足のまま話が進んでも、それを凌駕する魅力をもつ傑作で大いに楽しめる。ラストは意外な結末となり、娼婦だったリンがサングラスをかける場面は、真実に目をつぶることが暗示されていると思われる。

そしてエンディングのタイトルが流れるのだが、バックミュージックにはジャズっぽい男性ボーカルや荘厳なメロディーが続く。すると突然1950年代の風景と思しきショットが挿入され、ラストのラストで当時の家族団らんの風景が映し出される。TVでは賄賂を貰っていた〝悪徳刑事〟のジャックが監修をしていた刑事ドラマ、「名誉のバッジ」が放映されている。画面に「ジャック・ヴィンセンスに捧ぐ」との字幕が映し出される（ネタバレだがジャックは途中で殺されている）。悪《わる》だが、バド・エドの両刑事と一緒に事件の核心に迫ったジャックへの追悼とも思え、その心憎い洒落たエンドに思わず笑みが出た。

「グッドモーニング・バビロン！」チラシ

グッドモーニング・バビロン！（１９８７年：イタリア・フランス・アメリカ）

監督・脚本：パオロ＆ヴィットリオ・タヴィアーニ　原案：ロイド・フォンヴィエール　撮影：ジュゼッペ・ランチ　音楽：ニコラ・ピオヴァーニ　出演：ヴィンセント・スパーノ、ジョアキム・デ・アルメイダ、グレタ・スカッキ、デジレ・ベッカー、チャールズ・ダンス

映画の父〝デヴィッド・ワーク・グリフィス〟の歴史的超大作、「イントレランス」（１９１６年）の製作現場を舞台にした映画である。イタリアのトスカーナ地方で１０００年前に建てられた「奇跡の聖堂」を修復した凄腕の石工の一家が倒産し、７人の息子のうち６男のニコラ（ヴィンセント・スパーノ）と７男のアンドレア（ジョアキム・デ・アルメイダ）が父親を残し、一旗揚げようと希望の地アメリカに渡る。二人は苦労の末、誕生したばかりのハリウッドに糧を求める。そこで映画史上最も重要な作品の一本となる、「イントレランス」のセット建築に携わるというお話。

兄弟愛や家族愛を軸に物語は進み、二人はその腕前を発揮して壮大なバビロン宮殿のセット作りに貢献する。そして各々良き伴侶を得て幸福を掴《つか》んで行く。しかし完成した「イントレランス」が辿る運命に共鳴するかのように兄弟にある亀裂が生じ、第一次大戦という暗い時代に巻き込まれて行くのである。主人公の二人に監督のタヴィアーニ兄弟が投影されているのはいうまでもない。

まず舞台になる映画「イントレランス」について少々説明しておこう。製作されて１００余年！不滅の光彩を放つ映画界の巨大な遺産である。グリフィスの前作「国民の創生」（１９１５年）は無声映画史上最大のヒット作となったが、人種論争を巻き起こした。そこで彼は前作の収益を全てつぎ

込み前人未到の本作を撮った。ほぼ完成していた次回作「母と法律」を撮り直して〝現代編〟とし、さらにバビロンの滅亡（バビロン編）・キリストの受難（ユダヤ編）・聖バルテルミーの大虐殺（中世編）の3話を加えた4つの物語が、交錯しながら進行しラストで収斂する映画である。リリアン・ギッシュ扮する揺り籠を動かす女性のショットが話をつなぎ、全編を「イントレランス（不寛容）」というテーマが貫く。ハリウッドに最初の撮影所ができてから（ネスター：1911年）まだ5年の話だ。

「バビロン編」は「カビリア」（1914年：ピエロ・フォスコ：本名ジョバンニ・パストローネ監督）などイタリア史劇映画の影響が見られ、宮殿での戦闘や4000人のエキストラが織りなす宴に魅了されるが、謀略でバビロンは滅亡してしまう話。

当時の撮影技法を初めて体系的に使用し、エイゼンシュテイン達の「モンタージュ理論」を生み、後の映画に多大な影響を与えたが、交錯する編集法が理解され難かったことや、テーマが参戦に向かう当時の風潮に逆行したことで興行的には大失敗。グリフィスには膨大な借金が残り、皮肉にも映画史上最大の作品が、「映画の父」をハリウッドから葬り去る遠因になってしまうのである。

さて話を本作に戻そう。渡米したものの言葉が不自由で養豚の手伝いをしていた二人は、偶然サンフランシスコ博覧会のイタリア館を作る棟梁や職人達と知り合い、見事な建築物を作る。これにほれ込んだのが「イントレランス」の構想を練っていたグリフィスである。そのような折二人はエドナ（グレタ・スカッキ）とメイベル（デジレ・ベッカー）というハリウッドで働く踊り子達と知り合う。

兄弟はグリフィスが「バビロンの宮殿」用に求めている「象」のイメージを、故郷の「奇跡の聖堂」のレリーフから思いつき、二本足で立つ巨大な象の模型を作る。しかし二人を嫌う撮影所の製作主任達に燃やされてしまう。象が振り上げていた二本の足を地面につき、横倒しになって燃え尽きる

「イントレランス」バビロン宮殿

場面は、〝バビロン宮殿の滅亡〟と〝映画（イントレランス）の行く末〟を予見しているようだ。ところがその象を撮影したフィルムが残っており、それを観たグリフィスに文句なしで採用される。

その後父親をイタリアから招き、バビロン宮殿のセットの前でニコラとエドナ、アンドレアとメイベルの結婚式が執り行われる。因みに彼女達の名前はチャップリン映画でお馴染みの、エドナ・パービアンス（「キッド」）とメイベル・ノーマンド（「醜女《しこめ》の深情け」）からのもじりと考えられる。

結婚式では父親のプライドに笑い、グリフィスの「聖堂作りも映画作りも〝皆の夢の結晶〟で同じだ」という演説に感動する。加えて当時の撮影の光の処理方法が垣間見られて興味深い。

さて本作での飲食物の話をしよう。兄弟がアメリカにやって来る船中で「豆のスープ」が出てくる。船が左右に揺れ、テーブルのスープ皿が左右に行ったり来たりするがこれはチャップリンの「移民」のパロディーである。「奇跡の聖堂」の完成後の祝いの席で、聖堂を模した大きなケーキが出てくるが、破産宣告をする父親が壊してしまうのが何とも切ない。

映画を通じてキーワードになる飲み物は「赤ワイン」である。父親はアメリカに行く息子二人に、「毎夜、寝る前にお前達二人におはよう（グッド・モーニング）！　と呼びかける」と宣言する。時間差でアメリカの朝はイタリアの夜であり、これが題名の由来になっている。

父と子は何処にいようと常につながっておりその象徴が「血」を意味する「赤ワイン」で、それは故郷トスカーナを代表する赤ワインの「キャンティ」と考えるのが妥当であろう。「赤ワイン」はまず聖堂完成の祝い（ここで破産宣告）の席上でパンと一緒に出てくる。破産でバラバラになっても父親と7人の兄弟は血で結ばれていることの象徴である。

行き詰ったニコラとアンドレアの二人が森の中で再出発の力を得るのが、ひとつは弟が力強く奏でる「シンバル」であり、もうひとつはイタリアで父親が飲み（一瞬ワンショット挿入）、鳥小屋の前で兄が飲む「赤ワイン」である。「シンバル」は〝心臓〟で「赤ワイン」は〝血〟と考えると納得がいく。新たな血を得て二人はバビロン宮殿を飾る「二本足で立つ象」のアイデアを思いつくわけだ。

この後、「赤ワイン」は結婚式で出てくるがこれは〝血族〟が増える祝いの象徴と思える。しかし後に兄弟は意見を異にすることになる。弟がシンバルを海に捨てる場面があり、一方アメリカを離れる兄がテーブルから赤ワイン入りのグラスを振り払う場面がある。これらは血族からの決別と解釈できる。しかし不幸にも二人が再会する戦場では、象徴としての「赤ワイン」は登場せず、ホンモノの血が流されてしまう。再見しあらためて驚いたが、作り手がどこまで意識したかは不明だが、「赤ワイン」と「血族」の関係をここまで徹底して描いた映画は極めて珍しい。

では最近の日本のワイン事情を概観してみよう。「ワイン」は消費量の紆余曲折を経てこの20年ほどで日本の風土に完全に定着した。かつて日本のワインファンはドイツの白ワインから入り、フランスの赤ワインに辿り着いたものである。当時は国産ワインもフランス・ドイツ以外のワインもほとんどなかったからである。ワインは輸入量が増加すると何かトラブルが起きて消費減となり、また増えるとまた減るということを10回近くは繰り返しただろうか？

多くの先人達の普及努力が、蘊蓄好きの日本人の知的好奇心を満たしながら、ワインは〝ステイタス〟を保ちつつ〝カジュアル化〟して行った。そしてその後イタリア、スペイン、アメリカ、チリ、オーストラリア、南アフリカなどのワインが続々と入ってきた。チリワインが輸入量の1位になったという昨今の現状を聞くと、さもありなんと同意できる。ワインは単品評価から今や食事とのマリアージュの時代である。フランス、イタリア、スペインなどの極上ワインに憧れつつも、リーズナブルなデイリーワインを楽しみたいものだ。

さて、別れたニコラとアンドレアは戦場で再会する。傷ついた二人は拾われること想定し、傍らのカメラを回す。（親の顔を知らない）自分達の子供達のために互いを撮影したのだ。映画のラストは戦争の悲劇で終わるが、この映画を観た方々はぜひこの映画の原点である「イントレランス」を観て欲しい。１００余年前の壮大なセットと深遠なテーマに衝撃を受けるはずである。

泥の河
あのとき少年時代は終った。いま、痛みの源流へ遡りたい。
小栗康平
第一回監督作品
日本映画ペンクラブ推薦
優秀映画鑑賞会推薦
日本映画監督協会・新人奨励賞受賞作品
原作・宮本輝（筑摩書房刊／角川文庫版「螢川」に併載）
第十三回太宰治賞受賞作品
田村高廣
藤田弓子
加賀まりこ
朝原靖貴（子役）
桜井　稔（子役）
柴田真生子（子役）
西山嘉孝
初音礼子
八木昌子
芳賀洋子
麻生　亮
殿山泰司
蟹江敬三
芦屋雁之助
製作●木村元保
脚本●重森孝子
撮影●安藤庄平
音楽●毛利蔵人
照明●島田忠昭
録音●西崎英雄・平井宏侑
美術●内藤　昭
編集●小川信夫
製作補●藤倉　博
木村プロダクション作品
配給　東映セントラルフイルム
「泥の河」チラシ

泥の河（1981年：木村プロダクション）

監督：小栗康平　原作：宮本輝　脚本：重森孝子　撮影：安藤庄平　音楽：毛利蔵人　出演：田村高廣、藤田弓子、加賀まりこ、朝原靖貴、桜井稔、柴田真生子

宮本輝の太宰治賞受賞作の映画化である。時は「もはや戦後ではない」と経済白書に書かれた昭和31年、所は大阪のとある運河付近での話。橋の袂で安食堂をやっている夫婦の息子と廓舟の姉弟との交流を描き、国内はもとより海外でも絶賛された秀作である。

自主製作の本作は当初上映館に困ったが、大林宣彦監督の口利きで漸く草月会館で有料試写会が実施された。たまたまそれを観た東映社長・岡田茂が感動し、東映セントラルフィルムが買い上げて全国公開が可能になった。偶然の出会いが世に送り出したこの作品は、キネマ旬報ベストテン第1位を始め、国内の主たる映画祭の賞を総なめにし、モスクワ映画祭銀賞・米アカデミー賞外国語部門ノミネートなど、日本映画史に残る傑作として記憶されることになる。

太平洋戦争が終結して10年余りが経ち世の中は神武景気で沸き返っている最中、社会の底辺で暮らす人々を凝視したひと夏の〝出会いと別れ〟の話である。

河岸の粗末な家で労務者相手に食堂を営んでいる夫婦（田村高廣・藤田弓子）がいた。一人息子の信雄（朝原靖貴）は小学校3年生で、夏のある日、喜一（桜井稔）という少年と知り合う。昨日引っ越して来たという彼は、河岸に係留されている舟に姉の銀子（柴田真生子）と母親（加賀まりこ）の三人で住んでいる。

舟は動力がない人が住むだけの「宿舟」であった。ある日信雄は舟に招き入れられ、銀子・喜一姉弟と親しくなる。喜一と信雄は同学年で銀子は11歳だが二人は学校に行っていない。舟内では母親の部屋は仕切られているので顔は見えない。「黒砂糖をあげて、あまりここへはこんほうがええてゆうてやり」と声だけだ。

信雄は「姉弟を家に連れて来たい」と両親に話し承諾を得るが、父親には「夜はあの舟に行くな」と言われる。姉弟がやって来て食事を堪能し、母親は銀子に「似合う服がある」と彼女を部屋に誘う。すると入って来た二人の客が「あの舟は廓舟だ！」と言う。喜一は唇を噛み締めるが信雄には何のことかわからない。父親が大声で客を叩き出す。

一転父親の手品で盛り上がった後、銀子は母親が「あげたのに」と言う洋服を返す。彼女なりのプライドだろうか？　いじらしくて涙腺が緩む。「楽しかったわ。ご馳走様でした」と姉がお礼を言い、信雄を交えた3人は帰路橋にやって来る。「石鹸の匂いがするなあ、信ちゃんのお母ちゃん」と言う銀子の言葉に、観客の涙腺はさらに緩む。カメラが捉える光と影が抜群に良い。

ある時信雄が舟を訪れると姉弟は不在だった。すると突然母親に「顔を見せて」と呼ばれる。そこには白い妖艶さがひと際輝く女性がいた。信雄も子供ながらにその美しさに驚く。彼女の部屋には鏡台・化粧品、食卓の上には団扇・土瓶・灰皿・煙草・大型マッチ箱とオードリー・ヘプバーンの表紙の「映画の友」？　などが垣間見られる。それにしても声だけで観客を引っ張り続け、突然！　加賀まりこ扮《ふん》する母親の美しい容姿を披露した小栗監督の腕は流石であった。

天神祭りが近づき姉妹が食堂に遊びに来る。父親と男の子二人は一緒に祭りを見に行く約束をする。一方銀子は信雄の母親と一緒にお風呂に入る。ほとんど笑ったことのない彼女が笑う。銀子が内風呂に入るのはこれが2回目とのことで、勿論母親と銭湯に行ったこともない。観客はまたまた胸を締め付けられる。祭りの当日、父親不在のまま信雄と喜一は50円の小遣いを貰い露店に行く。ところが信雄の金を喜一が預かったところ、ズボンのポケットが破れていて、二人分の金を落としてしまう。何も買えず二人はしょんぼり帰ってくる。

さてここで映画の食べ物だが、まず父親が趣味のように作って売る「四角いきんつば」が美味しそうだ。続いて馬車屋（芦屋雁之助）が食べている「かき氷」、舟でもらう「黒砂糖の塊」、警察官（蟹江敬三）がくれる「金平糖」、京都帰りの電車の中で飲む「バヤリース・オレンジ」と「ピーナッツ？」、屋形船のおじさん（殿山泰司）がくれる「西瓜」、祭りの縁日では「綿菓子」「焼きトウモロコシ」「カステラ焼？」「林檎飴」など結構登場する。時代を反映してかいずれも「甘味」に関係するものばかりだ。

当時は空き地に野菜がよく栽培されており「茄子」も出てくる。しかし印象深いのは銀子が手を入れている食堂の「米櫃《こめびつ》の米」である。彼女が信雄に言う「お米が一杯詰まっている米櫃に手を入れて温もっている時が一番幸せや」「お母ちゃんこう言ってたけどホンマやな」。実際の温かさとは別に心理的に満たされた「温さ」というわけだ。

加えて印象深いのは「ラムネ」である。姉弟と親しくなった信雄が店の冷蔵庫からこっそり3本盗み出す。しかし舟まで行って姉弟の母親の「ここにはこんほうがええ」という言葉を思い出し、川に投げ棄ててしまう。勿体ない話だが彼の胸には何が去来したのか？　その後「玉押し（開栓器具）」でラムネ瓶を開ける場面があり懐かしい。

「ラムネ」は炭酸入りの清涼飲料水のことで、炭酸水に、砂糖などの糖類、酒石酸・コハク酸などの酸味料、ライム・レモンなどの香料を加えたものである。語源は英語の「Lemonade（レモネード）」が転訛したものである。「サイダー」とは基本的に同じもので、こちらの語源は林檎酒を意味するフランス語の「Cidre（シードル）」である。

「ラムネ」はコハク酸が主体でガラス玉栓のラムネ瓶。「サイダー」はクエン酸が主体で王冠の胴長丸瓶だ。「サイダー」の方が原料も高くイメージも高い。ラムネ玉の入った独特の形をした瓶は、1872年にイギリス人のハイラム・コッドが特許を取得したもので、「コッドネックボトル」と呼ばれている。

「ラムネ」は日本では1866年（慶応2年：1865年の説有）長崎の藤瀬半兵衛がイギリス人から製法を習い製造発売（ポン水）したのが最初とされる。1868年（明治元年）に築地で中国人の蓮昌泰がラムネ屋を始め、同年横浜でイギリスの商社「ノー・スレー」も製造販売をしている。

1886年（明治19年）には大流行したコレラに炭酸のガスが有効と大ブームになり、明治27年のコレラ騒動時には容器が現在の玉瓶に変わり始めたことでさらに普及した。「サイダー」が何人かで飲むのに対し、「ラムネ」は必ず一人用というのがいい。他のソフトドリンクにすっかり代られたが、昨今のレトロブームでの復活は嬉しい限りだ。

物語は進み、喜一が「沢蟹？」を自分の宝物と称して信雄に見せる。しかしランプの油に浸した蟹にマッチで火をつけ、のた打ち回るのを喜ぶのには驚愕する。そして話は最悪に！　信雄が蟹を追って行った先に見たものは、刺青の男の背中とその下に覗いている姉弟の母親の顔であった。視線がぶつかり合い強烈なショックが信雄を襲う。

次の日、舟は艀《はしけ》に引かれてその場を離れて行く。突然の別れである！　そしてラスト。信雄は取り付かれたように舟を追い始める。先回りをして舟を待ち「きっちゃん！」と何度も呼んでみる。お互いに涙の別れとなるのが常套だが本作は違う！　喜一も銀子も出てこない。おそらく銀子が喜一を制しているのだろう。服の件もある、母親の本当の姿を見られてしまった恥ずかしさと惨めさに、〝貧しても〟失わない彼女の何かがあるのだろう。こちらが襟《えり》を正される。

馬車屋の耳のケロイドや信雄の父親の足の長い切り傷、〝ここはお国を何百里〟の「戦友」を唄う場面など、明らかに戦争の傷跡がテーマになった静かな反戦映画でもある。馬車屋、ゴカイ取りのおじさん、信雄の父親の昔の妻？が亡くなるという、死生観漂う話でもあり、信雄の両親も深い罪を背負って生きている（不倫愛？）。

泥の河に住んでいる「お化け鯉」が一瞬映るが何の象徴だろうか？　〝沈み濁れる末の世〟をふてぶてしく生き抜いてきた我々のことだろうか？　監督の小栗康平は名監督・浦山桐郎の弟子で、これが第一回監督作品とのことだ。第一作の完成度が高いことと映画の持つ質感に、浦山監督の第一回監督作品「キューポラのある街」が想起された。

差別の問題・ラストの別れも同様だが、食べ物はこちらが「きんつば」であちらは「今川焼」だった。ところでラジオから「赤胴鈴之助」のテーマ曲が流れるが、このドラマにお母さん役の藤田弓子が出ていたことに気づいた人は何人いただろうか？　この番組を聴いて育った団塊の世代として興味がある。ちなみに「赤胴鈴之助」には、「キューポラのある街」の主演女優・吉永小百合も出演していた。さて日捲《めく》りカレンダーは12日から始まり26日で終了している。ある夏の15日間の話だったわけだが、あの子供達の行く末が気になって仕方がない。

「悪魔のような女」パンフレット

悪魔のような女（1955年：フランス）

監督・脚本：アンリ＝ジョルジュ・クルーゾー　原作：ピエール・ボワロー、トマ・ナルスジャック　脚本：ジェローム・ジェロミニ　撮影：アルマン・ティラール、ロベール・ジュイヤール　音楽：ジョルジュ・ヴァン・パリス　出演：シモーヌ・シニョレ、ヴェラ・クルーゾー、ポール・ムーリス、シャルル・ヴァネル

「恐怖の報酬」（1952年）で世界中の映画ファンを唸らせた、〝アンリ＝ジョルジュ・クルーゾー〟が監督した「スリラー映画」の傑作である。サスペンスの神様〝アルフレッド・ヒッチコック〟が映画化を熱望した作品だが、残念ながらクルーゾー監督に先を越された。この事実を知った原作者の二人が、代わりにヒッチコックのために書いたのが「めまい」である。

「恐怖の報酬」は油田の火事を消すためのニトログリセリンをトラックで運ぶ話であった。神経がイラつく見事な恐怖作りの映画だが、本作の〝恐怖〟はこれとはまた別の、心臓がドッキリ神経がピリピリの「恐～い！」お話なのである。いわゆるグロテスクで残虐場面の多いホラー映画ではなく、物語の面白さと画面作りで〝恐怖〟を生み出している。これはひとえに視覚化を意識した脚本の巧さ、役者達の名演、力量のある監督の演出力、ハイレベルな撮影といった諸々の要素が相乗効果を引き起こした結果といえる。

これで終映かと思った途端に再度恐怖を植え付ける〝お遊び〟があり、ゾッとする人もいるがニヤリとする人もいるのがよい。どちらにしてもラストに「悪魔を憎むとも、後から観る人の興味をそが

ぬため、あなたが観たことは、口外しないように」という字幕があり、結末はさすがに書くわけにはいかない。同様の宣伝で話題になったヒッチコックの「サイコ」に先立つこと5年前の作品である。

女教師のクリスティーナ（ヴェラ・クルーゾー）が働く寄宿学校は彼女の資産で経営されているが、実権を握っているのは彼女の夫で校長のミシェル（ポール・ムーリス）である。彼は傲慢・強引で妻にも横暴である上に、図々しくも彼女の同僚の女教師ニコル（シモーヌ・シニョレ）を愛人にしている。ミシェルはニコルにも厳しく、女性二人に対する仕打ちが頂点に達した時、彼女達は共謀して彼を殺害する。しかしその方法が実に〝恐〜い〟。

学校の三連休に合わせニコルは実家に帰省するが、これにクリスティーナが同行し、ニコル宅から夫に離婚を切り出す電話を入れる。驚いた夫は遠路電車で彼女達のもとにやって来るが、睡眠薬を飲まされ浴槽に沈められて殺害される。大きな籐籠に入れられた死体は、車で学校まで運ばれ校庭内のプールに沈められる。

さて数日で浮かび上がるはずの死体を二人は待つが、一向に浮上してこない。そこで苛立った結果はプールの水抜きと相成る。ところが！　ところが！　である。水を抜いたプールには死体がなかった。ここで観客は新たな恐怖に襲われ、紆余曲折の末さらに増幅した〝ゾ〜〟という恐さを、映画のエンドで体感するのである。

主人公のクリスティーナが心臓病を患っているという設定なので、彼女に感情移入を起こした観客は、ショック場面により過敏になる。蛇口の水の滴り落ちる音、死体を運搬中に籐籠から染み出る水、プールから浮いてくるべき死体を待つ時間、ホテルの無人部屋の人の気配、ドアに吊るされた死んだ夫の背広など、定型的な恐怖の場面はそれなりにある。

しかし一方で水たまりに浮かぶ紙の船を車のタイヤが轢いて行く場面とか、買ってきた腐りかけの魚の臭気が伝わってくる雰囲気作りとか、プールの表面に水草がびっしり生えて水が澱《よど》んでいる状態（オープニングのクレジットの背景にも使用）などが映し出される。これらの一見何気ないように見えるダーティーな〝メタファー（隠喩）場面〟の挿入は、映画の流れに一定のリズムを与え、より恐怖を引き出すことに成功している。加えて、スリラー映画は観客の方がスクリーン上の主人公達より、見える範囲が広い分〝次の恐怖〟を先に察知しているので、恐怖はさらに大きく深くなるというわけだ。

この映画の飲食物ではまず「ウイスキー」が印象的だ。離婚の電話で駆けつけた夫が、離婚を回避しようと悪戦苦闘。ひと息ついた時に睡眠薬入りのウイスキー（ジョニ赤？）を飲み、昏睡状態のまま浴槽に沈められ殺害される。フランスなら「ワイン」と思うが、薬入りなので強い味の酒にしたのか？　印象を強くするため日常酒を避けたのだろうか？　一方そのワインだが「バゲット」などとともに、食事場面でフランス映画らしい小道具として見事にその役割を果たしていた。

しかし最も印象深いのは「タラ」である。寄宿舎の食事として提供されるのだが、安く買い叩いたためか古かったようである。「腐ってますよ」「喰えるさ」「酢とオニオンで臭みを消した」などの会話がなされている。マリネのように見えるタラ料理で、クリスティーナは食べるのを嫌がるが、夫は生徒達のいる前で食べることを強いる。涙ながらに飲み込む彼女が痛々しかった。

「育ちざかりの子供には肉類が必要よ」と言う彼女に、夫の「タラは栄養がある、高値だ、高級魚だ」という切り返しが何か空しい。どちらにしても腐りかけたタラの魚臭がプンプンと画面全体を覆い、「グルメ」とは真逆の極めて不快な場面であった。

タラは肉質が雪のように白いので「鱈」と書くが、口が大きく何でも飲み込むので「大口魚」とも書く。また沢山食べる「たらふく」の語源のひとつともされる。タラ科の総称だが、日本ではマダラ、スケトウダラ、コマイなどがよく知られ、日本近海には約90種がいる。一般に「タラ」といえば「マダラ（Pacific cod）」をさす。輸入ものは「メルルーサ（Hake）」「タイセイヨウダラ（Atlantic cod）」などが多い。タラは素干しの棒鱈・塩鱈などの加工品や、鍋物、煮込み、汁物、粕漬、みそ漬、フライ、ムニエルなど料理のメニューも多彩だ。

肝臓からはビタミンAが豊富な肝油が取れる。日本で最初の「肝油」（液体薬品）は明治十七年に伊藤千太郎商会（現ワカサ）がタラの肝油から作った。マダラの卵巣は「真子」と呼ばれ煮物に、スケトウダラの卵巣は塩漬けし「たらこ」「明太子」になる。ともに精巣は「白子」「菊子」と呼ばれ珍重される。タラは死後硬直と自己消化が早いので、日持ちがし難く臭気が出やすい。また長期間冷凍保存をするとスポンジ化しやすい。

練り製品の原料に使用可能だが、冷凍したものは解凍後〝アシ・コシ（煉り製品の弾力性）〟が出ない。たらこを取った後利用法がなかったスケトウダラを、水さらし後に砂糖とリン酸塩を添加することで、冷凍保存してもアシ・コシが出るようにしたのが、北海道水産試験所の技師・西谷喬助である（1959年）。これが「冷凍すりみ」であり、今や世界中で「SURIMI」の名称で通じる。「冷凍すりみ」は「インスタント・ラーメン」とともに、日本が世界に誇る大発明であり、この事実はもっと評価されてしかるべきである。

ヨーロッパではタラを巡り17～18世紀に戦争が頻発したほどポピュラーな魚で、イギリスでは「フィッシュ&チップス」の白身魚のフライはタラがメインである。「タラ」はフランスではモリュといい、塩漬けの干物をスペインでは「バカラオ」、ポルトガルでは「バカリャウ」という、丸ごと一匹干したものは三角形をしており「バカラーダ」と呼ばれる。ヨーロッパ各国を調査した経験からすると、この塩干ダラはポルトガルのスーパーで特に目につく。売り場スペースも他のヨーロッパ諸国より広くこの国の基本食材のようだ。料理メニューも多彩で実に美味しい。

さて本作は1996年にシャロン・ストーン、イザベル・アジャーニでリメイクされそれなりの評価を得たが、オリジナルの「恐怖作り」にはとても及ばなかった。そして恐い話は続き、監督の妻でクリスティーナを演じた〝ヴェラ・クルーゾー〟は、この5年後に浴槽で心臓発作を起こし亡くなった。話が出来過ぎと言わざるを得ない。ヒッチコックも本作の影響を受けたと思うが、もし彼が作っていたらどのような映画になったたか？　興味はあるが、これ以上の〝恐怖〟は御免蒙《こうむ》る！

「駅 STATION」パンフレット

駅 STATION（1981年：東宝）

監督：降旗康男　脚本：倉本聰　撮影：木村大作　音楽・出演：宇崎竜童　出演：高倉健、倍賞千恵子、いしだあゆみ、根津甚八、烏丸せつ子、古手川祐子

監督と俳優の名コンビと言えば、古くは「映画の父デヴィッド・ワーク・グリフィスとリリアン・ギッシュ」「ジョン・フォードとジョン・ウェイン」。日本では「黒澤明と三船敏郎」などが有名だが、「降旗康男と高倉健」のコンビも印象深い。このコンビは「居酒屋兆治」「鉄道員（ぽっぽや）」「あなたへ」など二〇本の映画を残しているが、個人的には「冬の華」「あ・うん」と本作「駅 STATION」をもってこのコンビの〝ベスト・スリー〟としたい。

北海道を舞台に射撃のオリンピック選手だった警察官・三上英次（高倉健）が、10年余りの間に関わった三人の女性と事件の話である。刑事として殺人犯を見張り、立て籠り事件を解決し凶悪犯を追う中で、先輩刑事である相馬（大滝秀治）を射殺した「指名22号・盛岡茂（室田日出男）」の話が、オープニング兼エンドの核になる事件となっている。名カメラマン・木村大作（「八甲田山」「劔岳点の記」）の捉えた、降りしきる雪や砕ける波など凍てつく北海道の風景の中で繰り広げられる、〝男と女の人生ドラマ〟である。

話は「1968年1月 直子」「1976年6月 すず子」「1979年12月 桐子」のタイトルが示すように、3つのパートに分かれている。ひと言で言えば全編を通じて語られるのは〝女の不可解さ〟と考えられる（女性の衣装は危険色・赤系が共通）。健さん（高倉健）はこの映画でも終始スト

イックで寡黙を貫くが、時折頬が緩み饒舌になることがある。それは故郷・雄冬《おふゆ》に帰省した時で、母・兄弟・幼馴染などの前では自然体になる。彼は常に故郷を振り返りながらその温もりを感じつつ、〝捜査〟という厳しい現実に対峙して行くわけだ。

冒頭は降りしきる雪の中、銭函駅での三上と妻直子&息子との別れの場面である。一度とはゆえ、妻の〝過ち〟を許せなかった男がつけたけじめは離婚だった。列車に乗り込んだ〝いしだあゆみ〟演じる妻・直子の敬礼と涙にゆがむ笑顔が、観客の脳裏に印象深く刻まれる。

ある日先輩刑事の相馬が車両検問中に三上の前で射殺される。仇討のため犯人追跡を希望するがオリンピック優先で許可が下りない。折しも東京オリンピックの銅メダリスト・円谷幸吉が、「もうこれ以上走れません」と自ら命を絶ったニュースが流れ、彼の遺書が全文ナレーションで観客の耳に響く。三上の心境が円谷幸吉に見事にダブル。

続いては増毛駅前の「風待食堂」の従業員・吉松すず子（烏丸せつ子）の話である。彼女の兄・五郎（根津甚八）が強姦殺人犯として浮上する。兄の行方について彼女は頑なに口をつぐみ、頭の弱さを装った演技で逃げ切る。しかし三上はすず子の恋人であるチンピラ（宇崎竜童）の手引きで、兄妹の出会う現場（上砂川駅）を押さえる。兄を慕う妹とボロボロになって逃亡を続けた兄の一瞬の出会いが観客の胸を突く。このエピソードでは妹のスカートの桃赤色が妙に印象深い。

年月が過ぎ三上の許に吉松五郎から、「死刑執行」の知らせと長年にわたる差し入れへの感謝の手紙が来る。正月の帰省で増毛にやって来た三上は五郎の墓参りをするが、雄冬行の船が欠航となり増毛泊まりと相成る。何気なく寄った飲み屋「桐子」の女将（賠償千恵子）は駅で人待ちをしていた女性であった。その日は12月30日。折しもTVでは八代亜紀の「舟唄」が放映されている。「この唄好きなの」という桐子と三上は、酒が入るうちに意気投合、翌日映画を観に留萌に行く約束をする。映画は「Mr. Boo! ミスター・ブー」で笑い転げる桐子は心底楽しそうだ。帰りにレストランでカレーを食べながら桐子が言う「魚座(三上)と山羊座(桐子)は一緒になるとうまく行くんだって」。その夜二人は結ばれるが、この後、桐子が駅で待っていた人物が判明。映画は一挙に終盤に向かう。

飲食物が多数出てくる映画である。まずラーメンで、風待食堂を見張る刑事が食べ、食堂の客が注文し、銀行の立て籠もり事件で重要な小道具となる。三上が張り込みで飲んでいるのは缶コーヒーで、風待食堂ではビール、かつ丼、熱燗などをオーダーしている。帰省し幼馴染達と食べているのはスルメだ。

桐子の店で出るのが熱燗、酒の肴はイカや里芋の煮つけ、蟹、サザエ、焼き魚、イカの刺身、きんぴら(?)、おでん。店内のメニューにはさんぺい汁、石狩鍋、ツブ貝の松前煮、イカ刺し、マトン煮、たらこ、焼き魚各種、おでん各種、たらこの煮つけ、塩辛いろいろ、冷やっこ、湯豆腐、たこの口、もずく酢、かんかいの干物などが掲示されている。

映画の上映中桐子がポップコーンを食べ、スクリーンにはソーセージが登場、帰途の電車で桐子と三上が食べているのは剥き栗で、ミカンも数回登場する。印象深いのは二人がレストランで食べるカレーで、〝香りが見える〟ほどに湯気が強調され、ほんわかと〝行きずりの恋〟を映し出し、〝疑似恋人同士〟を本物っぽく見せていた。

桐子の店のメニューは北海道らしく食材が豊富だ。「たこの口」とは「トンビ」のことで、「イカの口」と共に「カラストンビ」とも呼ばれる珍味。「かんかいの干物」とは「氷下魚:こまい」のことである。

ではここでこれらのメニューすなわち「酒の肴」についての薀蓄をひとつ。「肴《さかな》」の「さ」は酒のことで「な」は「菜」つまりおかずのことである。一方、酒を飲む時に興を添える歌や踊りもさす。ちなみに「魚《さかな》」はもともと「うお」と発音したが、「肴」の素材として多用されたことから江戸時代に入って「さかな」と呼ばれるようになった。

日本料理では本格的な料理を出す前に、酒と一緒に「先付け」「お通し」「通し肴」「箸染め」と呼ばれる簡単な料理を出していた。懐石で言う「八寸（八寸四方の杉地の盆に2〜3種の料理を盛る）だが、これが近年になりいわゆる「前菜」という形で定着した。この酒によく合う「前菜」的イメージのメニューが、「おつまみ」であり酒の「肴」というわけだ。

「前菜」はロシアでウォッカと共に供された「ザクースカ（複数：ザクースキ）」が有名で、これがフランスに渡って「オードブル」になった。イタリアでいう「アンティパスト」だが、スペインではバルで味わう「タパス」（小皿つまみ）という形で独自な発展を遂げた。「肴」はアルコールの急速な吸収を和らげる効果もあるので、日本酒、焼酎、ビール、ワイン、ウイスキー、カクテルなど、酒とのベストマッチをじっくりと楽しみたい。

さて映画は三上の妻・直子の過ち、すず子の異常とも思える兄弟愛、さらに凶悪犯の恋人を垂れ込みながら結局かばう桐子という、「駅」を絡めた3つの話で構成されている。観客はこれら「男と女」の話を通じ〝女性の不可解さ〟を体感するわけだ。劇中張り込みの場面で「発動機の売り込み」の話が出てくるが、これは松本清張原作、野村芳太郎監督の傑作「張込み」（1958年）がもとネタで、宿で張り込み中の刑事（大木実と宮口精二）が、従業員の女性に問われた仕事絡みの話のパロディーである。

また「思い出だけが行き過ぎる〜」と3回流れる（晦日、大晦日、ラスト）八代亜紀の「舟唄」が、実に味わい深い場面を創り出し秀抜である。そして一度書いた退職届を破いた三上と、新たな職場・札幌に向かうすず子を乗せた列車が静かに駅を離れ終映となる。「駅と線路」は人生行路の象徴であり、人が行き交う出発点であり終着点で、二人にとって新たな旅立ちが始まったわけだ。ラストの倍賞千恵子と健さんのクローズアップがダントツに素晴らしく、日本人の心情に深く入り込みその琴線に触れることができた、稀にみる秀作といえる。

「野いちご」パンフレット

野いちご（1957年：スウェーデン）

監督・脚本：イングマール・ベルイマン　撮影：グンナール・フィッシェル　音楽：エリク・ノルドグレン　出演：ヴィクトル・シェストレム、ビビ・アンデション、イングリッド・チューリン、グンナール・ビョルンストランド、マックス・フォン・シドー

スウェーデン映画界の巨匠イングマール・ベルイマン監督の代表作である。牧師の子として生まれ5回の結婚をした名匠は数々の名作を世に残したが、そこに共通するテーマは自身の体験を踏まえた「神・愛・生と死・憎悪・家族」などである。一般的にベルイマンは〝難解な映画〟が多いとされるが、本作は比較的わかりやすい作品だ。鑑賞する年代が増すほどその奥深さに感嘆し、人生の深淵をしみじみと味わうことができる秀作である。

名誉博士号の授与式に参加する老医師の一日を通し、彼の歩んで来た人生が語られる。それは同時に彼の人となりを浮き上がらせるわけだ。学究肌で医師として大きな貢献をした彼は、社会的には高いステイタスにある高尚な人物だが、人との交流を好まないエゴイストでもあった。

夢や回想を通じ過去と現在が交錯するが、彼の内面を映し出す映像作りが実に見事で、恋人、兄弟、夫婦、両親に対する愛やしがらみが露呈される。それは同時に裏切り、嫉妬、憎悪、青年期への郷愁などの話であり、残酷だが甘美な一面を伴うものでもあった。

主人公のイーサクを演じたのは、スウェーデン映画の父とも称される〝ヴィクトル・シェストレム〟で、ベルイマンをはじめ世界の映画人が尊敬する巨匠である。ただ現在では馴染みの薄い監督・

役者なので、彼の映画史的な位置づけを北欧の映画史と絡め紹介しておこう。

北欧で最初の輝きを見せたのはデンマーク映画である。ヨーロッパ最初の人気女優ともいえるアスタ・ニールセンを擁し、ヴァンプ（妖婦）ものやキスシーンを売り物にした最初の国であった。しかし第一次大戦後、北欧ではデンマークに代わり大戦中の中立国・スウェーデン映画が脚光を浴びるようになる。「白夜、神秘性、大自然と人間」などがキーワードであった。

そのスウェーデンだが、当初は二人の偉大な監督に支えられた。ヴィクトル・シェストレム（「波高き日」：１９１６年、「霊魂の不滅」：１９２０年）とその弟子マウリッツ・スティルレル（「吹雪の夜」：１９１９年、「イエスタ・ベルリングの伝説」：１９２４年）である。二人は後にドルの力でハリウッドに招かれる。シェストレムはリリアン・ギッシュ主演で「風」（１９２８年）などの名作を残し、その後帰国して映画界の後進の指導や演劇の世界に身を置いた。一方、スティルレルがハリウッドに同行した女優が、映画史上の伝説的女優となる〝グレタ・ガルボ〟である。

さて本作だがざっとこんな内容である。78歳になる医師・イーサク（ヴィクトル・シェストレム）は、長年の功績が認められ名誉博士号を贈られることになった。贈呈式の前日、彼は悪夢のような夢を見る。人気のない街に彼はいる。街頭の時計も懐中時計も針がない。人影を見つけ肩に手を触れると溶けてしまう。霊柩馬車がやってくるが、街灯に車輪をぶつけ棺桶がずり落ちる。彼は棺桶の死体に引きずり込まれそうになるが、死体は彼自身だった。

翌日彼は式が挙行されるルンド（コペンハーゲンの手前）まで車で移動する。ストックホルムからはちょっとした小旅行だ。同行するのは息子の嫁マリアンヌ（イングリッド・チューリン）で、途中彼が青年期を過ごした別荘に立ち寄りここで回想場面になる。従妹のサーラ（ビビ・アンデショー

ヴィクトル・シェストレム

ン）が野イチゴを摘んでいる。彼女とイーサクは相思相愛だが彼の弟が彼女を誘惑する。回想場面には老人である彼がいてその一部始終を見ている。

　若い娘の声で現実に戻ると、彼女はサーラにそっくりで名前も同じであった。彼女はイタリアを目指すヒッチハイカーで二人の青年が同行していた。イーサクは彼等を同乗させ、続いて事故を起こした夫婦を同乗させるが、このカップルは内輪喧嘩が激しいので車を降りてもらった。そして96歳の母が住む家の近くまでやって来る。昔彼が医者をしていた所で、ガソリンスタンドに立ち寄ると主人（マックス・フォン・シドー）が、「先生には世話になった」と感謝しガソリン代を受け取らない。

　母親は辛辣《しんらつ》な女性だが、息子と孫の嫁の来訪を喜んでくれる。その後若者達と別れた車中で、マリアンヌはイーサクに漸く妊娠したのに夫は喜んでくれず、「僕か子供かどちらかを選べ」と揉《も》めたことを話す。この他に試験で苦しんだり妻の密会場面を見せられたり、〝夢と現実〟、〝過去と現在〟が錯綜しながら話は進んで行く。

　さて本作の飲食物だが、まず授与式の当日の朝食にゆで卵とコーヒーが出てくる。会場には本来飛行機で行けば早いのだが、イーサクは車を選び（思い出の場所に立ち寄り、母親に会いたかったのであろう）、出発が早朝になったので簡単な朝食となった。

青年期を過ごした家の回想では、10余名の一族の食事場面に「おかゆ?」「スープ」「牛乳」「パン(クネッケ)」「バター」などが登場し、「すもも」などの言葉も出てくる。若者達との昼食では「ワイン」と「コーヒー」を堪能している。そして最も印象深い食べ物は、映画のタイトルにもなり回想場面でサーラが摘んでいる「野イチゴ」(エゾヘビイチゴ?)である。ではいわゆるイチゴの薀蓄を。

「イチゴ」は誰にでも好かれる食べ物で、ショートケーキをはじめスイーツには欠かせない素材である。甘味と少々の酸味が醸し出す美味しさは、乳製品と抜群の相性を示す。香《かぐわ》しい濃密で芳醇なフレーバーは人々を引き付け、独特の形と赤い色は絵にもなるし、その〝可愛らしさ〟は幼児から大人まで人々を和まし、多くの〝グッズ〟に変身する。

バラ科の多年草だが、果実と思って食べているのは「花托」が肥大化したもので、小さなぶつぶつの種が果実(痩果)である。日本では９２７年作成の祭政の規範「延喜式」に、「覆盆子《いちご》園一段」(イチゴの栽培)という表現があり、「枕草子」にも「覆盆子くひたる」の文章がある。現在栽培されているイチゴは「オランダイチゴ」で、17~18世紀頃にヨーロッパで、北米原産のバージニアイチゴと南米原産のチリイチゴを交配してできた。日本には天保11年(１８４０年)にオランダ船が長崎にもたらしこの名がついたようだ。

明治29年東宮宮司・松平健雄がアメリカ人から貰ったビクトリア種のイチゴの苗を、転任の際に出入りの人力車夫・川島常吉に贈ったところ、彼は自宅裏の石垣の傾斜地に植え翌年結実。これが「石垣イチゴ」の始まりである。明治32年には福羽逸人が新宿御苑でフランスの〝ジェネラル・シャンジー種〟から名品種「福羽イチゴ」を作った。福羽からは「麗紅、秋香、芳玉」が、麗紅からは「女峰」が作られた。福羽とともに一世を風靡した「ダナー」は、昭和20年にカリフォルニア大学で冷凍用に開発され、昭和30年頃日本に導入された。ダナーからは「はるのか」が生まれ、これと「ひみこ」との交雑種が「とよのか」である。「宝交早生」は昭和30年に兵庫県農業試験所で生まれた（名称は宝塚から）。

イチゴは日本のお家芸である「品種改良」の賜物で、現在は「とちおとめ、あまおう、あきひめ、さがほのか、べにほっぺ、スカイベリー」など売り場は百花繚乱である。イチゴの糖はブドウ糖、果糖、酸味はリンゴ酸、クエン酸が主で、ビタミンCの女王である。色素はアントシアニンで抗酸化力のあるポリフェノールが期待できる。季節感のなくなったイチゴだが昭和30年代には5〜6月頃が旬であった。小さな長方形の木箱入りで販売されていたのが懐かしい。

ところで本作の回想場面は象徴的表現が多い。人影のない街で時計に針がないのは、時を刻まないすなわち〝生〟が失われた〝死の世界〟の暗示である。死の街の場面はまるで無声映画のようで、バックの黒に白髪の主人公が浮かび上がる強烈なモノクロ場面は、無声映画時代の巨匠シェストレムへのオマージュだ。

二人の青年を医者と牧師の卵に設定し「神学論争」をさせるのもベルイマンらしい。同乗させた若者三人と夫婦は主人公の過去の反面教師である。恋人・妻への対処が今ひとつで、自己の世界に逃避してしまった勇気のなさを悔いたわけだが、彼が彼なりに変貌した一日である。夫、義父、義父の母という家族3代を冷静に透視しているマリアンヌを演じたイングリッド・チューリンの淡々とした演技が見事であった。ラストでサーラが「野イチゴはもうないのよ」と言うが、「野イチゴ」は主人公にとって甘酸っぱい甘美だが悔いの残った青春の象徴だったのである。

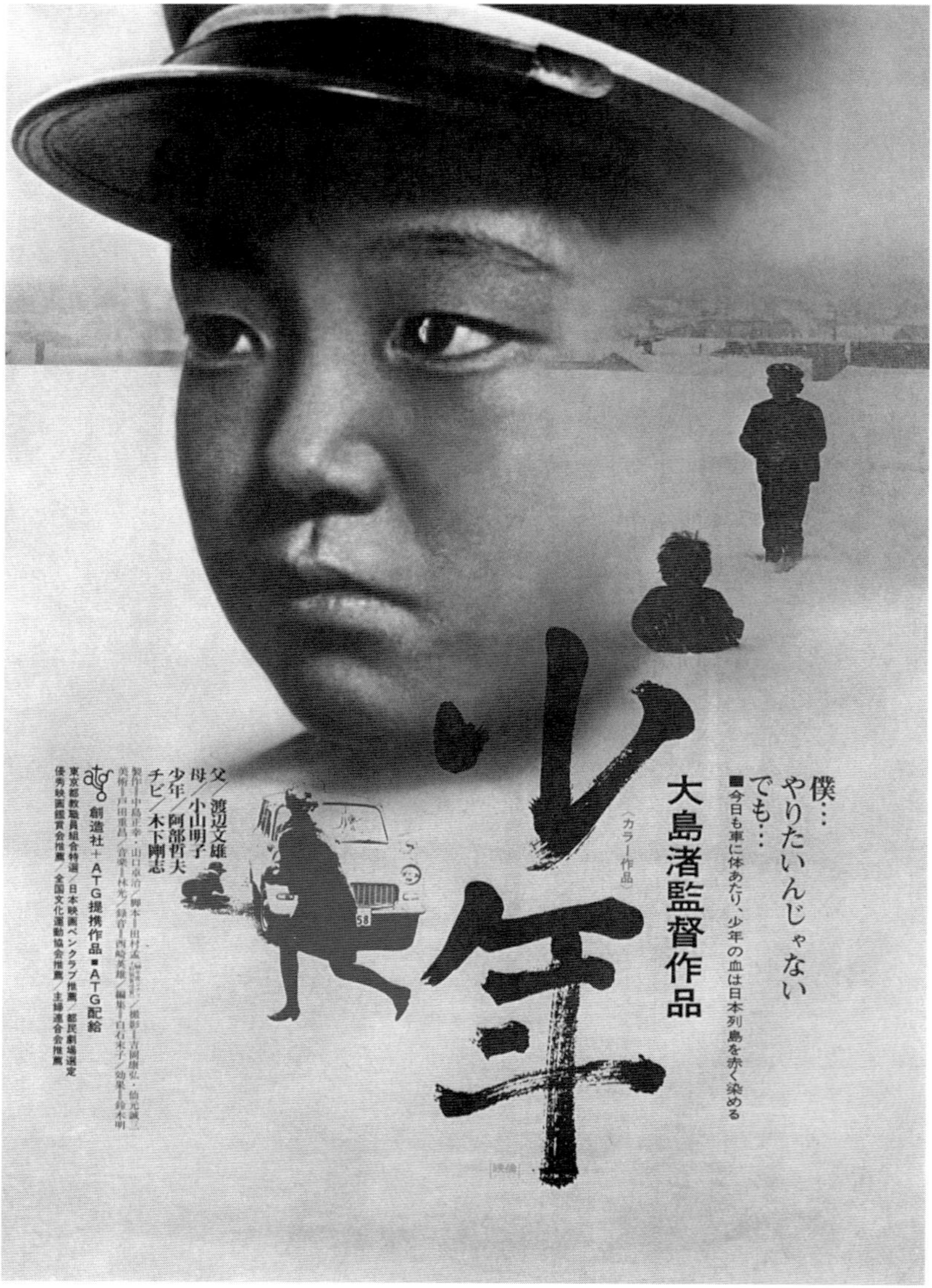
少年
僕…
やりたいんじゃない
でも…
■今日も車に体あたり、少年の血は日本列島を赤く染める
大島渚監督作品
〈カラー作品〉
父／渡辺文雄
母／小山明子
少年／阿部哲夫
チビ／木下剛志
製作＝中島正幸・山口卓治／脚本＝田村孟／撮影＝吉岡康弘・仙元誠三
美術＝戸田重昌／音楽＝林光／録音＝西崎英雄／編集＝白石末子／効果＝鈴木明
創造社＋ATG提携作品■ATG配給
東京都教職員組合特選／日本映画ペンクラブ推薦／都民劇場選定
優秀映画鑑賞会推薦／全国文化運動協会推薦／主婦連合会推薦

「少年」ポスター

少年（１９６９年：創造社、ＡＴＧ）

監督：大島渚　脚本：田村猛　撮影：吉岡康弘、仙元誠三　音楽：林光　出演：渡辺文雄、小山明子、阿部哲夫、木下剛志

大島渚は監督した作品はもちろん、その政治的な発言でも常に注目され続けた人物であった。彼は篠田正浩・吉田喜重監督などとともに、「松竹大船ヌーヴェル・ヴァーグ」の旗手としてもてはやされ、その後「日本の夜と霧」上映を巡る松竹とのいざこざから独立して「創造社」を興し、多くの話題作を残した。

彼の作品は政治性が強く、権力や差別への攻撃を特長とするが、本人同様作品も気障《きざ》でスタイリッシュである。海外でも黒澤明・小津安二郎・溝口健二などに次ぐ知名度があった。

自動車に自ら当たって因縁をつけ示談金を稼ぐ、「当たり屋」を〝仕事〟という稼業（？）にしながら、日本全国を移動し生活をしている家族がいた。主人公の少年・坊や（阿部哲夫）は10歳（小学4年生？）である。父親（渡辺文雄）は傷痍軍人であることを理由に自ら働こうとしない。

彼は父親が別れた女性との子供で、現在の母（小山明子）は継母ということになる。父親と継母の間には3歳の義理の弟・チビ（木下剛志）がいる。高知から始まった4人の移動生活は、山陽・北九州・山陰・北陸・東北・北海道などへと続く。

少年は常に学生服を着て肩掛けのズックカバンを掛けている。高知では祖母の家から学校に通っていたようだ。当たり屋をするのはもっぱら継母だったが途中から少年が加わった。父親は怒鳴ったり

おだてたりするだけである。少年は途中で高知に帰ろうと試みるが、汽車賃が足りず結局父母のもとに戻ってくる。

ある時、示談がこじれ警察の現場検証で父親が写真を撮られてしまう。前科のある父親は一人離れて行動することを提案、その後一家は飛行機で北海道に移動、〝仕事〟で稼ぎまくり高知へ戻る。その後大阪に出て念願の一軒家（文化住宅）に定住する。しかしそれも束の間、警察に踏み込まれて一家は逮捕される。

少年を演じた〝阿部哲夫〟に多くの観客が圧倒された映画である。彼は父親にも母親にもほとんど反抗することはなく、〝仕事〟としての「当たり屋」を実行して行く。当然罪の意識はあるのだが、仕事をすることは食い扶持を稼ぐという理由とは別に、実父・継母・義弟と自分とを結びつけている唯一の〝絆〟だと思っているからである。

強い意志が読み取れる〝眼と口〟は、ほとんど表情を変えない。時折父母に叱咤されるが優しさを受けることもあり、誤解されても黙々と両親とともに行動する。10歳の幼い少年が必死で考えついた結論と行動が、何とも切なくて愛おしく観客の心に浸み込んでくる。

可愛い弟の存在と必死で繰り返す幼児語が画面に和やかさを与える。その弟に少年が話す「正義の味方・アンドロメダの宇宙人」は、罪を重ねる彼の変身願望である。その宇宙人の雪ダルマを自ら壊す少年に、監督大島渚の苛立ちと怒りが投影されている。

カラー画面が時折モノクロになり印象を強くする。特に帽子の黄色と少女の長靴の赤色が際立って美しい。ただ「オープニングの俳優・スタッフの署名入りの日の丸」はともかく、「父親の戦争体験話と母親との祭壇前での喧嘩」「父親の戦争の傷」などは、あまりにも形式的過ぎて違和感があった。

一方ラストの少年の「行った、北海道に行ったよ」のひと言と頬を伝う涙が観客を捉えて離さない。そして私達は35年後〝あの眼・あの雰囲気の少年〟に、是枝裕和監督の「誰も知らない」で再会するのである。

子供に当たり屋をさせながら全国を渡り歩く家族という、実際にあった事件に衝撃を受けた大島渚監督がATG（日本アート・シアター・ギルド）と提携し、低予算の「1000万円映画」（両者で折半）と呼ばれたスタイルで、自己の主張を映像の中に込めた秀作である。

「大島渚という人はわかりやすい映画を撮れる腕を持ちながら、わざと難解な映画を作る監督ですね」というニュアンスの話を、昔私の映画の師匠・淀川長治先生から聞いた記憶があるが、先生は本作を絶賛した。「少年」は観客が主人公の心情にス〜と入って行ける映画である。大島監督がデビュー作「愛と希望の街」（1959年）に通じる、〝素直な映画〟を久しぶりで撮ったと記憶する。

さてこの映画は旅館を泊まり歩くロードムービーなので、旅館に付き物の食事場面が多数登場する。芸者を呼ぶ豪華な宴会場面もあるが、「蟹」がわかる程度で食材はよくわからない。具体的な食べ物は、立ち食いの「焼うどん」、食堂で注文する「五目そば」「ワンタン」、少年が購入する「パンとガム」、列車内の網袋入り「ミカン」、北海道の最北端・宗谷岬の「酒饅頭」などがある。

しかし最も印象深いのは「トンカツ」である。継母の〝仕事〟が成功し、奮発して食べるメニューとして「トンカツ」は最適である。ここで継母は「油臭うて」と発言、これは彼女の〝妊娠〟の暗示の言葉になっている。父親は少年に「これも喰え」と自分の「トンカツ」を差し出すが、少年は「僕（仕事は）やだよ」と切り返している。これは「当たり屋」を強要する父親が息子にご機嫌をとっているわけで、同じく父親が値段の高い「五目そば」を、息子の安い「ワンタン」と交換する話も同じ理由である。

「トンカツ」は西洋料理の「ポークカツレツ」を手本に、日本で生まれた傑作メニューである。厚切り肉にフライの衣を付けソテーしたものが「カツレツ」で、フランス語の「cotelette：コートレット」や英語の「cutlet：カットレット」を短くした言葉である。

日本のカツレツは当初牛肉だったが、明治28年創業の銀座の洋食屋〝煉瓦亭〟の木田元次郎が日本で初めて「ポークカツレツ」を売り出した。作業効率を考え天麩羅のように油で揚げ（ディープフライ）、刻みキャベツを付けたところ大ヒットし、現在の「トンカツ」の原型ができた。

「ポークカツレツ」が「トンカツ」と変わるのは昭和4年頃、御徒町のポンチ軒のコックで元宮内省大膳職の島田信二郎が、厚切り豚肉をうまく揚げる方法を考案し、ひらがなで「とんかつ」としたというのが有力な説である。これには上野駅前の「楽天」が「トンカツ」という看板を出したのが始まりという説もある。

「（ポーク）カツレツ」はご飯ともよく合い、後に「カツカレー」「カツ丼」などに進化を遂げる。ちなみに「カツカレー」は大正7年浅草の屋台洋食屋「河金」の河野金太郎が、カレーライスとカツレツを同時に楽しめるメニューとして「河金丼」の名で売り出したものである。「カツ丼」は大正10年に早稲田高等学院の学生・中西敬二郎が考案したという説や、大正7年に早稲田の蕎麦屋「三朝庵」で「親子丼」をヒントに生まれたなど諸説がある。カツの中で「トンカツ」「チキンカツ」などは火が完全に通る必要があるが、「牛カツ」だけは中身を〝レア〟状態で楽しめるのも面白い。

最後にトリビアだが、親交のあった映画評論家・齋藤正治さん（日活ロマンポルノ裁判ルポ）の通夜での話。私の眼の前には寺山修司のもと奥さん九條映子が座り場を仕切っていたが、その横にいた大分酩酊した女性が私に、「酒がないから買ってこい」と言う。仕方がないので自腹で5本ほどウイスキー（コスパの良いボストンクラブ）を買って来て飲み始めると、彼女が私に絡んできた。「あんた、大学出ているの？　どこ？」「東京水産大学（現東京海洋大学）です」「あら、私の父の後輩じゃない」。そこで近くの人に「（どこかで見たことはあるのですが）あの人誰ですか？」と尋ねたら「瑛子だよ！　大島渚の妹だよ！」「君は瑛子に気に入られているんだよ！」とのこと。

ちなみに大島渚の父親・信夫（しのぶ）は東京海洋大学の前身「農商務省・水産講習所」の出身で、岡山県の水産試験場の場長などを務めた。子供の名前が〝海〟に関係するのもこの経歴が理由と思われる。その後大島渚や藤田敏八（「八月の濡れた砂」）・山根成之（「同棲時代」）などの監督が続々弔問に訪れたが、絡んで来たのが妹でよかった。あの兄貴だったらそれこそオオ～シマ（大島）ッタだ！

"Sunflower"
ひまわり
No. 70-7
東宝
スカラ座
アブコ・エンバシー映画提供
ブエナ・ビスタ映画配給
Buena Vista

「ひまわり」パンフレット

ひまわり（1970年：イタリア）

監督：ヴィットリオ・デ・シーカ　脚本：チェザーレ・ザヴァッティーニ、アントニオ・グエラ、ゲオルギス・ムディバニ　撮影：ジョゼッペ・ロトゥンノ　音楽：ヘンリー・マンシーニ
出演：ソフィア・ローレン、マルチェロ・マストロヤンニ、リュドミラ・サヴェーリエワ

第二次世界大戦に敗北したイタリアでは、その荒廃の中から現実を直視した傑作映画を続々と世に送り出した。世界中に衝撃を与えたこの潮流は「イタリアン・ネオレアリスモ（ネオリアリズム）」と呼ばれた。本作はロベルト・ロッセリーニ（「無防備都市」「戦火のかなた」）とともに、この流れを創り出した一人ヴィットリオ・デ・シーカ（「靴みがき」「自転車泥棒」）が、構想10年映画人生の集大成として世に問うた傑作である。

第二次大戦のさなかアフリカ戦線に向かう兵アントニオ（マルチェロ・マストロヤンニ）とナポリの娘ジョヴァンナ（ソフィア・ローレン）が恋に落ちて結婚する。熱愛状態にある二人にとって、結婚すれば12日間の休日が貰えるのが主な理由であった。

さらに〝愛〟のためアントニオは狂人を装い兵役逃れを試みるがばれてしまい、過酷なロシア戦線に送られてしまう。時が経ち終戦となるが彼は帰還せず消息もわからない。さらに時が過ぎ義母と帰還を待つジョヴァンナは、生存を信じ続けるあまり一人でソ連に夫探しの旅に出る。

ところが苦労の末ようやく探し当てたアントニオの家には、幼子と若い妻マーシャ（リュドミラ・サヴェーリエワ）がいた。さらなる絶望のどん底に突き落とされたジョヴァンナ、彼女とマーシャと

の板挟みに苦しむアントニオ、さて戦争という理不尽な現実がもたらした悲劇の行く末は？　というお話。

ハンカチなしには観られない涙・涙の感動作である。世界中に戦争の火種が充満し、実際に各地で戦闘が起きている昨今、今こそじっくりと見直したい名作映画である。

回顧場面として語られる二人の熱愛風景は、監督のデ・シーカ、ローレン、マストロヤンニとのゴールデン・トリオの傑作、「昨日・今日・明日」「ああ結婚」と同様のコメディータッチで撮られている。

しかしこれが一転！　戦争という現実が引き起こす悲劇が一気に語られる。それは監督デ・シーカの原点である、イタリアン・ネオレアリスモの再現に他ならない。ここではローレンが、消息が一向に知れない夫を待つ妻の〝苛立ち〟、ソ連での夫探しで募らせる〝焦燥感〟、探し当てた夫に妻と子供がいたという現実への〝当惑〟を見事に演じ分け、観客の感情移入は極致に達するのである。

ローレンは若さがはち切れんばかりの快活なナポリ娘、不安に満ち異国で一人懸命に夫探しをする妻、過去の熱愛を復活させるのか断ち切るのかに揺れ動く人妻を完璧に演じきった。ただそれはイタリア人の国民性のためか、少々オーバーアクションに見えることは否めない。マストロヤンニは当初彼の十八番である少々無責任な伊達男を演じた後、ジョヴァンナへの未練と現在の安らぎのある家庭との狭間に苦悩する中年男を巧みに演じきった。

特筆すべきはマーシャを演じたソ連の看板女優サヴェーリエワの、憂いを秘めた優しさと、初々しい上品さがもたらす効果で、絶望的な現実に瑞々しさと和らぎを与えていた。不思議な存在感を醸し出す義母の名演（？）も忘れ難い。

オープニングとエンドは風に揺れ動く一面の〝ひまわり畑〟である。ヘンリー・マンシーニの憂いをもった物悲しいテーマ曲がオーバーラップし、まれにみる強烈な印象を観客の脳裏に焼き付ける。〝ひまわり〟は揺れ動くジョヴァンナの心情とも思えるが、畑の下にイタリア、ソ連、ドイツの兵士、さらに多くの農民、老人、女性、子供達が眠っていることから、戦争の犠牲者の比喩と見るのが妥当であろう。

広大な畑一面に咲くひまわりに擬せられた戦争の犠牲者達は、風に揺れながら何を叫ぼうとしているのだろうか？　スペインロケによるひまわり畑の活写には圧倒されるのみで、静かに〝反戦意識〟を感ぜずにはいられない。

さて本作の食べ物だが、新居に移ったアントニオとマーシャの夕餉《ゆうげ》の食卓に、パン、ゆで卵、チーズ、サラミ、リンゴなどが垣間見られる。しかしすさまじい迫力で屈指の名場面を創り出しているのは、ジョヴァンナとの新婚の朝食用にアントニオが作る巨大な「オムレツ」である。

アントニオ家に代々伝わるメニューのようで、24個の卵とオリーブ油、塩、胡椒をかき混ぜ、フライパンに流し込んで焼き目を付けたものである。二人分としては有り余る量だが、元気の素〝卵の料理〟なので、新婚さん用としては理に適っている。ジョヴァンナが卵の殻を捨てようと窓を開けると、義母の差し入れと思われる籠一杯の卵があり、笑ってしまう。

アントニオ家のレシピーはオリーブ油ではなくバターのようだが、ジョヴァンナは「オムレツはオリーブ油よ」と主張する。これはミラノ近郊のアントニオ家とナポリのジョヴァンナ家の地域差によるもので、ポー河を挟んだ米・乳製品の〝北の食文化圏〟と、パスタ・オリーブ油の〝南の食文化圏〟の差がよく出たエピソードだ。

「オムレツ」はフランス語のomelette（オムレット）のことで、溶き卵を塩・胡椒などで味を調え、バターや油を引いたフライパンで焼いたものである。固まり始めたら巻いてフライパンの片隅に寄せ成形する。焦げ目をつけずふんわり仕上げるのが一般的で、中身が半熟の「レアオムレツ」がベストだ。

卵（塩・胡椒）だけの「プレーンタイプ」、ハム・チーズ・マッシュルームなどを混ぜて焼き、巻いて仕上げる「オムレット・ルーレ」、タマネギ・ひき肉など詰め物を包み込んで焼く「オムレット・フーレ」、溶き卵に具材を入れ巻かずに両面加熱する「オムレット・プラート」などがある。ジャガイモ（タマネギ・ベーコン）を入れフライパンで厚焼きしたものは「スペインオムレツ」という。トマトケチャップ・ドミグラスソース・ホワイトソースなど、ソースの味で美味しさが倍化し変化するのも楽しい。

「オムレツ」というとシャンソン歌手の石井好子の名著「巴里の空の下オムレツのにおいは流れる」が思い出され、バターたっぷりのフランスのイメージが強い。日本には明治27年（1894年）に「婦女雑誌」で初めて紹介された。ラテン語のovum（卵）や、もともとは薄く作ったので古代フランス語のlamelle（薄片）が語源との諸説がある。

泡立てた卵白を加えたスフレのようなふんわりタイプは、モン・サン＝ミッシェルの名物料理（スフレリーヌ）として有名だ。〝超感動〟するとは言わないが一度は食べてみる価値はある。映画のそれはスペインオムレツのような超厚焼きに仕上がっていた。

本作はデ・シーカ、ローレン、マストロヤンニのゴールデン・トリオの作品にしては、海外では一部の国を除きヒットせず、逆に日本で大ヒットした。おそらく彼らが得意のコメディーではなくシリアス過ぎたためかもしれない。

一方日本では、ロバート・テイラーとヴィヴィアン・リーの「哀愁」（1940年）、ウィリアム・ホールデンとジェニファー・ジョーンズの「慕情」（1955年）、ニーノ・カステルヌオーヴォとカトリーヌ・ドヌーヴの「シェルブールの雨傘」（1964年）といった、戦争に引き裂かれた〝悲劇のロマンス〟という悲恋モノが受ける素地が昔からあった。このような国柄のためか、メインターゲットの女性観客のハートを見事に掴んだようだ。

さてラストの別れはミラノ駅である。〝駅〟は映画のテーマに相応しい場所で、人と人との〝めぐり逢いと別れ〟、そして人生の分岐点でもある。駅が印象深い映画と言えば、日本映画ならズバリ「駅 STATION」（1981年）があるし、イギリス映画では「逢びき」（1945年）、イタリア映画では「旅情」（1955年）という名作がある。また監督のデ・シーカにはローマのテルミニ（中央）駅を舞台に、青年モンゴメリー・クリフトと人妻ジェニファー・ジョーンズの熱愛と別れを描いた傑作、「終着駅」（1953年）がある。彼は駅が好きだったようで、本作も「駅」に拘った形跡が見られる。それがラストの感動を一層盛り上げたわけだ。まさに「終着駅」というより「執着の駅」だったのだろう。

「ミツバチのささやき」チラシ

ミツバチのささやき（1973年：スペイン）

監督・脚本：ビクトル・エリセ　脚本：アンヘル・フェルナンデス・サントス　撮影：ルイス・クアドルド　音楽：ルイス・デ・パブロ　出演：アナ・トレント、イザベル・テリェリア、フェルナンド・フェルナン・ゴメス、テレサ・ヒンペラ

寡作な監督として知られるスペインのビクトル・エリセ（「エル・スール」「マルメロの陽光」）の長編デビュー作である。虚構と現実の区別がおぼつかない幼子の心の動きを描き絶賛された、知る人ぞ知る秀作である。

日本公開は製作から12年後の1985年。一度観たらその奥深さに引きずり込まれるし、デリケートでノスタルジーを感じさせる魅力的な作品である。何といっても主役の子役・アナを演じた、アナ・トレントの〝大きなつぶらな瞳〟に魅了されてしまう。多くの方に一度は観てもらいたい傑作映画だ。

時は1940年頃、所はスペイン・カスティーリャ地方のある村に巡回映画がやってくる。「世界一凄い映画だ」「今まで持ってきた中で最高の傑作だ」というふれこみの作品は、あのボリス・カーロフでお馴染みの「フランケンシュタイン」（1931年：ジェームズ・ホエール監督）であった。

これを食い入るように観ていたのが、姉・イザベルと妹アナの幼い姉妹である。二人は家政婦付きの古びた大きな石造りの屋敷に住んでおり、父は養蜂家で研究家らしい。両親は寡黙《かもく》で互いに何か過去を背負っているように見える。

モンスターが少女を池に投げ込む、「フランケンシュタイン」の有名な場面を観たアナが、イザベルに質問する。「なぜ怪物はあの子を殺したの？　なぜ怪物も殺されたの？」すると姉は、「怪物も子供も殺されていない、映画の出来事は全部ウソ、村の外れに隠れて住んでる、精霊なのよ」「友達になればいつでもお話ができるのよ」「目を閉じて呼びかけるの、私はアナよ！」と答える。

アンドリュー・ワイエスの絵画を想起させるような、遠くの山裾まで続く広大な枯野（畑）の中に、古びた井戸と石造りの廃屋がポツンとあり、姉妹はモンスター探しにそこに行ってみる。アナは姉の行動を真似て井戸に近づき、中に向かって叫んだり廃屋をコッソリのぞいてみる。そこで彼女は大きな足跡を見つけ、「モンスター」の存在を確信し始める。

姉は虚構と現実がわかっているが、幼い妹はその境目がまだ不案内である。観客は〝サンタやお化けや霊〟を信じたあの懐かしい幼き日に戻り、アナの眼を通して「モンスター」を探し対話を試みるのである（フランケンシュタインは博士の名で、怪物の名はモンスター。念のため）。

まるでサイレント映画のような作品である。音楽は必要最低限しか流さない。したがって風の音、足音、ドアの開閉の音、咳払い、ピアノの鍵盤を叩く音、時計のチクタク音、時計を巻く音、オルゴールの音、銃声などが極めて印象深く耳に入ってくる。会話はそれなりにあるがベッドの場面をはじめ姉妹の会話はヒソヒソ話が多い。屋敷の光源はランプが主であり、昼間は窓や半開きのドアから太陽光線が差し込むので、画面の人物が暗闇に浮き上がって見える。したがって観客の画面への集中度は増す。比喩《ひゆ》も多いようで、全体を通し観客に〝想像し思考する〟ことを強いる映画である。

姉妹は村の学校に通いながら、両親の留守に父親の髭剃《ひげそ》り用のブラシで遊んだり、列車のレールに耳を付けて車輪の響きを感じたり、時にイザベルが殺された真似をしてアナをだましたりと、子供らしい遊びをしながら日々を過ごす。ある日負傷した脱走兵？　が廃屋に逃げ込む。彼を見つけたアナは食べ物を運び父親の上着を持ち込む。アナにはモンスターが兵隊の格好をしていると映っているのだろう。結局脱走兵はある夜殺されるが、射殺場面を闇夜に銃声と火薬の光を点滅させるだけで見せるのは見事である。

アナは兵士のいない廃屋で血のりを見つける。そこに父親が来たので彼女は逃げ出す。父親が兵士を殺したと思ったのか？　オルゴール時計の入った父親の服を持ち出した叱責から逃れようとしたのか？　悩むところだ。村中が彼女を探す中、逃げ出したアナは闇夜をさまよい水辺に出る。そこで彼女はもうろうとした状況の中で「モンスター」に出会う。幸いなことに彼女は映画のように水の事故に遭遇せず、無事救出される。

さてこの映画の食べ物だが、父親の仕事？〝養蜂〟で生み出される「蜂蜜」について取り上げてみたい。家屋内には蜂の巣が外から見えるガラスの巣箱があり、父親は蜂の生態を研究しているようだ。窓のガラスは小さな六角形の集合体で蜂の巣のデザインになっている。何れにせよ「蜂」が映画のモチーフであることは間違いない。養蜂が主たる生業かは不明だが（例えば地主？）、蜂蜜がたっぷりと付いた巣板の入った巣箱を何十箱と管理しているようなので、それなりの量の蜂蜜が採取されて食卓にも出ていると想像できる。

蜂蜜はミツバチが花の蜜を巣にため込んで、濃縮・熟成（化学変化）したものである。花の蜜はスクロース（ショ糖：いわゆる砂糖）の溶液で、これがミツバチの唾液から出る酵素・インベルターゼによってグルコース（ブドウ糖）とフラクトース（果糖）に分解される。蜂蜜は約20％が水分であとの大部分は糖類である。糖類の大半はブドウ糖と果糖だが、一般に果糖の方が多い（レンゲ蜜で一・

一四倍、アカシア蜜で一・三八倍）、ブドウ糖が多いと結晶しやすい（加熱すれば消える）。ＰＨは三・七で酸度はやや高いが甘味が強いのでカバーされている。

おそらく人類が保有した最も古い甘味料のひとつで、スペインのアラニア洞窟（新石器時代）に蜂蜜採取の絵がある。蜂蜜の風味や色はミツバチが採取する花によって左右される。日本ではレンゲ、アカシア、トチノキ、ミカン、クローバー、ナタネなど淡泊なものが、海外ではシナノキ、ユーカリ、クリなど強い香りのものが好まれる。ニセアカシア、豆などは白く、レンゲ、ナタネ、クローバーは黄色、ソバ、クリなどは褐色である。色は蜂蜜に含まれる糖とアミノ酸の「糖アミノ反応（メイラード反応）」によって、経時的に濃くなって行く。

ミツバチは花蜜の採取時に自然と花粉を身に付ける。これが自然界の植物の交配に役立つわけだが、これは花粉ダンゴとなって巣に持ち帰られる。この主成分はタンパク質で「ローヤルゼリー」の素になる。

日本でもポピュラーになった「マヌカハニー」は、ニュージーランドに自生するマヌカの花の蜜から作られたもので、古くから原住民が治療に使用し抗菌作用が認められている。その効力はＵＭＦ（ユニーク・マヌカ・ファクター）10＋・20＋などで表現される。個人的にはニュージーランドにあるとても美味しい、「ポフツカワ」の蜂蜜をもっと普及させたい。また蜂蜜は高温殺菌をしていないので「ボツリヌス菌」汚染の問題があり、一歳未満の乳児には絶対与えてはいけない。

さて姉妹の母親は昔の恋人？（アナが見ている写真からの類推）に手紙を書いたが、その返事らしきものを燃やしている。ラストでは夫を気遣っている場面があり、おそらくこの夫婦はかつて何か大きなアクシデントがあったようだが、二人の関係は再生して行くことを暗示しているようだ。

ただいくつか理解できない部分が気になった。教室に男の生徒がいなくて少女だけというのが不思議だ（この時代のスペインの教育は男女別々だったのか？）。村に電気は通っているし（上映会場の映写機や電球に使用）、姉妹の屋敷は一斉に窓の明かりが消えるので、電気が通っていると思えるのだが、部屋ではランプを使っている（時代的に電気の供給能力が少なかったのか？）。ともに要領を得ず整合性が少々気になった。

また「モンスター」が何の象徴なのか？　ラストでアナが再度「モンスター」を探す意味もよくわからない。一般には幼いアナが色々な体験を経て心の成長をし、〝幼き日〟への決別をするというラストが考えられるのだが、どうもその辺の真意が当方の力量不足で十分理解できなかった。しかしそのようなことを凌駕《りょうが》する大変デリケートで心に染みわたる映画であることは間違いなく、一度見たら忘れられない鮮烈な印象を受ける見事な作品である。

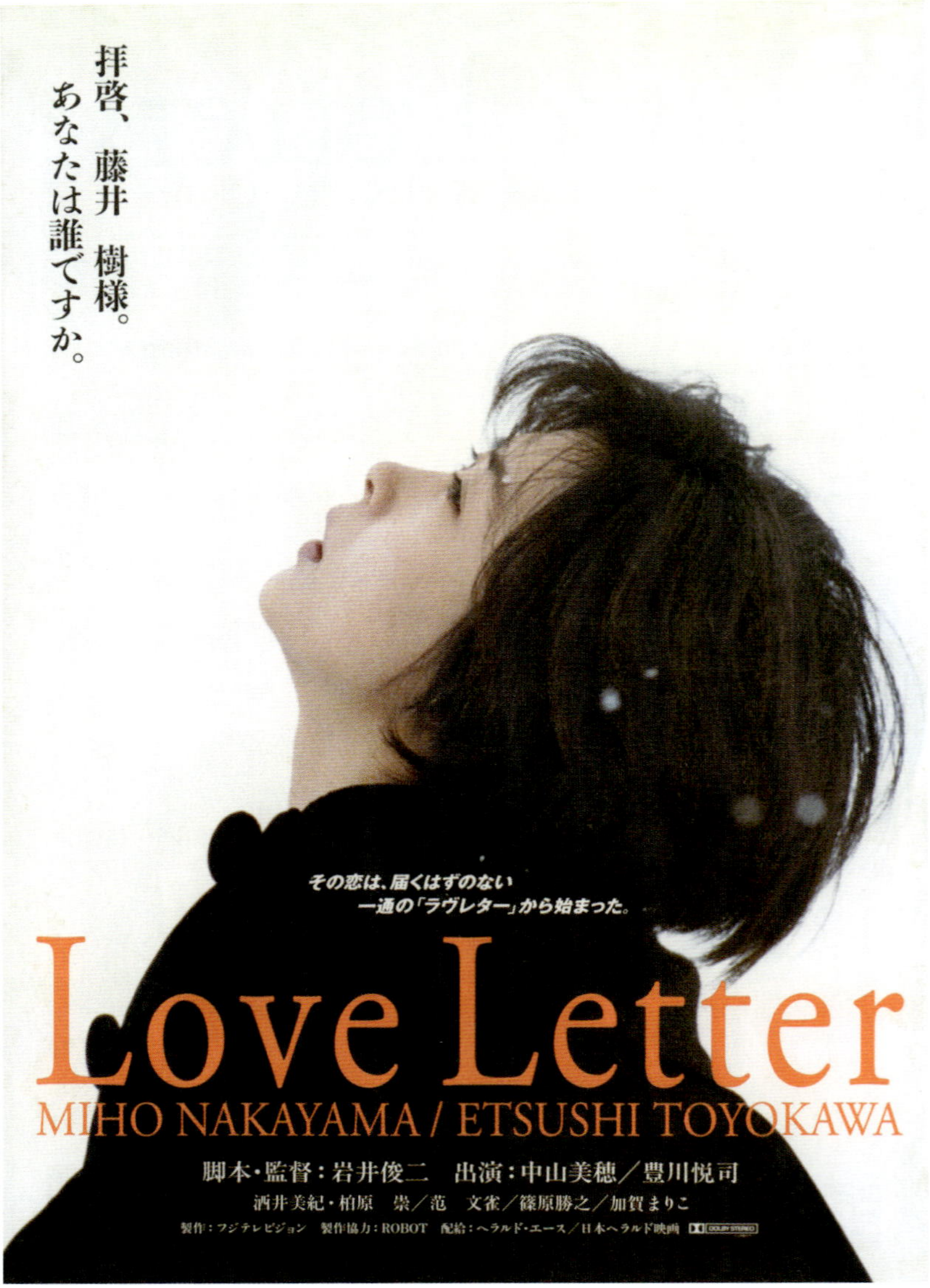

「Love Letter」チラシ

Love Letter（1995年：フジテレビジョン）

監督・脚本：岩井俊二　撮影：篠田昇　音楽：REMEDIOS　出演：中山美穂、豊川悦司、范文雀、篠原勝之、加賀まりこ、酒井美紀、柏原崇

映画の世界に新たな才能が登場したことを知らしめた秀作である。CMやTVドラマの世界で注目されていた岩井俊二監督の劇場用映画第一作で、ハンドカメラ（？）を多用した微妙に揺れ動く画面作りは、日常をごく自然に淡々と描いて行く。しかし一方巧妙に仕組まれた筋書きは、物語の展開につれ〝面白さ〟を増幅させ、観る者を〝岩井ワールド〟に引き込んでしまう。

ミポリンこと中山美穂（二役）演じる二人の主人公の素直な演技に、個性豊かな脇役達の名演が絡み合い、見事なアンサンブルを醸し出している。瑞々しい〝青春の出来事〟は観客の圧倒的な共感を呼び、ラストのジワリと湧き起こる〝深い感動〟は、日本映画史に残る見事な一瞬となった。

舞台は神戸と小樽である。小樽の図書館の職員・藤井樹（中山美穂）はある日、「お元気ですか？私は元気です」と書かれた渡辺博子（中山美穂二役）という差出人の手紙を受け取る。そこで名前に記憶がないまま、興味本位に「私も元気です」と返事を書く。驚いたのは神戸に住む差出人の博子で、山の遭難で恋人を亡くした彼女は、心の傷が癒えぬまま何とはなしに、現在は国道になっている彼の旧住所に手紙を出していたからである。

届かないはずの手紙の返事が〝彼の名前〟できたことにより話は混戦しかかるが、実は亡くなった彼と小樽の藤井樹とは、同姓同名の中学のクラスメイトということで話が見えてくる。再見すると明

瞭だが、博子が卒業アルバムからメモった彼の住所は、女子欄の樹の住所だったのである。

その後、神戸の博子と小樽の樹との往復書簡を通じて物語は進むが、手紙に書き込まれた中学時代の〝二人の藤井樹〟のエピソードが実に微笑ましく、思わず頬が緩んでしまう。神戸と小樽で繰り広げられる話を軸に過去と現在が絡み合い、「Love Letter」の意味もやがて明瞭になる。

亡くなった樹の部屋にカンバスがあり、トヨエツ（豊川悦司）が演じる登山仲間・秋葉がガラス工芸家であるところから、彼らは美術大学の仲間と推測でき、後の伏線になっている。秋葉は博子が樹を吹っ切れずにいることを承知で、彼女を温かく力強く見守り、物語の節目で先導役を果たしている。

アイドル女優・中山美穂の起用は大成功だったが、彼女の中学時代を演じた酒井美紀の貢献も極めて大きい。上品で可愛いルックス、明るさを伴った芯の強さ、同じく男子の樹を演じた柏原崇とのコラボで、作品全体に大きな膨らみが出た。鈴木蘭々のオーバー演技も爆笑モノで、暗闇でテスト用紙を自転車のライトで照らすアイデアは脱帽である。ラスト近く恋人が眠る山に向かい博子が、「お元気ですか？　私は元気です！」と叫び恋人を吹っ切る場面は切なく、観る者の心にグッと響く。

岩井監督の作品は「花とアリス」（２００４年）のトランプのように、チョットした小道具で伏線を張り、後に突然昔の記憶を呼び覚ますきっかけにし、深い感動を与える手法がよく使われるが、この作品ではマルセル・プルーストの「失われた時を求めて」の本が効果的に使われている。ここでは〝失われた時〟というタイトルが、〝過去の記憶〟に被さる洒落になっている。

物語の進行中に軽く伏線に触れておき、ラストで観客に意表をつく事実を提示することで、ジワリとくる感動と爽《さわ》やかな後味を残す手法は、「四月物語」（１９９８年）でも踏襲され多くの観客を魅了した。

また風邪薬のくしゃみや病院での転寝《うたたね》場面で、後に出る場面を先にワンカット挟む技法（「イージー・ライダー」〔1969年〕が有名）が使用され印象深い。祖父を好演した力強いタフなゲージツ家（篠原勝之）の起用理由も後でわかり、クレジット・タイトルが英字で書かれているのもスタイリッシュで、一作目にして「岩井ワールド」が確立されている。

さてこの映画では、墓参時の甘酒・酒（菊正宗）、神戸の家でパンの名店「コム・シノワ」のケーキ、喫茶店のコーヒー・エスプレッソ（？）、電車内での缶コーヒー、山小屋の鍋・濁り酒に加え、小樽の家ではコーヒー・紅茶・クッキー・お茶・ミカン、さらに食卓にはホッケ（？）の干物・サラダ・スープなど多くの飲食物が垣間見られる。１kgと思しきマヨネーズも印象深いが、寒い地方や農村での大型サイズの使用実態がよく反映されている。

しかし特に印象深いのは、小樽の樹が祖父と庭で焼く〝焼き芋〟である。庭で落ち葉をかき集め焼いているが、サツマイモの鮮やかな赤紫ともうもうと立つ白煙が、夕日と思しき逆光に映え、仲睦まじい祖父と孫の穏やかなひと時を見事に活写している。北海道なのにジャガイモではなくサツマイモというのが良い。

ではサツマイモ（甘藷）の蘊蓄をひとつ。第二次大戦から終戦にかけて多くの日本人の飢えを救ったサツマイモは、カロリーの面からは主食の座を米と代われるほどの生産能力のある食材だが、たんぱく質不足・日持ち・味覚（甘過ぎ）・胸焼けなどの点で米を凌駕することはできていない。

中南米が原産で、ヨーロッパにはコロンブスが持ち帰り世界中に伝播した。一方オセアニア諸島からフィリピン経由で中国（福建省）に伝わったという説もある。外来なので〝蕃藷〟、味から〝甘藷〟

と呼ばれていたようだ。日本には１５９７年宮古島の役人・長真《ちょうしん》氏旨屋《ししんや》が中国から持ち帰ったのが最初で、島の主食となるほど盛んに栽培された。１６０５年には野國総管が福建から苗を沖縄に持ち帰り、これが薩摩をはじめ九州各地に伝播したようである。

伝来地や色から〝唐芋、琉球芋、赤芋〟などと呼ばれていたが、享保の飢饉（１７３２年）の折、甘藷の栽培地は飢饉を免れたことから、幕府は薩摩から種芋を取り寄せ、青木昆陽が試験栽培に成功し（１７３５年）、これが関東地方に広く普及し〝サツマイモ〟と呼ばれるようになった。昆陽はサツマイモの種類・用途・栽培法について「蕃藷考」（１７３５年）を著し、珍古楼主人は１００余の料理例を記載した「甘藷（いも）百珍」（１７８９年）を出版している。江戸では焼き芋の居店（店構えをした店舗）が、上方は蒸し芋の行商が多かったらしい。

サツマイモは約70％が水分である。主成分は炭水化物で、澱粉が主だがショ糖・ブドウ糖・果糖などの糖類を含み、これらが甘味を形成している。ビタミンCは柑橘に近く、ナトリウムの排泄を促し血圧を下げるカリウムが多いので、生理的要求からサツマイモを食べると食塩が欲しくなることがある。切ると出てくる白い液体はヤラピンという樹脂配糖体で便通をよくする。繊維質も多いので便秘防止・大腸がん予防・コレステロールの低下作用が期待できる。腐った芋の苦味はイポメアマロンという毒素である。

「冷蔵庫に入れてはいけない」ことを知らない人が多いが、９℃以下になると凍傷で腐りやすくなり、温度が高くなると発芽しやすくなるので、13～15℃、湿度85％の貯蔵がベストである。収穫した芋は〝キュアリング〟といって、32～35℃、湿度90％の室内に5～6日保管すると、傷口や表皮に薄いコルク層を作り、黒腐病菌などの侵入・減量・変質を防ぐ。自ら傷を治癒《ちゆ》する能力はたかが「芋」

と侮ってはいけない。

酵素のアミラーゼが多いので30〜60℃でゆっくり加熱すると澱粉が糖に変わり甘味が増す。石焼き芋はこの原理を応用したものであり、遠赤外線の効果でさらに美味しさが増すとの説もある。「栗よりうまい十三里半（十三里とも言う）」の所以である。

さて、近頃は〝スイーツ〟絡みでサツマイモのステイタスも上がったようである。〝芋娘〟という表現も、本来の田舎者・やぼったい・垢抜けないという意味から、将来は食べてしまいたいほど「可愛いお嬢さん」を意味するようになるかも知れないネ。

「クレイマー，クレイマー」パンフレット

クレイマー、クレイマー（1979年：アメリカ）

監督・脚本：ロバート・ベントン　原作：アイヴェリー・コーマン　撮影：ネストール・アルメンドロス　音楽：ヘンリー・パーセル、アントニオ・ヴィヴァルディ　出演：ダスティン・ホフマン、メリル・ストリープ、ジャスティン・ヘンリー

1970年代のアメリカが抱える〝離婚の急増〟という社会問題を背景に、今やハリウッドのトップスターとなったダスティン・ホフマンとメリル・ストリープに、名子役のジャスティン・ヘンリーが絡むホームドラマの秀作である。

〝離婚〟に伴う夫婦間の泥沼の争いや子供の苦悩というテーマは、映画が好んで描いてきたテーマだが、本作は〝男性の子育て〟に焦点を置き世界中で大ヒットした。チャップリンとジャッキー・クーガンの「キッド」（1921年）や、ライアン&テータム・オニール親子の「ペーパー・ムーン」（1973年）が想起されるが、いずれも大人を喰った子役の名演が〝笑い・感動・涙〟を誘う。

離婚率が50%という70年代末のアメリカの現実を背景に、突然妻に去られた猛烈社員が小学1年生の息子と親子の絆を作り上げていくのが前半で、後半は息子を取り戻したい母親と手放したくない父親の法廷闘争を巡って話が展開する。さて結末はいかに？　というお話。

クレジットタイトルのバックに、「第三の男」のチター演奏を彷彿させる音楽が流れ、結婚指輪を強調した女性のクローズアップで物語は静かに始まる。ここから女性が家を出奔《しゅっぽん》、ご主人の「イクメン生活」がスタートするまでが最初の山場である。

〝離婚と父親の子育て〟という深刻なテーマが、適度なユーモアを交えた軽いタッチで淡々と描かれており、笑いの場面にニヤリとしながら男性観客は「わが身に起こったらどうしよう！」とゾッとし、女性観客は「そらみたことか！　明治の封建亭主メ！」と喝采を贈るのである。原題は「Kramer vs. Kramer」で、現在なら〝対決〟の意味が一瞬でわかるように「(Mr.) クレイマーVS (Mrs.) クレイマー」、または「クレイマー×クレイマー」とでも訳されるべきであろう。

アメリカの70年代は〝ウーマンリブ〟などを通じ、女性の権利意識が高まった時代であり、60年代には25％だった離婚率が倍になっている。本作も単純に観れば「ご主人の奥さんへの無理解が悲劇を生んだ」と思えるが、時代背景を考え法廷場面や奥さんの言動に注目すると、「離婚原因はご主人にある」という単純なものではないことに気づく。

〝家庭と仕事〟に関する男女の役割は、古来〝性差〟による体力や母性などの資質の違いから分担が決まっていたが、社会環境や意識の変化による「平等を求める」互いの権利主張で、大きく変化してしまった。

今は〝離婚〟が「全ての崩壊」ではなく「新たなスタート」を意味する時代だが、間に挟まった子供にとっては昔も今も迷惑この上ない。製作後40年弱、離婚率が35％である今の日本を先取りしており、再見すると面白いが身につまされる。

ダスティン・ホフマン主演なのでタッチが「卒業」を思わせ、音楽の使い方も同様巧妙である。鑑賞中にわかるが、チターと思ったのはギターとマンドリンのコラボであり、ラストの音楽はヘンリー・パーセルの「ほどかれたゴルディオスの結び目（ギリシャ神話の解けない結び）」で、最後に〝難問解決〟を暗示しているわけだ。主人公が息子に自分の幼き日のことを語る場面は、「女性が権利意識に十分目覚めていなかった時代」へのノスタルジーとも読め、「母親は家を守るのが当然」だった時代への〝作者の思い〟とも取れる。

さて、「クレイマー、クレイマー」といえば「フレンチ・トースト」だが、飲食物が実によく登場する。親子二人の一日目の朝は、「焦げたフレンチ・トースト」「コーヒー」「オレンジジュース」、スーパーの会話では「コーンフレーク」、父親の書類にこぼす「ジュース」は、トマトかクランベリー？　迎えに遅れた晩は「ミルク」「コーラ」「冷凍ディッシュ（肉・サラダ&ミックスベジタブル）？」、ある日の朝食は「ドーナツ」「ミルク」「オレンジジュース」に「サプリメント」、契約に失敗し上司に怒られた日の夕食は、「コーラ」「ミルク」「ステーキのオニオンソース」「チョコチップ・アイスクリーム」。子供を叱った後飲むヤケ酒は「J&Bウイスキー」、傍らには「ジン」「ベルモット」「VOのブランデー」。

同僚女性と子供の会話では「フライドチキン」。通学時の親子の会話で「犬がトムを噛んだ」「トムは〝ポテトサラダ〟の中に飛び込んだ」とあるが、これはTVアニメの「トムとジェリー」の話と類推できる。この場面では一瞬カフェのガラス越しに母親が映し出されるが、窓に手をつき乗り出すように見つめるメリル・ストリープのワンショットは、観客に極めて強烈な印象を与える。続いて、仕事中の「赤ワイン」「チーズサンド？」、スプーン入りのカップは「具入りスープ」であろう。

夫婦が再会するカフェでは「白ワイン」が登場、「子供を返して欲しい」との言葉に激高したホフマンがワイングラスを手で払うが、それが壁に当たり砕け散る瞬間のリアル感は出色の出来映えである。裁判に関し思案する場面では「コーラ」「コーヒー」「パン」、解雇を言い渡されるレストランでは「赤ワイン」。クリスマスツリーの長い紐状の飾りは「ポップコーン？」に糸を通したものに見える。

さらに求人広告を見ながらの「コーヒー」、採用が決まったオフィスのパーティーでは「ウイスキー」「ドリンク」。裁判の夜の団欒《だんらん》では「ミルク」「コーヒー」と父親の幼き時代の話題として、「チョコシロップ入りのエッグクリーム」とか〝バーガーキング〟はなかったが、「ピザパイ」や「サンドイッチ」を食べたという話が出てくるし、弁護士が「ウイスキー」を飲む場面もある。マニアックなまでに日常の飲食場面をリアルに捉えた作品で、小道具としての飲食物の効果が見事に発揮され、監督の食への拘《こだわ》りが垣間見られる、実に〝美味しい映画〟といえる。

さて「フレンチ・トースト」は最初と最後に2回登場するが、最初は手順も手捌《さば》きもいい加減で焦がして失敗。ジーナ・ローランズ主演の「グロリア」（1980年）の「ベーコン・エッグ」が思い出される。ラストでは一転し、父・息子の見事な連携で美味しそうに焼き上がる。時の流れによる二人の強い絆を感じさせグッとくる名場面だ。

「フレンチ・トースト」（パン・ペルデュ：無駄になったパン）は、パンを牛乳に浸し卵をつけてバターで焼いたものだが、もともとは固くなったパンを再利用するメニューである。フランスのサヴォワ地方ではクルート・ドレ（黄金色の揚パン）といわれ復活祭に、シャンパーニュ地方ではスープ・ドレ（黄金色のスープ）と称され謝肉祭に食べる。砂糖・シナモン・粉糖などをふりかけ、ジャムなどを添える。また「フレンチ」にはお洒落な意味合いがあるので、英語ではこのようなネーミングになったらしい。

最後にトリビアだが、メリル・ストリープが2012年3月にTV朝日の「徹子の部屋」に出演した時の話。北九州市の国際村交流センターに彫刻家のご主人（ダン・ガマー）の作品があり、除幕式

（1993年）には来日したとのこと、大女優に親近感を覚える話である。日本とはこのようなつながりもあり、彼女は大の日本贔屓《びいき》。映画の宣伝は勿論、個人的にも何度も（6回？）日本を訪れているとのことだ。

ところで「権利意識」が強くなった今どき、「クレイマー、クレイマー」は「claimer（クレイマー：不当請求者）」の映画と誤解される可能性があるが、本作は「離婚」「イクメン」「親子の情愛」の話で、一度は観て欲しいハートウォーミングな傑作だとPRしておきたい。

「パルプ・フィクション」チラシ

パルプ・フィクション（1994年：アメリカ）

監督・原案・脚本：クエンティン・タランティーノ　原案：ロジャー・エイバリー　撮影：アンジェイ・セクラ　音楽：カリン・ラクトマン　出演：ブルース・ウィリス、ジョン・トラボルタ、サミュエル・L・ジャクソン、ユマ・サーマン

ギャング達が仲間の裏切りを疑い、疑心暗鬼となって互いに殺し合い自滅するというバイオレンス映画、「レザボア・ドッグス」（1991年）で一躍カルト的人気を得た、〝クエンティン・タランティーノ監督〟の第2作である。「パルプ・フィクション」（パルプ雑誌のようにくだらない話）というタイトルのごとく、一見「くだらない」と思えるエピソードがいくつか組み合わさって最後に収斂する話である。

タランティーノが創り出す異様な「緊迫感」、強烈な「バイオレンス」、延々と続くどうでもよい「マニアックな会話」など、そのスタイリッシュな画像作りに思わず見入ってしまう傑作映画である。物語の展開で過去・現在・未来が交錯する話で、映画オタクの監督らしく、〝ヌーヴェル・ヴァーグ〟の代表作「勝手にしやがれ」（1959年：ジャン・リュック・ゴダール監督）が意識されているようだ。プロローグの後に「ヴィンセント・ベガとマーセルス・ウォレスの妻」「金時計」「ボニーの件」というタイトルの付いた3つの話が展開される。そしてエピローグで話はプロローグにつながる。画面に吸い込まれていた観客はこの鮮やかな帰着に思わず唸り、シャープで冴えた話の展開に感嘆せざるを得ない。

ざっとこんな内容である。冒頭レストランで最近の強盗事情について雑談をしていた男女のカップルが、突然銃をかざして叫ぶ「皆騒ぐな！　強盗だ！」。場面は一転！　エレキサウンドをバックにクレジットが出る。そしてヴィンセント（ジョン・トラボルタ）とジュールス（サミュエル・L・ジャクソン：儲け役を好演）のヤクザ二人が、ボスのアタッシュケースを取り戻すため若者達を襲撃する。

続いてヴィンセントが出張中のボスに頼まれ、彼の妻ミア（ユマ・サーマン）のエスコートをするが、彼女がヤクの吸引で瀕死状態になり、ヴィンセントがヤクの売人宅に運び彼女を救う。売人が慌てて「応急処置の本」を探すのが可笑しい。

次に今はピークを越えたボクサー・ブッチ（ブルース・ウィリス）が、ボス・マーセルスと八百長試合で負ける約束をするが勝ってしまう話。ブッチはトンズラの途中で父の形見の腕時計を取りに戻るのだが、帰途ボスとバッタリ遭遇。逃げ込んだ質屋（？）で二人は殴り合いと相成るが、何と変態趣味の質屋の主人達に襲われる。

辛うじて脱出したブッチがボスを救出し、八百長の件はチャラとなる。ここで話はもとに戻り二人のヤクザは一人生き残った若者を連れ帰る。ところが車中でヴィンセントの銃が暴発、若者の頭が吹っ飛ぶ。

血だらけの車に困った二人は、ジュールスの友人のジミー（タランティーノ監督）宅に助けを求めるが、イラつく恐妻家の彼から「(妻) ボニーが戻って来るまでに始末しろ」とせき立てられる。結局ボスの手配で始末屋が到着し処分。朝飯を喰いたくなった二人はレストランで食事と相成る。そしてそれが冒頭の「強盗だ！」の場面につながるわけだ。さて結末は？　というお話。

「パルプ・フィクション」どころか、よく観るとそれぞれのエピソードが実にハードでよく練れた面白い話の連続である。「ＦＵＣＫ」（くそったれ！　などの意味）という言葉が頻繁に出てくるので、エピソードの内容は推測できよう。各エピソードは原則「二人」がモチーフになっている。「冒頭のレストランの男女ペア」「若者を襲う二人のヤクザ」「ボスの妻とヴィンセント」「ブッチと彼女」「ブッチとボス」「異常趣味の質屋と警官」などだが、まず二人で話がスタートし、そこから意表を突く展開がなされる。

そこに共通するのは〝緊迫感〟と続く〝突発的で極めてシュール〟な〝バイオレンス〟である。ジーナ・ローランズ主演の「グロリア」（１９８０年：ジョン・カサヴェテス監督）あたりから顕著になって来る「突発的拳銃アクション」は、北野武の「その男、凶暴につき」（１９８９年）などを経て、タランティーノの作品群に辿り着いたと思われる。この稀に見るアイデアに満ちた展開の連続が、まさに「タランティーノ・ワールド」であり、ファンを引き付けて離さない魅力といえよう。

ヴィンセントとミアが50年代を意識したレストランで食事をするとエド・サリバン、リッキー・ネルソン、マリリン・モンロー、ジェームズ・ディーン、ジェリー・ルイス&ディーン・マーティンなどの〝そっくりさん〟が登場。二人がオーダーする「ダグラス・サーク（映画監督）・ステーキ」「ダワード・カービィ（ＴＶ業界の人）・バーガー」などのメニュー名とともに、映画・ＴＶファンを楽しませてくれる。そしてダンス大会が催され二人が優勝。トラボルタ主演の「サタディー・ナイト・フィーバー」のオチになっている。

さてこの映画の食べ物だが、まず「ハンバーガー」である。ヤクザの二人の車中の会話が面白い。「１／４ポンド・バーガーはパリで何と呼ばれるか？」「メートル法の国だから〝ロイヤル・チーズ〟

という」「ビッグ・マックはパリでは〝ル・ビッグ・マック〟だ」。

　若者を襲った際にジュールスが言う「何喰ってんだ?」「ハンバーガーか、栄養満点の朝食だ」「種類は?」「チーズバーガー」「店の名だよ、マクドナルドかウェンディーズか?」「ビッグ・カフナ・バーガー」（架空?）「ハワイアン風の?」。さらにミアがレストランで頼むのが5ドルのシェーキ「マーティン&ルイス」とハンバーガーである。かように頻繁に登場する「ハンバーガー」はアメリカの国民食で、この映画によく似合うジャンクフードだ。

「ハンバーガー」の大量登場で、映画も軽いノリのスピーディーな内容だと暗示されている。アメリカのファストフードはケチャップとマスタードが常用調味料だが、劇中「オランダのフレンチポテトはケチャップではなくマヨネーズで食べる」という会話がある。

　これはアメリカ人が見た面白い指摘で、ベルギーが発祥の地といわれるフレンチポテトは現地では「フリッツ」と呼ばれ、主にマヨネーズをベースにしたソース（その中にはケチャップの入ったオーロラ・ソースもある）で食べられている。ベルギーに行ったらアツアツのフリッツを街角や広場で食べることを是非お勧めする。なお隣国オランダにはベルギーから伝わったようだ。

　ケチャップはいかにもアメリカの国民的調味料で、本作でもジョークとして登場する。「パパとママと坊やのトマトが歩いていた。坊やが遅いのでパパが坊やを踏み潰した。（ケチャップ状になった坊やに）パパが言う『キャッチ・アップ（ケチャップ）：急げ!』」。

　そして時計を取りに自宅に戻ったブッチが、キッチンでポップアップ式のトースターで焼く「トースター・ペストリー」が興味深い。これはスライス食パンを小さくしたような形状のクッキー生地の内部に、ジャム・チョコレートなどをフィリングし、両面に加熱すると溶け込む砂糖（本作ではシナモン）などをフロストした朝食やスナック用のパン菓子である。

1960年代初頭にアメリカで開発されたが、日本では無名の食べ物である。観客はブッチに「早く家を離れろ！」とドキドキだが、これが焼きあがってポンと飛び出ると同時に、ブッチがトイレから出てきたヴィンセントを射殺、何と話の途中で主人公を殺してしまうのだ。

タランティーノはよく知られているようにビデオ屋の店員を経験し、日本のTVドラマ「影の軍団」などの大ファンで、特にSonny Chiba（サニー千葉：千葉真一）の熱烈なファンである。変態趣味の質屋と警官を襲撃するのに、ブッチが多々ある道具から日本刀を選ぶのも日本趣味が反映されている。

本作では〝秘密の約束〟が2回出てくる。ひとつはヴィンセントがミアをエスコートした夜の話で、もうひとつはブッチとボスが変態趣味の男たちに襲われた話であるが、ともに何か深い意味があるのだろうか？　さて監督にとってはまだまだ描きたいので「フィルムがタランティーノ」だろうが、2時間34分はチト長い！

赤西蠣太

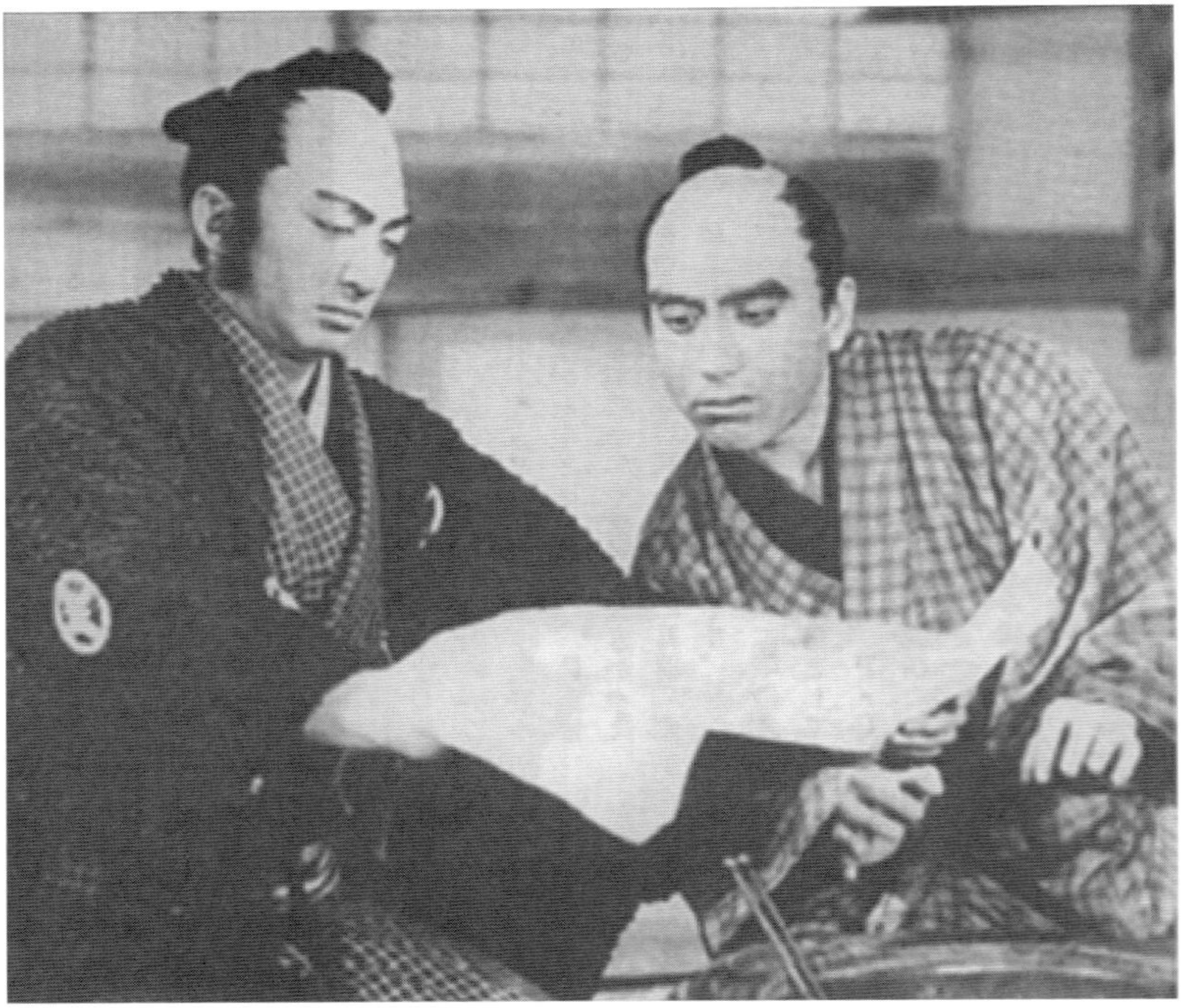

左より　杉山昌三九　片岡千恵蔵

赤西蠣太（1936年：片岡千恵蔵プロ）

監督・脚本：伊丹万作　原作：志賀直哉　撮影：漆山裕茂　音楽：高橋半　出演：片岡千恵蔵、杉山昌三九、上山草人、梅村容子、毛利峯子、志村喬、原健作

志賀直哉の短編小説「赤西蠣太の恋（後に〝赤西蠣太〟と改題）」をベースに、伊丹万作が脚色・監督した傑作映画である。原作のテーマや登場人物の名前はほぼそのままだが、伊丹流に自由に脚色・映像化された作品である。

個人的には夭折した伝説の監督・山中貞雄の「丹下左膳餘話・百萬両の壺」と好対照を成す作品と位置付けている。「赤西蠣太」はフィルムが1巻不足、「百萬両の壺」は終盤の立ち回りが欠落（2004年に欠落部分が発見されたがサウンド・トラック無し）と、ともに現在この世に完全版はない。

しかし用意周到に練られた脚本と、随所に笑いを散りばめながら、小気味よいリズムとテンポで流れていくストーリー展開は両作品に共通で、不完全版でも戦前の日本映画のレベルの高さを十分堪能できる。ウィットとユーモア溢れるハイセンスなこの2本の時代劇の連続鑑賞をお勧めする。

さて本作は「伊達騒動」を背景に展開する物語である。江戸の伊達兵部の屋敷に奥州の国元から赴任して来た赤西蠣太（片岡千恵蔵）は、醜男で風采のあがらぬ侍だが、実はお家騒動を企む伊達兵部と原田甲斐（片岡千恵蔵二役）を探るために、国元より遣わされた密偵（スパイ）であった。

時が経ち密偵仲間の青鮫鱒次郎（原建作）の協力の下、ほぼ情報収集ができたので、蠣太は白石へ帰ることにする。しかし急に帰ると怪しまれるので口実を作ろうと計画を立てる。それは屋敷で評判

の美女・腰元の小波《さざなみ》に付け文をし、フラれて笑い者になり、屋敷に居たたまれなくなって夜逃げをするという作戦である。

悪戦苦闘の末ようやく書き上げた恋文を小波に手渡すと、返事は彼の意に反し「以前より好意をもっていた」というものであった。作戦が外れた蠣太だが、ある日彼女の上司である老女・沖の石に置手紙を残し逐電《ちくでん》する。

その後伊達兵部の屋敷では蠣太の付け文の話題で大いに盛り上がるが、その際同席の原田甲斐が蠣太の正体に気づき「屈強な者を選び出し、直ちに追っ手の手配を！」と叫ぶ。さて蠣太の運命やいかにという話である。

オープニングは雨である。「シェルブールの雨傘」ばりに真上から俯瞰した雨傘が映し出され、カメラは雨が流れ落ちる屋根瓦を捉える。屋根瓦の雀に竹の紋（仙台・伊達家の家紋）が映し出され屋敷の門扉になり、ずぶ濡れの子猫が扉下から邸内に入ると、観客は自然と映画の中に引き込まれて行く。ニャンと上手い出だしであろうか！

登場人物の名が〝海〟に関係しているのが傑作で、赤西蠣太《あかにしかきた》、小波、角又鱈之進《つのまたたらのしん》、浅利貝之丞《あさりかいのじょう》・青《あお》鮫鱒次郎《ざめますじろう》、鯖《さば》石衛門、安甲、鱶《ふか》平、海老名、多良《たら》、多古《たこ》、木須《きす》、鰭《ひれ》崎、鯛之進、お磯、若布《わかめ》、沖の石などだが、小説では小波は小江《さざえ》で沖の石が蝦夷菊《えぞぎく》である。長谷川町子の「サザエさん」のネーミングは浜辺で偶然思いついたとあるが、常識的には「赤西蠣太」からの拝借と見るのが妥当であろう。

片岡千恵蔵が醜男の赤西蠣太と白塗りの二枚目・原田甲斐を演じるが、顔・演技ともにその際立った違いが見ものである。蠣太は自分で腹を切って自ら〝腸ねん転〟を直すのだが、これはバカバカしくて呆れる。子猫の使い方が上手い映画で、邪魔な猫は隣同士の家の間を交互に捨てられ続けるが、結局ネズミ対策（天井に密書がある）で蠣太の家の居候となる。

ある日、腸ねん転になった蠣太は「もし俺が死んだ時は」と、治療中の按摩・安甲に天井の密書の秘密を打ち明け口止めをする。蠣太は一命を取り止めるが、安甲は伊達屋敷の老女達や青鮫にペラペラと〝蠣太の切腹事件〟の話をし始める。そこで青鮫により口封じにあうのだが、切り捨てる場面を叫び声と刀を鞘に納める音で表現しているのは秀抜である（同様な場面が「百萬両の壺」にもある）。

そして突如勇壮な音楽とともに〝寛文十七年三月二十七日〟のタイトルが出て伊達騒動勃発と相成る。この場面や幼君襲撃の刺客を捕らえる場面は歌舞伎の様式で撮影され、笑いの中に〝緊張感〟を与え映画全体にバランスを生んでいる。ワイプ（前の画面を拭い去るよう消しつつ次の画面が出る）の多用も斬新だ。

さてこの作品の食べ物の話。蠣太は菓子好きのようで、将棋の場面や青鮫との船釣りの場面（病み上がりのためお菓子は〝軽焼き〟）で黙々と食べている。船上では重箱の弁当が、やけに立派で美味しそうに見える。また幼君を暗殺し損ねた菅野が牢内で喰う、伊達兵部差し入れの（毒）饅頭も大きく立派で強い印象を残すが、一番の傑作は按摩の安甲が青鮫の妾の家でご馳走になる「アンコウ鍋」である。

実につまらない駄洒落だが「安甲がアンコウ鍋で酔ったところなんぞは、甚だ乙《おつ》でしょう」という台詞まで言わせているのが傑作だ。ちなみにアクの強い〝安甲〟を演じた俳優は、ハリウッドの黎明期に大活躍した日本人俳優で、国際的俳優としては早川雪洲に次ぐ知名度のあった、怪優・上山草人《かみやまそうじん》（「バグダットの盗賊」）その人である。

ではここで〝アンコウ〟の薀蓄を。アンコウは世界の熱帯から温帯の海底に生息し、低層にすむ生物を貪食する肉食魚で、世界中に２７０種ほどいるが日本近海には60種ほどが知られている。背びれが変化した（?）疑似状突起を動かし獲物をおびき寄せるので英語では〝Angler（釣り師）〟といわれる。

〝アンコウ〟というのは〝クツアンコウ〟のことで、これによく似た〝キアンコウ（本アンコウ）〟も一般に〝アンコウ〟という。味はキアンコウの方が良い。「アンコウ」といえば茨城県で、「水戸アンコウ」として高値で取引される。黒地の口中に黄白色の斑点が〝クツアンコウ〟で、ないのが〝キアンコウ〟である。

「東のアンコウ西のフグ」といわれ、ともに冬の魚の代表格である。アンコウは皮がヌルヌル、身はブヨブヨなので捌《さば》きにくい。そこで下顎にフックを掛け縄で吊るし、口から水を注いで腹を膨らませ処理する「吊るし切り」という方法で捌く。

太骨以外はほとんどが食材として使用される。柳肉（身肉、頬肉）、皮、肝（肝臓）、水袋（胃）、ヌノ（卵巣）、エラ、トモ（ヒレ）の7部位が一般に「七つ道具」と称される可食部である。肉は柔らかく粘りがあり脂肪は少ないが、〝アン肝《きも》〟と呼ばれる肝臓は脂肪が30%もあり、〝海のフォアグラ〟として珍重され、皮・ヒレにはコラーゲンが多い。

寄生虫のアニサキスがいるので生食には向かない。和食では「鍋」の利用が多いが、フランス料理では「ブイヤーベース」程度しか利用されなかったが。最近は淡白な魚としてメニューも多彩である。

監督の伊丹万作は、日本映画史上最も知的な監督と評されている人物で、俳優兼監督の伊丹十三の父君であり、ノーベル文学賞受賞作家・大江健三郎の義父にあたる。偽者が本物に勝ってしまう「國士無双」の監督、「無法松の一生」の脚本家としても日本の映画史に大きな足跡を残した。さらに名脚本家・橋本忍（「羅生門」「七人の侍」「砂の器」）の師匠でもある。一方で彼が戦後残した文章である「戦争責任者の問題」は、戦争をめぐる「だれがだまして、だまされたか」という論考だが、キナ臭い今の時代にこそ再読し、読み継ぐべき名エッセイである。

☆赤西蠣太

映画のラストは、ある日小波の実家（商家）に訪ねてきた赤西蠣太を、父親と娘と乳母が出迎える話である。父親が「ゆっくりしていただきたい」と言うと蠣太が「いや、そうゆっくりもしていられない」と言う、画面から父親が消え乳母が消え、外は暗くなり行灯がつくが娘と蠣太の「まだ、早うございますから」「あんまりゆっくりできない」と会話が続き、じっとしている二人に「結婚行進曲」が流れ終映となる。昭和11年の作品だが、どうこのラスト！　十（三）は万（作）に追いつけないわけだ！

やがて鯨は姿を見せなくなり、老姉妹の季節も静かに変わっていった……
リリアン・ギッシュ91歳。ベティ・ディヴィス79歳。アン・サザーン78歳。──ハリウッド黄金時代の女神たちが贈る珠玉の名篇。
ベティ・ディヴィス
リリアン・ギッシュ
ヴィンセント・プライス
アン・サザーン
ハリー・ケリー・ジュニア
イギリス映画 カラー 1987年
スタンダード 1時間31分
製作●キャロライン・ファイファー
マイク・カプラン
監督●リンゼイ・アンダーソン
脚本・台詞●デヴィッド・ベリー
撮影監督●マイク・ファッシュ
音楽●アラン・プライス
アライブ・フィルム・プロダクション制作
Bette Davis, Lillian Gish, Vincent Price and Ann Sothern
in the film of Lindsay Anderson
The Whales of August
八月の鯨
1987年第2回東京国際映画祭女性週間部門出品作
1987年カンヌ国際映画祭正式出品作
1987年カンヌ国際映画祭特別賞(リリアン・ギッシュ)
1987年全米映画批評家委員会賞最優秀女優賞
配給 ヘラルド・エース 日本ヘラルド映画

「八月の鯨」チラシ

八月の鯨（1987年：アメリカ）

監督：リンゼイ・アンダーソン　脚本：デヴィッド・ベリー　撮影：マイク・ファッシュ　音楽：アラン・プライス　出演：ベティ・デイヴィス、リリアン・ギッシュ、ヴィンセント・プライス、アン・サザーン、ハリー・ケリー・ジュニア

世界中の映画ファンの胸をときめかせた銀幕の大スター、〝リリアン・ギッシュ〟と〝ベティ・デイヴィス〟という往年の二大女優が競演する感動作である。淡々と進む物語に特別大きなクライマックスはないが、確かな演技力で映画史に燦然と輝く作品を残し続けた二人の名女優と脇を固める名優達によって、抑制の効いた上質のドラマが出来上がった。

人生の黄昏を描きながら、なお瑞々しい風が画面いっぱいに吹き渡り、エンドマークのあと観客は深い感動に包まれ、主演の二人に畏敬の念すら起きる極めて優れた名画である。

舞台は北米の東北部・メイン州である。冒頭入り江の岸に別荘と思しき家が映し出される。近所の娘ティシャ（アン・サザーン）が、この家のリビー（ベティ・デイヴィス）とセーラ（リリアン・ギッシュ）姉妹をせかし、三人で毎年この時期にやってくる鯨の見物を楽しんでいる。

モノクロ画面に娘達の上品なワンピースやリボン姿が白くまぶしい。50～60年の時が流れ画面は一転カラーとなる。人生の黄昏を迎える年齢となった老姉妹は、ひと夏をこの別荘で過ごしている。姉のリビーは目が不自由なこともあり偏屈でへそ曲がり、身の回りの世話をしてくれる妹のセーラや来訪者に、嫌味や棘のある言葉を吐き続けている。

リリアン・ギッシュ

ベティ・デイヴィス

掃除・洗濯・食事作りと多忙な妹は、合間に趣味の絵やぬいぐるみの制作をし、姉との散歩が日課である。時折幼なじみのティシャの来訪があるようだ。ある日顔馴染みの亡命ロシア貴族マラノフ（ヴィンセント・プライス）をディナーに招くことで老姉妹は揉め、ゲストに対する姉の暴言に、妹は彼女との生活を見直そうとする。しかしそこは姉妹で、結局もとの鞘に収まるというお話。

例えば、ラストの二人の会話がいい。目の不自由な姉が言う「どう、見える?」「鯨は行ってしまったわ」「分かるものですか」「そんなこと分からないわ」というわけで、〝鯨〟は老姉妹にとって、娘時代の心躍らせた〝思い出〟であると同時に、若き日から現在に至る〝明日への夢と希望〟の象徴のようである。入り江の彼方を見つめしっかりと寄り添う老姉妹を観て、観客は娘時代から老境に至る二人の長い道のりに思いを馳せ、老いてなお〝夢と希望〟を見続けようとするその後姿に、静かな深い感動を覚えるのである。

加えて、姉妹それぞれの夫に対する愛情表現が素晴らしい。特にセーラが深夜に一人で結婚46年目を祝う場面が秀抜である。ドレスアップしワインを飲みながら、思い出が詰まった箱から取り出した亡き夫の写真にくちづけするところで、観客は感極まる。同様、姉のリビーも思い出の箱から懐中時計と夫の遺髪（?）を取り出し頬ずりする場面があり、日本人では少々照れてしまうほどの濃厚な愛情表現に、恐れ入ったしだいである。演じるギッシュの実年齢は93歳、デイヴィスは79歳であった。

一方マラノフは亡命ロシア貴族を名乗っているが、少々怪しげな匂いがする。ヴィンセント・プライスの老練な演技が抜群で、母から譲り受けたという最後の宝石エメラルドは贋物かもしれない。また、さりげなく部屋に置かれている小道具がいい。〝時計〟は長い時間の経過を物語っているし、〝若い母の写真（ギッシュの実母の写真）〟に年老いたセーラが朝の挨拶をするのには笑ってしまう。ラスト直前に一瞬映る〝老姉妹の若き日の写真〟が、往年のギッシュとデイヴィス本人が寄り添った姿なので、古くからの映画ファンはこの瞬間！　思わず感激で涙腺が緩んでしまう。

なお、クレジット・タイトルでは同じ画面の左にデイヴィスで右にギッシュだが、ギッシュのほうが右上がりの位置で、彼女への敬意が払われているのが面白い。

この作品では、マラノフが釣った魚を自ら料理して供するディナーの場面が印象深い。魚はハタ（シーバスと言っているのでスズキ?）のようだが、厚切りレモンのスライスを載せたレモンバターのソテーのような感じに見える。偏屈な姉リビーは魚を食べないので、代わりにポークチャップが用意される。これにはレモンとポテト（?）のスライス、アップルソース（?）とライトグリーンのマカロニのようなものが添えられている。

セーラはマラノフに「釣った魚をおろしてくれたらディナーに招待する」と言うのだが、海辺で暮らしている彼女は魚を捌《さば》けるはずなので、気のあるマラノフを招待する口実に使ったと見るべきであろう。ブルーベリーの名産地メイン州が舞台なので、ティシャがブルーベリーを摘みつつ別荘に辿り着き、摘んだブルーベリーがそのままお土産になるのはさすがである。

さて、食べ物といえばこの映画のタイトルである〝鯨〟についても少々触れておこう。日本は1988年に商業捕鯨から撤退したが、東京オリンピック直前の1963年まで、鯨肉は肉類の中で最も多く消費されていた。一人一日当たりの供給量（農林水産省：食糧需給表）で見ると、1963年は鯨肉：5・6g　豚肉：5・4g　牛肉：4・1g　鶏肉：3・9gの順である。鯨肉は、独特の異臭や店頭で大量のドリップ（肉汁）が出ることで人気は芳しくなかったが、戦後食糧事情の観点から急速に研究が進んだ。

一般に動物が死ぬと肉は死後硬直を起こすが、硬直にはエネルギーのもとであるATP（アデノシン三燐酸）が関与する。経時変化で三燐酸は二燐酸・一燐酸・イノシン酸と変化し肉には旨みが出てくるのだが、その先には腐敗が待っている。冷凍鯨肉を解凍すると極低温で残っていたATPの作用で、急速に硬直が起き肉が収縮してドリップが大量に出ることが分かった。

そこで当時東京水産大学（現東京海洋大学）教授の田中和夫が、鮮度を落とさずATPを消費させる方法を考え「出来るだけ鮮度の良い鯨肉を凍結し、出来るだけ低温に冷凍保管し、販売直前にマイナス2℃の部屋で5日間保管し、その後通常の方法で融解すればよい」というアイデアを提唱した。これによって「鯨カツ」「鯨肉の竜田揚げ」などの美味しい鯨肉が食べられるようになった。それにしても鯨肉の高さには呆れる。もっと安価に提供しないと、「鯨肉の喫食文化」は途絶えてしまう。

まずは「鯨肉」を食べなければ「捕鯨禁止運動」にも対抗の正論が吐けない。

ではここでトリビアを。マラノフを演じたヴィンセント・プライスは「肉の蝋人形」（１９５３年）などの怪奇俳優として著名だが、美術や料理に造詣の深い知識人で演技にもそれが滲み出ていた。

実は彼の一族は食品業界と深い関わりを持つ。彼の祖父は酒石酸入りの「Dr.プライス・ベーキング・パウダー」の発明者である。ベーキング・パウダーは重曹を主成分に酒石酸・クエン酸などの酸性剤と、澱粉などの緩衝剤（保存中の重曹と酸性剤の反応を防ぐ）を配合したもので、水と熱を加えると二酸化炭素が発生し加えた生地が膨張するわけである。重曹のみだと二酸化炭素が十分出なかったり、苦味が残り黄色くなるなどの欠点があるが、それをカバーしたものである。

さらに彼の父親は「ナショナル・キャンディー・カンパニー」という製菓会社の社長であった。〝ヴィン（ワイン）**セント**・プライス（価格）〟どころではなく、〝ヴィン**ダラー**（ドル）・プライス〟というお坊ちゃまだったのである。

さて最近気づいたエピソードをひとつ。スウェーデンの大監督〝イングマール・ベルイマン〟の傑作「野いちご」（１９５７年）には、主人公イーサクが若き日を回想する際、白い衣装の少女達が出てくる場面がある。モノクロ映画なのでその白さが際立って眩しいが、本作の冒頭はこの場面の雰囲気によく似ている。考えてみるとイーサクを演じたのは、スウェーデン映画の父とも称される〝ヴィクトル・シェストレム〟である。彼はハリウッドに渡り何本かの名作を残したが、それが本作でセーラを演じたリリアン・ギッシュ主演の「風」（１９２８年）、「真紅の文字」（１９２６年）である。監督リンゼイ・アンダーソンはこの事実に絡め、ギッシュが主演した「八月の鯨」に、シェストレム監督が主演した名作の一場面をダブらせ、二人へのオマージュとしたのではないだろうか。

あとがき

この度『続・映画のグルメ――映画と食のステキな関係――』を上梓することができました。出版にあたりご協力をいただいた多くの皆さまに感謝するしだいです。半世紀近くにわたり、趣味で「映画史」と「食文化」を研究してきたもので、「何か形に残しておきたい」と思い立ち出版したのが、PART1にあたる『映画のグルメ』です。思わぬ反響をいただいた結果、「映画」や「食文化」に関する問い合わせや、執筆・講演などの依頼が舞い込むようになりました。

リタイア後はのんびり「グルメ」「映画」「海外旅行」などと思っておりましたが、お陰さまで〝適度な刺激〟を受けて日々充実した生活が送れております。一冊の本がもたらした結果にビックリで、本が取り持つ知人が増えたことは、まるで周りは「映画のグルめ？」という感じであります。

PART2にあたる「続・映画のグルメ」は、PART1を意識して作られております。長年食品メーカーで商品開発を担当しておりました関係で、〝本〟を作る際には〝商品〟を作るように「マーケティングの要素」を取り入れました。

PART1では最初のタイトルが「ローマの休日」になっております。これは日本人が一番好きな外国女優〝オードリー・ヘプバーン〟の代表作というのが選定理由です。PART2の一作目は〝キャサリン・ヘプバーン〟主演の「旅情」を取り上げました。これは〝ヘプバーン〟という名のつながりで、ともにイタリアの名所ガイドの恋愛映画です。

2作目のタイトルは「カサブランカ」に対する「荒野の決闘」で、映画マニアが必ず観なければならない、〝恋と友情と男の心意気〟の映画です。3作目は「男はつらいよ」に対する「ALWAYS 三丁目の夕日」で、日本の庶民の〝琴線〟に触れた国民的映画です。4作目は「街の灯」に対し「キートンの探偵学入門」ということで、チャップリンとキートンの競演が楽しめます。

5作目は「太陽がいっぱい」と「オリエント急行殺人事件」で、ともにサスペンス映画の傑作です。6作目は「東京物語」と「二十四の瞳」で、〝感動と涙〟の日本映画史に燦然と輝く名作です。という具合ですが実はその後は適当です！　念のため。

さて本の帯は購入者に本の内容やセールスポイントを端的に伝える、〝ＰＯＰ（Point of Purchase：購入するポイント）的効果〟がありますが、破れたりすると購買意欲には逆効果となります。そこで本書では帯をカバーに直接印刷してみました。またＰＡＲＴ１ではカラー印刷を重視した紙を使用したため、重い本ができあがりました。ＰＡＲＴ２では重さも重視し、色の仕上がりと重さのバランスを取った紙を使用しております。

薀蓄が多くなり過ぎたために「さらり！」と読めない部分があったり、食品の解説が少し専門的になっているかもしれませんが、「映画ファン」や「食を志す人」への先輩からの贈り物とご理解ください。またＰＡＲＴ１に続き、読者の皆様のご迷惑を承知で、駄洒落《だじゃれ》や個人的トリビアが入っておりますことをご容赦願います。

最後にＰＡＲＴ１に続き、転載を快諾いただいた食のネット「Food Business eMagazine」の運営者・岩本隆介さん、岩本さんとの出会いの場を作っていただいた、「旬の味を喰らう会」の主催者・元立教大学大学院教授の王利彰先生、ＰＡＲＴ１・２の編集人で株式会社五曜書房の代表取締役・日吉尚孝さん、プログラム・チラシ等の資料を提供いただいた「淀川長治・映画友の会」の友人千葉豹一郎さん・眞島泰雄さん、さらにスチール写真等の協力をいただいた「公益財団法人川喜多記念映画文化財団」と映画会社の方々に、心よりお礼を申し上げます。

平成三〇年四月吉日

斉田育秀

次頁以下に、本書のＰＡＲＴ１にあたる『映画のグルメ』の解説した映画のタイトル（目次）とあとがきをのせております。ご参考にご一読ください。

☆あとがき

〈参考2〉

映画のグルメ――映画と食のステキな関係――／目次

はじめに …… iii

〔タイトル〕　〔食べ物〕

1 ローマの休日……ジェラート（アイスクリーム） 2
2 カサブランカ……キャビア、フランスの銘水 6
3 男はつらいよ……ラーメン、マスクメロン 10
4 街の灯……パスタとスパゲッティ 14
5 太陽がいっぱい……南イタリアの食材、バルサミコ酢 18
6 東京物語……たこ、海苔 22
7 裏窓……アメリカ・ヨーロッパの朝食 26
8 風と共に去りぬ……マデイラ酒 30
9 七人の侍……米とご飯 34
10 007ロシアより愛をこめて……カクテル（マティーニ）、ブロッコリー 38
11 ウエスト・サイド物語……コカ・コーラ 42
12 ゴジラ……魚肉のハム・ソーセージ 46

13 禁じられた遊び……フランスの田舎の食卓、スープ 50
14 刑事ジョン・ブック／目撃者……アーミッシュの食卓 54
15 蒲田行進曲……おでん 58
16 卒業……カクテル（マティーニ） 62
17 ニュー・シネマ・パラダイス……シチリアの食材、アンチョビー 66
18 張込み……氷 70
19 お熱いのがお好き……カクテル（マンハッタン） 74
20 シェーン……ポークビーンズ、豆缶詰 78
21 白い巨塔……ビール 82
22 雨に唄えば……ショートケーキ 86
23 サウンド・オブ・ミュージック……ブルーベリー 90
24 となりのトトロ……夏野菜 94
25 十二人の怒れる男……チューインガム 98
26 グロリア……卵と卵料理 102
27 マルサの女……ウイスキー（ジョニー・ウォーカー） 106
28 ファンタジア……キノコ 110
29 麗しのサブリナ……スフレ 114
30 砂の器……涼をとる飲食物 118
31 エデンの東……レタス、リコリス 122

32 アメリ……プリンとクレーム・ブリュレ 126
33 嵐を呼ぶ男……モダンキッチン 130
34 ダーティハリー……ホットドッグ、マスタード 134
35 ゴッドファーザー PARTⅠ・Ⅱ・Ⅲ……オリーブオイル 138
36 用心棒……水 142
37 冒険者たち……海外の日本食（すきやき） 146
38 浮雲……ミカン、ミカン缶詰 150
39 シェルブールの雨傘……フランスの食卓、ビネガー 156
40 死刑台のエレベーター……シャンパン 160
41 第三の男……ウィーンの飲食物、ザッハトルテ 164
42 幕末太陽傳……干物、浅草海苔 168
43 初恋のきた道……餃子 174
44 激突！……サンドイッチ、まぐろの油漬け缶詰 180
45 隣の女……スモークサーモン 186
46 青い山脈、続青い山脈……リンゴ 192
47 2001年宇宙の旅……宇宙食 198
48 タクシードライバー……ジャムサンド、砂糖 204
49 飢餓海峡……芋雑炊 210
50 フレンチ・コネクション1・2……ブイヤベース 216

51　明日に向かって撃て！……トマト　222
52　忍びの者……鮎　228
53　バンド・ワゴン……コンビーフ　234
54　山の郵便配達……とうもろこし　240
55　バベットの晩餐会……フランス料理のフルコース　246
56　おとうと……缶詰（桃缶詰）、レトルトパウチ　252
57　陽のあたる場所……アイスクリーム、パイナップル　258
58　マルクス兄弟　オペラは踊る……イタリアの食材（チーズ・パスタ・サラミ）　264
59　ミリオンダラー・ベイビー……レモンメレンゲパイ、レモン　270
60　丹下左膳餘話　百萬両の壺……餅　276
61　駅馬車……コーヒー　282
62　狩人の夜……リンゴ　288
63　ルパン三世　カリオストロの城……インスタントラーメン、カップ麺　294
あとがき……301

〈参考3〉

あとがき

「食べ物の研究」と「映画史の研究」を、生涯の趣味である「ライフワーク」にしようと思い立ってから40年余りが経ちました。「食べ物」の方は仕事に直結し、趣味と実益を兼ねたものとなりましたが、「映画」の方は蘊蓄を語りたがる悪い癖が出て、キユーピー株式会社の社内ネットに新作の映画評を書いたり、アヲハタ株式会社の社内報に「名作映画と食べ物」のコラムを書いて、〝自分は満足、他人は迷惑〟ということで今日に至りました。

本書のもとネタは、アヲハタ株式会社の社内報に掲載されていた「シネマ食報」という雑文です。これに加筆したものをネットマガジンの「Food Business eMagazine」に、「映画と食のステキな関係」というタイトルで5年余り連載して参りました。タイトル数が60本を超えたところで、五曜書房の日吉社長のアドバイスがあり、このたび一冊の本としてまとめてみたわけです。

さて、「映画」を作ることと「食品」の新製品開発は、ある部分とてもよく似ています。

ともに一人では作り上げることができません。「映画」でいえばプロデューサーか監督が起点となって、多くのスタッフを動かし作り上げていきます。「食品の開発」も、私のような担当者がプロデューサーの役割を担い、白紙の状態からアイデアを練り上げ、研究部門と連動し、マーケットリサーチ、サンプル試作、モニター調査等を経て、デザイン、宣伝、セールスプロモーションという具合に進めていきます。

というわけで、本書は「モノづくり」という共通の視点で、映画を見続けてきた者の感想文です。

映画と食べ物を論ずる場合、特定な食べ物をテーマにそれに関する映画について語る方法と、一本の映画についてそれに関連する食の話をする方法がありますが、本書では後者のスタイルをとらせて戴きました。

名作映画をテーマにしたのは、多くの方が観ているので興味を持って戴きやすいし、また名作であれば観るチャンスが多いはずなので、未見の方も鑑賞がしやすいと思ったからです。

この厳選された63本についての雑文を一読願えれば、読者の皆様は「映画」の新しい見方を会得し、「食べ物」について相当な雑学を身につけられるはずです。

映画もそうですが特に食べ物については、限られたスペースにトリビア的蘊蓄を押し込むことに苦労しました。時折、筆が走ってフードビジネス界への思いが強く出た部分や、個人的トリビアとつまらぬ駄洒落は重ねてご容赦ください。

最後に、転載を快諾戴いた「Food Business eMagazine」を運営する岩本隆介さん、岩本さんとの出会いの場を作って戴いた、「旬の味を喰らう会」の主催者・元立教大学大学院教授の王利彰先生、本書を出版する機会を与えてくださった株式会社五曜書房の代表取締役・日吉尚孝さん、プログラム・チラシ等の資料を提供戴いた「淀川長治・映画友の会」の友人千葉豹一郎さん・周磨要さん、食べ物のイラストの作成者・TAC企画の黒川也寸志さん、同じくイラスト作成とアヲハタの社内報時代よりお世話になった森貴子さん、さらにスチール写真等の協力を戴いた「公益財団法人川喜多記念映画文化財団」と映画会社の方々に、心よりお礼を申し上げます。

平成二十四年三月

斉田育秀

斉田育秀（さいたいくひで）
映画史・食文化研究家
1948年横浜生まれ。1973年東京水産大学（現東京海洋大学）水産学部製造学科卒。同年キユーピー株式会社入社。「醤油ベースドレッシング」の販売戦略を立案、ブームの仕掛け人となる。1992年親会社にあたる株式会社中島董商店に移り商品開発部長。2004年よりグループ会社アヲハタ株式会社の常勤監査役となり、2010年退任し2013年まで株式会社トウ・アドキユーピー顧問。その後、株式会社ジャンナッツジャパンの顧問を経て、現在東京海洋大学・非常勤講師（魚食文化論）。
この間海外40余カ国、主要130都市を訪れ、各地の食材・料理・食品・食文化を調査・研究する。

続・映画のグルメ——映画と食のステキな関係——PART 2

2018年6月14日　初版第1刷

著　者　斉田育秀
発行人　日吉尚孝
発行所　株式会社五曜書房
〒101-0065 東京都千代田区西神田 2-4-1　東方学会本館3F
電話（03）3265-0431
振替 00130-6-188011
発売元　株式会社星雲社
印刷・製本　株式会社太平印刷社
ISBN978-4-434-24482-7
